JN060024

新たな雇用・勤務環境下の

源泉徴収の要否

Q&Aで理解する判断のポイント

税理士
阿瀬 薫 著

週刊「税務通信」「経営財務」発行所
税務研究会出版局

はじめに

様々な「働き方改革」が進められていますが，これは，働く方のニーズに応じた多様な働き方を選択できる社会を実現し，働く方一人ひとりがより良い将来の展望を持てるようにすることを目指しています。

企業側には，これまでのような決められた時間軸や場所での労働ではなく，働く方が働く時間帯と場所を選ぶことのできる「働き方の多様化」への対応が求められています。

また，新型コロナウイルス感染症の拡大をきっかけとして，在宅勤務やテレワークといった勤務形態も急速に進展してきています。

このような雇用や勤務を取り巻く環境の変化に伴い，源泉所得税の実務においても，在宅勤務費用や通勤費，各種の福利厚生費の取扱いなど，新たな論点が多々生じてきています。

そこで，本書では，これら新たな雇用・勤務環境に伴い生ずる源泉所得税の各種取扱いを含め，源泉徴収の要否を判断する上でポイントとなる給与，報酬等の人的役務に関するQ＆Aを取りまとめました。

特に，本書の執筆に当たっては，次の点に配意しました。

1　人的役務の報酬に関するものを幅広く織り込み，年末調整や退職給与のほか，報酬料金や非居住者等所得など，知りたい内容のQ＆Aを見つけやすいように全体を構成

2　源泉徴収の全体像を理解する上で大切な内容を，「Q1　よくわかる源泉徴収の要否」と，「Q2　源泉徴収の対象となる支払金」に掲載

3　収入を得る人，収入を得たとされる時，収入が生じた場所や支払場所（それぞれ国内か国外か）など，源泉徴収の要否を判断する上で重要な要件を整理して分類

4　報酬などを受ける者にとって税務上で収入があったと扱われるタイミングを「収入の確定時点」と呼ぶなど，意味内容の明確化

本書が，源泉所得税の実務に携わる方々のお役に立つことができれば，長年，国税庁において源泉所得税関係事務に関わってきた者として，誠に嬉し

く思います。なお，本書にお気づきの点などがございましたら，忌憚のないご意見を賜れば幸いです。

終わりに，本書発刊に当たり，誠にお世話になりました税務研究会出版局の皆様に心より感謝申し上げます。

令和３年10月

著者　　税理士　阿瀬　薫

新たな雇用・勤務環境下の源泉徴収の要否
—Q&Aで理解する判断のポイント— 目次

第1章 新たな雇用環境と源泉徴収

1-1. 源泉徴収要否の判断ポイント

1-2. 収入を受けるのは本人(個人)か会社(法人)か

1-3. 収入の確定時点で居住者か非居住者かを判定

1-4. 収入の確定時点とは

1-5. 居住者と非居住者

1-6. 外国人給与所得者

2-2. 通勤

2-3. 旅費

2-4. ワーケーション

2-5. ブレジャー

2-6. 宿泊費用の負担

2-7. ワーキングスペース

2-8. 食事の支給

4-6. ひとり親と寡婦

4-7. 所得金額調整控除

4-8. その他の所得控除等

4-9. 給与所得者の申告書

4-10. 保険料控除

4-11. 住宅借入金等特別控除

4-12. マイナンバー

第5章 退職給与

5-1. 退職給与の範囲

5-2. 企業年金からの一時金

5-3. 執行役員

5-4. 勤続年数

5-5. 特定役員退職手当等

5-6. 短期退職手当等（令和4年分以後の所得税について適用）

5-7. 源泉徴収税額の計算

第6章 報酬料金

6-1. 原稿料など

6-2. 講演料

6-3. 外交員報酬

6-4. 弁護士等

6-5. 経営コンサルタント等

〈凡例〉

本文中にて引用する法令等の略称は，以下のとおりです。

所法………………所得税法
所令………………所得税法施行令
所規………………所得税法施行規則
所基通……………所得税基本通達
措法………………租税特別措置法
措令………………租税特別措置法施行令
措通………………租税特別措置法関係通達
通則法……………国税通則法
消基通……………消費税法基本通達
実特省令…………租税条約等の実施に伴う所得税法，法人税法及び地方税法の特例等に関する法律の施行に関する省令
復興財確法………東日本大震災からの復興のための施策を実施するために必要な財源の確保に関する特別措置法

〈表記例〉

所法185①二……所得税法第185条第１項第２号
所基通36－９……所得税基本通達36－９

※　本書は，令和３年７月１日現在の法令・通達，及び筆者が執筆時までに入手した情報に基づいています。

第1章

新たな雇用環境と源泉徴収

1-1.　源泉徴収要否の判断ポイント

Q1　よくわかる源泉徴収の要否

源泉徴収の要否を判断する上でのポイントを教えてください。

A

源泉徴収の要否は，まず，報酬などの支払金について，その支払を受ける者にとって税務上で収入があったと扱われるタイミング（本書では，「収入の確定時点」と呼ぶことにします。）が何時（いつ）であるか，その収入は個人のものか法人（会社など）のものか，仮に，個人の場合，その収入の確定時点でその個人は居住者か非居住者か，その個人にとってどのような種類の収入（例えば給与か事業収入か）かを確認します。

次に，その支払金を支払う者は誰か（自社か子会社かなど），どこで支払うか（国内払か国外払か），そして支払は何時（いつ）かを確認して，最終的に，源泉徴収の要否を判断することになります。

解説

1　源泉徴収要否の判断ポイント

源泉徴収の要否は，その支払金を受ける者にとって，

① 収入の確定時点が何時（いつ）であるか（例えば，申告所得税では，何年分の収入として扱うかなどが決まることになります。），

② その収入の確定時点で収入を得る者は，個人なのか法人なのか，また，個人のうち居住者なのか非居住者なのか，法人のうち内国法人なのか外国法人なのか（非居住者や外国法人が得る報酬や対価のうち所得税の課税対象となるものは，国内において行う人的役務の提供に基因するものなど，その所得の発生源泉が国内にあるとされる「国内源泉所得」（所法161）に限られます。），

㈲ 個人の場合，その収入を受け取る予定の個人が，収入の確定時点の前日以前に死亡した場合には，その収入は相続人のものとして扱われます。

③　その支払金はそれを収入する者にとって給与や報酬など源泉徴収をすべきとされているものか否か，

を確認します。すなわち，「収入の確定時点」は何時（いつ）か，誰のものか，どのような収入かを確認します。

次に，その支払金を支払う者は誰か（自社か子会社かなど），どこで支払うか（国内事務所で支払事務を取扱う場合は国内払，国外事務所で支払事務を取扱う場合は国外払），そして支払は何時（いつ）かを確認して，最終的に，源泉徴収の要否と国への源泉所得税の納付期限を判断することになります。

〈参考〉　**所得税の課税対象所得の範囲と源泉徴収の要否の概要**

課税対象所得の範囲

所得源泉 ＼ 地納税者	国内源泉所得	国外源泉所得（国内源泉所得以外の所得）
居住者	課税対象	課税対象
非居住者	課税対象	課税対象外

(注)　居住者とは，国内に住所を有し，又は現在まで引き続いて一年以上居所を有する個人をいい，非居住者とは，居住者以外の個人をいいます（所法2①三，五）。
　また，国内源泉所得とは，日本国内にその発生源泉がある所得のことをいい，その内容は，所得税法161条に規定されています。
　居住者は，日本国内外で稼得した全ての所得について，また，非居住者等（外国法人を含みます。）は，国内源泉所得を有する場合のみ，課税対象となります。

源泉徴収の要否

支払地 ＼ 納税者・所得源泉地		国内払	国外払
居住者	国内源泉所得	要	否
	国外　〃	要	否
非居住者	国内源泉所得	要	国内事務所等があれば要
	国外　〃	否（課税対象外）	否（課税対象外）

(注)　非居住者等に国内において源泉徴収の対象となる国内源泉所得の支払をする者は，その支払の際，所得税を源泉徴収し国に納付する義務があります（所法212①）。
　なお，国内源泉所得の支払が国外で行われる場合でも，その支払者が国内に事務所等を有するときは，国内払とみなされ源泉徴収をする必要があります（所法212②）。

2　「収入」と「所得」との用語の使い分け

源泉徴収，すなわち給与や報酬等の支払金からの天引きは，その「支払の際」に行いますが，その支払金を受ける者（個人や法人）にとって，この支払金は「収入」に当たります。

この「収入」との語は，「所得」との語とは異なる使い方がされますので，

〈参考〉 人的役務の報酬や対価を支払う場合の源泉徴収要否の概要

○本人（人的役務を提供した個人）に対して**報酬**を支払う場合

報酬の区分＼収入の確定時点での居住性		居住者	非居住者
国内において行う人的役務の提供に基因するもの	給与 退職給与	**国内払…要** 国外払…不要	**国内払…要** 国外払…**国内事務所等**がある場合は**要** ない場合は不要
	報酬・料金		
国外において行う人的役務の提供に基因するもの	給与 退職給与	同上	**不要**(注) （課税対象外）
	報酬・料金		

○本人以外（派遣会社や出向元など）に対して**対価**を支払う場合

対価の区分＼対価を受ける者		内国法人	外国法人
国内において行う人的役務の提供に係る対価	専門的知識又は特別の技能を有する者の当該知識又は技能を活用して行う役務の提供	**不要**	**国内払…要** **国外払**…国内事務所等がある場合は**要** ない場合は**不要**
	芸能人，職業運動家や弁護士等の役務の提供		
	上記以外（派遣の対価や給与負担金など）		**不要**
国外において行う人的役務の提供に係る対価	専門的知識又は特別の技能を有する者の当該知識又は技能を活用して行う役務の提供	**不要**	**不要**(注) （課税対象外）
	芸能人，職業運動家や弁護士等の役務の提供		
	上記以外		

(注) インドとの租税条約など，源泉徴収が必要な場合があります。

その使い分けを意識することが重要です。

一般的な使い分けになりますが，

所得というのは，１年間の収入と支出の差である儲けであり，

収入というのは，その都度のもの，と整理できるのではないかと思います。

例えば，給与収入と給与所得についてみると，

所得税の申告の場合，給与については，１年間の給与収入から給与所得控除（必要経費の概算控除としての性質を有するとされるもの）を差し引いて給与所得の金額を算出します。

このように，「給与所得」とは，１年間の結果としての儲けになります。一方，給与収入とは，給与所得控除を差し引いていないものになります。

すなわち，給与収入とは，事業でいえば売上に相当し，商品の仕入代や必要経費を差し引いていない段階のものということができます。

もっとも，「国内源泉所得」など，収入に相当するものを「所得」との名称を付しているものもありますので，収入と所得の使い分けは，一応の考え方として理解してください。

3　源泉徴収義務

源泉徴収義務は，支払を受ける者にとってこの「収入」に当たるものについて，その支払をする者（源泉徴収義務者）が，その支払の都度，所得税を天引きして国に納付しなければならないというものです。

給与や派遣費用など人的役務の報酬や対価を支払う場合について，支払を受ける者が人的役務を提供した個人本人であるか，本人以外（会社）であるかの別に，源泉徴収要否の概要をまとめると，左表〈**人的役務の報酬や対価を支払う場合の源泉徴収要否の概要**〉のとおりとなります。

なお，通常，報酬とは，人的役務を提供した個人本人が支払を受けるものをいい，対価とは，本人以外の会社など（例えば，人材派遣を行っている事業者）が受けるものをいいます（例えば，人的役務の提供に係る事業の対価など）。

関係法令等

所法6，36，183他

Q2　源泉徴収の対象となる支払金

源泉徴収の対象となる支払金には，どのようなものがありますか。

A

源泉徴収の対象となる支払金は，人的役務を提供した個人に対する報酬（給与）や，非居住者・外国法人に対する各種支払金が中心となっています。

解説

源泉徴収の対象となる支払金（支払を受ける者にとって収入となるもの）の範囲は，金融商品取引業者が支払うものを除けば，概ね次のとおりとなっています。

（居住者と非居住者に共通するもの）

1　給与等

2　退職手当等

3　公的年金等

4　報酬・料金等（給与等や退職手当等に該当するものを除きます。）

㈱　非居住者は，給与その他人的役務の提供に対する報酬のうち国内において行う勤務等に基因するもの，公的年金等のうち一定のもの，退職手当等のうち受給者が居住者であった期間に行った勤務等に基因するものに限られます。

（個人法人に共通するもの）

1　配当等

2　匿名組合契約等に基づく利益の分配（所法210）

（非居住者と外国法人のみのもの）

1　組合契約に基づいて恒久的施設を通じて行う事業から生ずる利益の配分

2　国内にある土地等の譲渡による対価

3　国内において人的役務の提供事業を行う者が受けるその人的役務の提供の対価

4　国内にある不動産などの貸付けによる対価及び地上権などの設定による対価

5　国内において業務を行う者に対するその国内業務に係る貸付金の利子

6　国内において業務を行う者から受けるその国内業務に係る工業所有権，著作権等の使用料若しくは譲渡による対価又は機械，装置等の使用料

関係法令等

所法181～223の「第四編 源泉徴収」

1-2.　収入を受けるのは本人（個人）か会社（法人）か

Q3　支払を受ける者が団体等である場合

支払を受ける者が団体等である場合には，法人に支払うものとして源泉徴収が不要と扱ってよろしいですか。

A

支払を受ける者が法人であることを立証した場合を除き，個人に支払うものとして源泉徴収します。

解説

報酬料金等の支払を受ける者が，官庁等の部，課，係，研究会又は劇団若しくは楽団等の名称のものであって，人格のない社団等に該当するかどうかが明らかでない場合には，その支払を受ける者が次のいず

れかに掲げるような事実を挙げて人格のない社団等であることを立証した場合を除き，個人に支払うものとして源泉徴収をすることとされています。

⑴　法人税を納付する義務があること。

⑵　定款，規約又は日常の活動状況からみて個人の単なる集合体ではなく団体として独立して存在していること。

なお，法人については，国税庁ホームページの「法人番号公表サイト」で，法人番号の指定を受けた者の 1.商号又は名称， 2.本店又は主たる事務所の所在地，3.法人番号が公表されていますので，検索して確認することができます。

法人番号公表サイト：https://www.houjin-bangou.nta.go.jp/

関係法令等

所基通204－1

Q4　派遣社員の源泉徴収

派遣社員の派遣料を派遣元に支払いますが，源泉徴収は必要ですか。

A

労働者を雇用して派遣する会社（派遣元）に源泉徴収義務があり，そこと派遣契約を結んでいる会社（派遣先）には源泉徴収義務がありません。

したがって，派遣先が派遣元に支払う派遣料は源泉徴収の対象にはなりません。

解説

1　源泉徴収義務者

労働者派遣とは，「労働者が人材派遣会社（派遣元）との間で労働契約を結んだ上で，派遣元が労働者派遣契約を結んでいる会社（派遣先）に労働者を派遣し，労働者は派遣先の指揮命令を受けて働く」というもので，労働者に賃金を支払う会社と指揮命令をする会社が異なるという雇用形態となっています。

このように労働者に賃金を支払う会社と指揮命令をする会社が異なりますが，労働者を雇用して派遣する会社（派遣元）に源泉徴収義務があり，派遣契約を結んでいる会社（派遣先）には源泉徴収義務がありません。

2　派遣社員等の雇用関係

労働者派遣事業の適正な運営の確保及び派遣労働者の保護等に関する法律（以下，「労働者派遣法」といいます。）２条《定義》において，労働者派遣とは，「自己の雇用する労働者を，当該雇用関係の下に，かつ，他人の指揮命令を受けて，当該他人のために労働に従事させることをいい，当該他人に対し当該労働者を当該他人に雇用させることを約してするものを含まないものとする」とされています。

この要件は，次のとおりです。

イ　「自己の雇用する労働者を労働に従事させる」（派遣元が労働者を雇用する。）

ロ　「他人の指揮命令を受けて，当該他人のために労働に従事させる」（派遣先が労働者を指揮命令する。）

ハ　「労働者を当該他人に雇用させることを約してするものを含まない」（派遣先は労働者を雇用しない。）

これらの要件のいずれにも該当する労働者の派遣であれば，労働者派遣法に定める労働者派遣に該当するとともに，派遣先と派遣労働者との間に，雇用関係がないとみることができます。

これに対し，派遣先との間に雇用関係が生じている場合には，いわゆる出向者に該当するものと思われます。すなわち，出向とは，一般的に出向元事業主と何らかの関係を保ちながら，出向先との間において新たに雇用関係に基づき相当期間継続的に勤務する形態であるとされています。

質問の派遣社員が，労働者派遣法に定める労働者派遣により派遣されたもので，貴社との間で特に雇用契約等を締結していないのであれば，「雇用関係又はそれに類する関係」にはないとみることができます。

関係法令等

所法183，185，労働者派遣法２

Q５　契約社員を雇用した場合

契約社員を雇用した場合には，源泉徴収が必要ですか。

A　**契約社員に対して支払う給与の源泉徴収は，正社員の場合と同様です。**

解説　契約社員とは，企業などと期間の定めのある労働契約（有期労働契約）を結んで職務に従事する労働者のことをいいます。

労働者と雇用主との関係は，契約社員・正社員のどちらも「直接雇用」の形をとります。この直接雇用とは，企業などの法人若しくは個人事業主などと労働者が直接労働契約を結ぶことをいいます。

契約社員の雇用期間は，「有期雇用」で，最長３年（高度な専門知識が必要な職種や定年後に継続雇用される場合は最長５年）まで働くことができます。一方，正社員は雇用期間に制限がない「無期雇用」です。

このように契約社員と正社員は，雇用期間に差がありますが，どちらも雇用主から労働者本人に給与を支払いますので，契約社員に対して支払う給与の源泉徴収は，正社員の場合と同様です。

関係法令等

所法28，183，185，186，労働基準法14，15

Q6 派遣社員・協力会社社員に支給する工事完成祝金

当社は，建設業を営む法人です。建設現場での作業はテレワークに適さず，当社社員，派遣社員及び協力会社社員には，新型コロナウイルス感染症の感染リスクを負いながらも無理のない範囲で出勤して作業を進めていただいた結果，今般，工期内に建設工事が完了する見込みとなりました。

そこで当社では，派遣元会社及び協力会社の理解を得た上で，これらの社員を含め全社員に対し，一律５万円の工事完成祝金を支給する予定です。

ついては，当社がこれらの者に支給する５万円について，所得税の源泉徴収が必要でしょうか。

また，派遣元会社及び協力会社を経由して支給する場合は，いかがでしょうか。

なお，協力会社とは，工事に関する専門技術を有する者を雇用している会社で当社とは別の会社であり，協力会社社員と当社との間に雇用関係はありません。

A

派遣社員及び協力会社社員と貴社との間に雇用又はこれに準ずる関係がなければ，これらの者に支給する工事完成祝金の５万円について源泉徴収は不要であり，貴社の社員に支給する５万円についてのみ給与所得として所得税の源泉徴収が必要です。

派遣元会社及び協力会社を経由して支給する場合については，貴社が派遣社員及び協力会社社員に支給する５万円の工事完成祝金につき，派遣元会社及び協力会社が派遣社員及び協力会社社員のためこれらの者に代わって受領するに過ぎない場合には上記と同様の課税関係となりますが，貴社からの資金を基に派遣元会社及び協力会社のそれぞれが派遣社員及び協力会社社員に工事完成祝金５万円を支給する場合には，派遣元会社及び協力会社において給与所得として所得税の源泉徴収が必要となります。

解説

1　使用者から支給されるお祝い金

お祝い金については，所基通28－5《雇用契約等に基づいて支給される結婚祝金品等》において，「使用者から役員又は使用人に対し雇用契約等に基づいて支給される結婚，出産等の祝金品は，給与等とする。ただし，その金額が支給を受ける者の地位等に照らし，社会通念上相当と認められるものについては，課税しなくて差し支えない。」とされています。

質問の工事完成祝金は，結婚祝，出産祝，あるいは葬祭料，香典又は災害等の見舞金（所基通９－23《葬祭料，香典等》）といった慶弔関係の金品ではなく，広く一般に社会的な慣習として行われているものには当たりませんので，この取扱いの対象とはなりません。

また，所基通36－22《課税しない経済的利益……創業記念品等》については，建築業者，造船業者等が請負工事又は造船の完成等に際し支給するものについては，この取扱いの対象とはなりません。これは，これらの経済的利益は，建築業者，造船業者等の役員又は使用人が，本来の職務に関して給付を受けるものに該当することによるものです。

質問の工事完成祝金は，記念品ではなく金銭を支給するものであり，また，建築業者等が請負工事の完成等に際し支給するものですので，いずれの点においても，この取扱いの対象とはなりません。

2　源泉徴収の要否

上記１のとおり，貴社が完成工事祝金として支給する５万円は，課税しないお祝い金品や創業記念品等には該当しません。

そして，貴社と派遣社員及び協力会社社員との間に雇用又はこれに準ずる関係がなければ，これらの者が完成工事祝金として貴社から受け取る５万円は雑所得に該当し，貴社は，その支給について，源泉徴収の必要はありません。

また，貴社が，貴社の社員に対して完成工事祝金として支給する５万円については，雇用関係又はそれに類する関係に基づき使用者から支給される金銭として給与所得に該当しますので，給与所得としての所得税の源泉徴収が必要です。

なお，これらの課税関係は，いずれも，貴社の社員，派遣社員及び協力会社社員が居住者に該当することを前提としており，これらの者の中に非居住者に該当する者が含まれている場合には異なりますので，ご注意ください。

3　派遣元会社等を経由した支給

派遣元会社及び協力会社を経由して支給する場合については，工事完成祝金の給付に関する契約関係の当事者は，あくまでも支給を行う者が貴社で，受け取る者が派遣社員及び協力会社社員であって，貴社が派遣社員及び協力会社社員に支給する５万円の工事完成祝金につき，派遣元会社及び協力会社が派遣社員及び協力会社社員のためこれらの者に代わって受領するに過ぎないのであれば上記２と同様の課税関係となります。

これに対し，貴社からの資金を基に派遣元会社及び協力会社が，自らの判断と責任により支給対象者や支給金額，支給日を決定するなど，派遣元会社及び協力会社が自ら工事完成祝金として派遣社員及び協力会社社員に支給する場合には，派遣元会社及び協力会社において，それぞれ給与所得として所得税の源泉徴収が必要となります。

関係法令等

所法28，183，所基通９－23，28－５，36－22

Q7　出向元法人が支出する較差補てん金

当社は，使用人を子会社に出向させることを考えていますが，子会社の給与ベースが低いため，その使用人の当社における給与ベースによる支給額との差額を較差補てん金として子会社を通じて支払う予定です。

この場合の較差補てん金については，給与として源泉徴収する必要がありますか。

なお，直接出向した使用人に対して支払う場合はどのように取扱いが変わりますか。

A

出向した使用人に対する給与として源泉徴収を行う必要がありますが，実際に源泉徴収を行い納付する者は次の解説のとおりとなります。

解説

較差補てん金を直接出向者に支給する場合と，出向先法人を通じて支給する場合とでは，源泉所得税の取扱いが異なります。

1　直接出向者に支給する場合

その出向者にとって，出向先法人と出向元法人の両方から給与の支払いを受けることになるため，所得税額を算出するときには，一方（通常，出向先法人）が所得税法に定める源泉徴収税額表のうち月額表の甲欄を適用し，他方（通常，出向元法人）においては月額表の乙欄を適用して所得税の源泉徴収を行う必要があります。

2　出向先法人を通じて支給する場合

その出向者にとっては，出向先法人一か所から給与の支給を受けることとなるため，たとえ出向元法人が負担する較差補てん金が給与相当額を負担するものであっても出向元法人においては源泉徴収を要せず，出向先法人においてその出向者に給与を支払う際に所得税の源泉徴収を行うこととなります。

関係法令等

所基通183～193共－3

Q8　出向先法人が出向社員に支給する課税対象額のある通勤手当

当社は，電気製品メーカーですが，新入社員を研修のため３か月間系列の販売店へ出向させることとしています。この新入社員には，出向期間中も当社から給与を支給し，通勤手当は出向先の会社から毎月末に通勤定期乗車券相当額として，160,000円の支給を受けています。

この場合の通勤手当の非課税限度額を超える部分はどのように取扱えばよろしいでしょうか。

A

出向先法人が給与として源泉徴収を行うことになります。

なお，通勤手当については，「２－２．通勤」を参照してください。

解説

通勤手当の非課税限度額を超える部分の金額については，その出向社員に対する給与として出向先法人が源泉徴収を行うことになります。

この場合，出向元法人に給与所得者の扶養控除等申告書が提出されているときは，出向先法人では，給与所得の源泉徴収税額表の月額表「乙欄」を適用することとなります。

関係法令等

所法９①五，183，185，194，所令20の２

Q9　兼務先が支払う時間外手当についての税額の計算

本社に籍のあるＡは，支店兼務となっており，基本給は本社で支払い，時間外手当は支店で支払っています。

このような場合の時間外手当に対する税額は，どのように計算しますか。

A

本社の支払う給与に上積みして源泉徴収税額を計算しますが，この計算が困難な場合には，支店で支払う時間外手当について税額表の「乙欄」を適用して税額を計算しても差し支えありません。

解説

本来，給与所得の源泉徴収は，その支払者が行うこととなっていますから，その給与等の支払者が同一であるのか，別々であるのかが問題となります。本社に籍があり，かつ，本社において基本給を支払うものとすれば，時間外手当も本来的には本社において支払うものと考えられますから，質問の場合の時間外手当については，本社の支払う給与に上積みして源泉徴収税額を計算します。

ただし，この計算が困難な場合には，支店で支払う時間外手当について，税額表の「乙欄」を適用して税額を計算しても差し支えありません。

関係法令等

所基通185－7

Q10 旅費の較差補てん金

当社の社員甲が，系列会社のＡ社に出向しました。甲に対する給与は，すべてＡ社で支払うことにしていますが，甲がＡ社の用務で各地に出張した場合における旅費の額において，Ａ社の旅費規程によった場合と当社のそれによった場合とで相当の較差が生じるため，その較差補てんのため，当社において一定額を旅費名義で支払いたいと思います。

この場合に支払う金銭は，旅費として非課税になると考えられますか。

A

原則として，給与所得として課税することとなると考えられます。
（旅費については，「2－3．旅費」も参考にしてください。）

解説

所得税法で旅費を非課税としているのは，それが旅行費用の実費弁償であるとの考えによるものであり，出張した場合に旅費として支給されるものであっても，通常必要とされる額を超える部分は給与所得とされることになります。

この事例の場合，甲はA社の用務で出張旅行をする限り，A社からその旅行費用としての旅費の支給を受けるべきであり，また，A社における甲以外の人は，A社の支給基準によってのみ旅費が支給されているところから，A社から支給される旅費は，仮にA社の支給基準が貴社のそれに比べて低額であっても，旅費のもつ実費弁償という目的を達するものと考えられます。

したがって，甲に対して旅費名義で支払う金銭は非課税とはならず，給与所得になると考えられます。

ただし，仮に，A社における旅費の支給が，旅行費用の実費に満たないような事情がある場合には，その満たない部分に対する支給であることを明らかにすることにより，非課税扱いが認められるものと考えられます。

関係法令等

所法９①四，所基通９－４

Q11　子会社に役員として出向した使用人の社宅の賃貸料

親会社の使用人としての身分を有しながら子会社の役員として出向している者に対して，親会社から社宅（鉄筋コンクリート造，床面積115平米）を貸与しています。また，親会社は，その社宅の設置，維持，管理等に要する費用に相当する金額を子会社から徴収しています。

この場合，家賃相当額の計算は，使用人社宅としての算式によりますか，役員社宅としての算式によりますか。

A

子会社が社宅を親会社から借上げてその役員に貸与していると考えられることから，役員社宅としての算式により計算することになります。

なお，社宅については，「2－9．社宅等の貸与」を参照してください。

解説

一般的には，その社宅が親会社から貸与を受けたものであれば，使用人社宅としての算式により，また，子会社から貸与を受けた社宅であれば役員社宅としての算式により評価することとなります。

この事例の場合，その社宅は，子会社が親会社から借上げてその子会社の役員に貸与したものと同様と考えられます。

したがって，子会社がその役員に貸与した社宅として，賃貸料相当額（月額）を計算することになります。

ただし，貸与している社宅が小規模住宅である場合には，使用人に対する社宅の貸与の場合と同様の算式によって計算した金額が賃貸料相当額となります。

また，豪華役員社宅に該当する場合は，この取扱いは適用されません。

関係法令等

所基通36－40

Q12　派遣役員等の退職金を親会社から支給する場合

当社の役員Aは，親会社の使用人としての身分をもちながら当社に出向していましたが，この度親会社を定年で退職するとともに，当社の役員も同時に退任することになりました。

ここ数年間はもっぱら当社の役員として勤務していたわけですから，当社勤務分に対応する退職金は，もちろん当社で負担しますが，当社から直接本人に支払わないで一度親会社に支払い，親会社から合わせて支払うことにしたいと思います。この場合，当社負担の退職金については所得税の源泉徴収の必要はないと考えてもよいでしょうか。

A　**源泉徴収する必要はありません。**

解説　貴社の支払は退職金相当額の支払であることには間違いありませんが，退職者個人に支払うのではなく，親会社に支払うわけですから，その支払の際に所得税を源泉徴収する必要はありません。

後で親会社が自己負担分と合わせて退職者に退職金を支払う際に源泉徴収をすることになります。

関係法令等

所基通201－3，183－193共－3

1-3.　収入の確定時点で居住者か非居住者かを判定

Q13　支払を受ける者は居住者か非居住者か

内国法人Ａ社は非居住者Ｂから本年５月にＢが国内に有している土地を購入し，７月に引渡しを受けました。Ｂは従来から海外企業へ出向していたため海外に居住していましたが，本年８月に帰国し居住者となりました。Ａ社は本年９月にその土地の購入代金をＢに支払いましたが，支払の時点でＢは居住者となっていますので，源泉徴収は不要と考えてよいでしょうか。

A **非居住者に対する土地の譲渡対価として源泉徴収する必要があります。**

解説 非居住者又は外国法人が日本国内にある土地及び建物等の不動産を譲渡した場合，その譲渡対価を支払う者は，その支払の際に源泉徴収しなければならないこととされています（所法161条１項５号，212条）。

土地の譲渡対価については，通常土地の引渡しがあった日が支払をすべき日（譲渡人からみた場合は収入すべき日，ここでは，「収入の確定時点」といいます。）となりますので（所基通36－12），土地の引渡しがあった日においてその譲渡対価の支払を受ける者が居住者であるか非居住者であるかによって源泉徴収の有無を判定することになります。

質問の場合，Ｂは本年８月に帰国し居住者となっていますが，Ｂの帰国前の非居住者である期間に土地の引渡しが行われていますので，Ａ社はその土地の購入代金の支払の際に，非居住者に対する土地の譲渡対価として源泉徴収を行う必要があります。

㈱ 源泉徴収の対象とされる支払が給与等である場合，その給与等が居住者又は非居住者のいずれに支払われるものであるかは，その給与等の支給期（収入すべき時期）（所基通36－９，212－５）においてその者が居住者又は非居住者のいずれであるかによって判定します。

したがって，給与等の計算期間の中途において国外にある支店等から国内にある本店等に転勤したため帰国した者に支払う給与等で，その者の居住者となった日以後に支給期の到来するものについては，その給与等の金額のうちに非居住者であった期間の勤務に対応する部分の金額が含まれているときであっても，その総額を居住者に対する給与等として源泉徴収を行うことになります（所基通212－５㈱２）。

関係法令等

所法161①五，212①，所基通36－9，36－12，212－5

Q14　譲渡制限付株式の権利確定までの期間に居住者となった場合

Aは，アメリカ市民で2020年7月から2021年1月までアメリカの企業で勤務し，2021年2月からは，そのアメリカ企業の日本の現地法人で勤務することとなり，それ以後，日本に住所を有しています。Aは，日本では非永住者（「Q19 居住者，非居住者の区分」参照）の居住者に該当します。

この企業では，譲渡制限付株式報酬制度を導入しており，Aに対する付与等の状況は次のとおりです。

2020年8月　アメリカ本社の株式　10株　付与
2021年7月　　　　　　　　　　　 1株　権利確定（Vest）

譲渡制限付株式は権利確定の時点で給与所得として課税されると思いますが，付与されて権利が確定するまでの間に海外勤務の期間が含まれていますので，日本で給与所得として課税される金額は，付与日から権利確定日までのうち日本での勤務期間に対応する部分だけでしょうか。

A　**全額が給与所得の収入金額に含まれることになります。**

解説

非永住者の課税所得の範囲については，所得税法上，「第95条第1項《外国税額控除》に規定する国外源泉所得（国外にある有価証券の譲渡により生ずる所得として政令で定めるものを含む。以下この号において「国外源泉所得」という。）以外の所得及び国外源泉所得で国内において支払われ，又は国外から送金されたもの」とされています（所法７①二）。

そして，その年分の各種所得の金額の計算上収入金額とすべき金額又は総収入金額に算入すべき金額は，別段の定めがあるものを除き，その年において収入すべき金額（金銭以外の物又は権利その他経済的な利益をもつて収入する場合には，その金銭以外の物又は権利その他経済的な利益の価額）とされ（所法36①），譲渡制限付株式に係る所得税法36条２項《収入金額》の価額は，その譲渡についての制限が解除された日における価額とされています（所令84）。

譲渡制限付株式の譲渡制限が解除された時点で収入すべきこと及び収入金額が確定したとみることからすれば，質問の場合，その時点において所得税法上の非永住者であることを前提としますと，上記課税所得の範囲のとおり，その勤務に海外勤務が含まれている場合であっても，その全額が給与所得の収入金額に含まれることになります。

関係法令等

所法７①二，36①②，所令84

1-4.　収入の確定時点とは

Q15　収入の確定時点

収入の確定時点とは具体的にいつですか。

A

収入の確定時点とは，収入があったものとして税務上で取扱われる時点であり，給与収入や退職手当等，あるいはその他の人的役務の提供による収入であるかにより，それぞれ異なっています。

解説

1　給与収入

(1)　契約又は慣習その他株主総会の決議等により支給日が定められているもの（役員賞与を除きます。）……その支給日

(2)　支給日が定められていないもの……その支給を受けた日

なお，役員に対する賞与については，次のとおりです。

(1)　株主総会の決議等によりその算定の基礎となる利益に関する指標の数値が確定し支給金額が定められるものその他利益を基礎として支給金額が定められるもの……その決議等があった日

(2)　上記(1)の決議等が支給する金額の総額だけを定めるにとどまり，各人ごとの具体的な支給金額を定めていない場合……各人ごとの支給金額が具体的に定められた日

2　退職手当等

その支給の基因となった退職の日

ただし，役員に支給される退職手当等で，退職手当等の支給について株主総会その他正当な権限がある機関の決議を要するものは，その役員の退職後その決議があった日（その決議が退職手当等を支給することだけを定めるにとどまり，支給金額が具体的に定められていない場合には，支給金額が具体的に定められた日）

3　人的役務の提供（請負を除く。）による収入

その人的役務の提供を完了した日。ただし，人的役務の提供による報酬を期間の経過又は役務の提供の程度等に応じて収入する特約又は慣習がある場合におけるその期間の経過又は役務の提供の程度等に対応する報酬については，その特約又は慣習によりその収入すべき事由が生じた日

関係法令等

所法36，所基通36－8(5)，36－9，36－10

Q16　過去に遡及して残業手当を支払った場合

当社では，本年１月に労働基準監督署から，労働者に対して実労働時間に即した割増賃金を支払うよう行政指導を受け，過去３年間の実労働時間に基づく残業手当と実際に支払った残業手当との差額を一括して支払うこととしました。

この場合，残業手当の課税年分はいつになりますか。

A

本来の残業手当が支払われるべきであった各支給日の属する年分の給与所得となります。

解説

質問の場合は，本来各支給日に支払うべき残業手当が一括して支払われたものと認められますので，本来の残業手当が支払われるべきであった各支給日の属する年分の給与所得となります。

なお，給与規程等の改訂が過去に遡って実施されたため，残業手当の差額が一括支給されるような場合には，その差額について支給日が定められているときはその支給日，支給日が定められていないときはその改訂の効力が生じた日となります。

関係法令等

所法36，所基通36－９

Q17　懲戒処分取消に伴い支払われる給与差額補償

Ａ県人事委員会は，Ｂ教職員に係る「不利益処分審査請求事案」に対し，処分取消の裁決（以下「本件裁決」といいます。）をしました。これに伴いＢに対して給与差額相当額（懲戒処分がなければ支給されるはずであった金額と支払済額との差額，以下「差額給与」といいます。）が一括支給されますが，この課税関係はどのようになりますか。

A　**Bが支払を受ける差額給与は，その計算の基礎となった支払済給与の各支給日の属する各年の給与所得として課税されることとなります。**

解説　給与所得の収入金額の収入すべき時期は，「契約又は慣習により支給日が定められている給与等についてはその支給日，その日が定められていないものについてはその支給を受けた日」とし，「給与規程の改訂が既往にさかのぼって実施されたため既往の期間に対応して支払われる新旧給与の差額に相当する給与等で，その支給日が定められているものについてはその支給日，その日が定められていないものについてはその改訂の効力が生じた日」により取扱っています（所基通36－9）。

本件の差額給与は，一括して支払われる予定ですが，差額給与の課税年分（収入すべき日）は次の理由から差額給与の計算の基となった給与の支給日とされます。

1　本件裁決の効果は，懲戒処分が取り消されたことによって，懲戒処分のなかった状態に復するものであり，A県には当初支給済額との差額の支払義務が生じる。したがって，教職員の給与支給日は定められているから，差額給与の計算の基礎となった支払済給与の支給日が収入すべき日となること。

2　本件の差額給与は，A県教育委員会が遡及して発令通知を行った後に支払われることから，発令通知のあった日の属する年の収入となるとの見解も考えられる。しかしながら，処分の修正又は取消しの判定が行われたときは，その判定は形成的効力を有し，任命権者の何らの処分を待つことなく判定に従った効力が遡及的に生ずるものとされ，例えば，免職処分が取り消されたときは，その判定により被処分者は処分の時に遡ってその身分を回復し，雇用者であるA県は原則としてその間の給与を支給しなければならないこととなること。

3　差額給与について遅延損害金が支払われるが，その計算は差額給与の生じた月の給与支給日の翌日から差額給与の支払日までの期間で計算されていること。

㈱　遅延損害金は，その支払われた日の属する年分の雑所得とされます。

関係法令等

所法28，所基通36－９

Q18　死亡後に支給の確定した退職金の改訂差額

本年６月に退職し，８月に死亡した者について12月に退職金の改訂差額を支払うこととなりました。

この場合，退職時の退職金と合算して課税してよいでしょうか。

A　**所得税は課税されません。**

解説

相続財産とみなされる退職手当金に該当し，相続税の課税価格の計算の基礎に算入されるので，所得税は課税されません。

関係法令等

所法９①十六，所法36，所基通９－17，36－10⑵，36－11㈱

1-5.　居住者と非居住者

Q19　居住者，非居住者の区分

居住形態によって課税所得の範囲や課税方法が異なるとのことですが，所得税法上，どのように区分されているのですか。

A

居住者とは，国内に住所を有しているか，又は現在まで引き続いて1年以上国内に居所を有する個人をいいます（所法2①三）。

非居住者とは，居住者以外の個人をいいます。

解説

1　所得税法では，日本において住所を有し，又は現在まで引き続き1年以上居所を有するかによって，個人を「居住者」と「非居住者」の二つに区分し，更に「居住者」のうち日本国籍を有しておらず，かつ，過去10年間のうちに日本国内に住所又は居所を有していた期間の合計が5年以下である者は，「非永住者」に区分されます（所法2①三～五）。

そして，個人に対するこれらの三つの区分を居住形態といいますが，所得税法は，居住形態に応じて，それぞれ異なる課税範囲と課税方法を定めています。

なお，非居住者は，その所得の源泉が国内にあるとされる「国内源泉所得」（所法161）を有する場合に，所得税の納税義務が生じます。

2　居住形態の区分は次のとおりです。

①　居住者

居住者とは，国内に住所を有しているか，又は現在まで引き続いて1年以上国内に居所を有する個人をいいます（所法2①三）。

イ　非永住者……非永住者とは，居住者のうち日本国籍を有しておらず，かつ，過去10年以内において国内に住所又は居所を有していた期間の合計が５年以下である個人をいいます（所法２①四）。

ロ　永住者……永住者とは，居住者のうち日本国籍を有している者及び過去10年間のうちに日本国内に住所又は居所を有していた期間の合計が５年超である個人をいいます。

②　非居住者

非居住者とは，居住者以外の個人をいいます。

したがって，非居住者とは，国内に住所・居所を全く有しない個人，又は国内に住所を有せず，かつ，居所を有している期間が１年未満の個人をいいます（所法２①五）。

関係法令等

所法２①三～五，５②，所基通２－２

Q20　住所と居所とは

住所と居所とはどのように違うのですか。

A

住所とは，その人の生活の本拠をいい，居所とは，生活の本拠ではないが，相当期間継続して居住する場所をいうとされています。

解説

外国人が国内に住所又は居所を有するか否かによって，その居住形態が異なり，課税される所得の範囲も異なりますので，「住所」，「居所」の有無等の判定は非常に重要です。

所得税法上，個人の「住所」については特に定義がされていませんが，民法上の「住所」（民法22）の概念を借用して「法に規定する住所とは各人の生活の本拠をいい，生活の本拠であるかどうかは客観的事実によって判定する」こととされています（所基通２－１）。

「居所」の意義については，所法及び所基通のいずれにおいても特段の規定は設けられていませんが，一般的に，「居所」とは，人が相当期間継続して居住しているものの，その場所とその人の結び付きが「住所」に比べ密接でないもの，すなわち，そこがその人の生活の本拠であるというまでには至らない場所をいうとされています。

この居所とは，物理的な施設としての住宅の建物を指すものではありませんので，国内に家族の居住する住宅を残して海外に赴任し現地に居住している場合には，国内に居所を有しないことになります。

関係法令等

民法22，所基通２－１

Q21　海外赴任期間が変更した場合の居住者・非居住者の判定

１年以上の期間の予定で海外支店勤務のため出国した者が，業務の都合により１年未満で国内勤務となり帰国した場合，所得税の納税義務者の区分はどうなりますか。

また，１年未満の予定で出国した者が，業務の都合により海外の勤務期間が出国の日から１年以上にわたることとなった場合，所得税の納税義務者の区分はどうなりますか。

A

事情の変更が生じたときに居住者・非居住者の再判定を行うこととなりますが，遡及して居住者・非居住者の区分が変更されることはありません。

解説

当初１年以上の海外勤務の予定で出国した者は，出国の時から非居住者として取扱われますが，その勤務期間が１年未満となることが明らかとなった場合には，その明らかになった日以後は居住者となります

(出国時に遡及して居住者となることはありません。)。

また，当初1年未満の海外勤務の予定で出国した場合には，出国の時においては居住者として取扱われますが，その後事情の変更があり海外勤務が1年以上となることが明らかとなった場合には，その明らかとなった日以後は非居住者となります。

関係法令等

所令14，15，所基通2－1，3－3

Q22 日本から出国できずに外国法人から受け取る給与

私は，外国法人に転職し，現地で勤務する予定（1年以上）でしたが，今般の新型コロナウイルス感染症の世界的拡大に伴い日本から出国することができず，当分の間，国内の住所地において外国法人の業務に従事（在宅勤務）しています。外国法人から支払われる給与については，源泉徴収がされていませんが，所得税は課されないのでしょうか。

なお，この外国法人は，国内に事務所等を有していません。

A

国内に住所を有し，又は現在まで引き続いて1年以上居所を有する個人は，居住者に該当します。また，居住者が勤務先から受け取る給与，賞与などは給与所得（所法28条）に該当し，所得税の課税対象となります。

解説

質問について，あなたは，国内に所在する住所地において外国法人の業務に従事しているとのことですので，法令に規定する「国内に住所を有する個人」と認められるため，居住者に該当します。

したがって，あなたが外国法人から受け取る給与については，(本来の勤務地が国外であるか否かにかかわらず）給与所得として確定申告書の提出及び納税が必要となります。

※　日本に事務所等を有しない外国法人があなたに支払う給与については，国内において支払われるものではありませんので源泉徴収の対象とはなりません。

※　国内で勤務する予定であった個人が国外から日本に入国できずにその国外の住所地において勤務（在宅勤務）している場合には，その個人は，引き続き非居住者となります。

※　確定申告書の提出が必要な方が年の中途で日本から出国をして非居住者となる場合には，その出国までに確定申告を済ますか，その後の税務手続（確定申告など）を行うために納税管理人を定める必要があります（所法127条，通則法117条）。

関係法令等

所法２①三，28，127，通則法117

Q23　短期間の在留予定が延長された場合の課税関係

当初６か月間の予定で入国しましたが，仕事の都合により１年を超えて滞在することとなりました。いつからどのように課税方法を変更すればよいでしょうか。

A

入国の日の翌日から１年を超える在留期間の延長が決まった日の前日までは非居住者に判定され，同在留期間の延長が明らかになった日から居住者として源泉徴収をする必要があります。

解説

１　居住者と非居住者の判定の時期

居住者とは国内に住所を有し，又は現在まで引き続いて国内に１

年以上居所を有する者をいい，非居住者とは，居住者以外の者，即ち国内に住所も１年以上の居所も有しない者をいうとされており，判定の時期については，特に規定を置いていません。

居住者と非居住者の判定は，給与等の支払に当たり支払者が所得税を徴収して納付する義務があるか否かを判断する場面で行われるものであり，その給与等の支払いの都度，判定する必要があります。

2　具体的な判定の時期

質問の場合は，当初６か月間の予定で入国していますので，在留期間の延長が決定した日の前日までは，その地における在留期間が契約等によりあらかじめ１年未満であることが明らかと認められますので，その者は非居住者に判定され，その者に支払われる給与等については，20.42%（復興特別所得税を含みます。）で源泉徴収をする必要があります。

その後，在留期間が延長され予定する滞在期間が１年以上となりましたので，その日以後に支払われる給与については，居住者として源泉徴収をする必要があります。

この場合，当初の入国時まで遡って居住者の取扱いに変更する必要はありません。

関係法令等

所法２①三，所令15①一，所基通３－３，復興財確法28①②

Q24　ワーキングホリデービザで入国した者のアルバイト採用

在留期間６か月，１回更新可能なワーキングホリデービザでオーストラリアから日本に来たオーストラリア人を，英会話教師のアルバイトとして給料を支払いますが，どのような居住形態になりますか。

A

ワーキングホリデービザで来日している外国人の方は，１年未満の間，日本に滞在する期間については，一般的には，所得税法上非居住者に該当します。

解説

ワーキングホリデー制度とは，二国・地域間の取決め等に基づき，各々が，相手国・地域の青少年に対し，次のような条件の下で，休暇目的の入国及び滞在期間中における旅行・滞在資金を補うための付随的な就労を認める制度で，各々の国・地域が，その文化や一般的な生活様式を理解する機会を相手国・地域の青少年に対して提供し，二国・地域間の相互理解を深めることを趣旨としています。

我が国は，昭和55年（1980年）にオーストラリアとの間でワーキングホリデー制度を開始したのを皮切りに，令和２年４月１日現在，26か国・地域との間で同制度を導入しています（外務省ホームページより）。

・相手国・地域に居住する相手国・地域の国民・住民であること。
・一定期間相手国・地域において主として休暇を過ごす意図を有すること。
・査証申請時の年齢が18歳以上30歳以下であること（国によって相違あり）。
・子又は被扶養者を同伴しないこと。
・有効な旅券と帰りの切符（又は切符を購入するための資金）を所持すること。
・滞在の当初の期間に生計を維持するために必要な資金を所持すること。
・健康であること。
・以前にワーキングホリデー査証を発給されたことがないこと。

ワーキングホリデービザで来日している場合，ワーキングホリデービザは日本において休暇を過ごすことを主な目的とし，上記のような条件で発行されるビザであり，特定活動の在留資格が与えられ，就労は付随的に認められるものであることから，一般的には住所（生活の本拠）はオーストラリアであり，日本における滞在場所は，住所ではなく居所であると考えられます。

したがって，１年未満の間，日本に滞在する期間については，所得税法上は非居住者に該当します（所法２①三，五）。

関係法令等

所法２①三，五

1-6.　外国人給与所得者

Q25　外国人給与所得者に説明する給与の源泉徴収

外国人技能実習生を採用することになりましたが，給与についての源泉徴収をどのように説明すればよいでしょうか。

A

外国人であっても，雇用主から給与の支払を受ける際には，原則として，その給与から所得税等の額が差し引かれる（源泉徴収される）ことになります。

この源泉徴収される所得税等の額は，「居住者」に該当するか，又は「非居住者」に該当するかにより異なることになります。

○「居住者」とは，日本国内に住所がある個人又は現在まで引き続いて１年以上居所がある個人をいいます。

○「非居住者」とは，居住者以外の個人（日本国内に住所がなく，かつ現在まで引き続いて１年以上の居所がない個人）をいいます。

解説

居住者と非居住者の課税関係の主な違いは，次のとおりです。

○「居住者」が支払を受ける給与に係る所得税等の額は，厚生年金保険料などの社会保険料等の額及び配偶者や扶養親族などの数（※）に応じて算出されます。

※　配偶者や扶養親族などの数は，雇用主に提出する『給与所得者の扶養控除等（異動）申告書』に記載されたところによります。

また，毎年最後に給与の支払を受ける際には年末調整が行われます。

⇒年末調整の際に雇用主に提出する主な申告書（Q26の解説）

○「非居住者」が支払を受ける給与に係る所得税等の額は，その給与の支給額に一律20.42%の税率を乗じて算出されます（原則として，この税額が源泉徴収されることにより課税関係が完結するため，税務署に対する確定申告の必要はありません。）。

⇒外国人給与所得者の租税条約による特例（Q27）

関係法令等

所法２①三

Q26　月々の源泉徴収と年末調整

外国人の場合，月々の源泉徴収と年末調整は，どのように行われますか。

A

外国人であっても，雇用主から給与の支払を受ける際には，原則として，その給与から所得税等の額が差し引かれ，給与所得者の扶養控除等（異動）申告書を提出した者については，原則として，毎年最後に給与の支払を受ける際には年末調整が行われます。

解説

1　源泉徴収

雇用主から給与の支払を受ける際には，その給与から所得税等の額が差し引かれる（源泉徴収される）ことになります。

また，居住者は，毎年最初に給与の支払を受ける日の前日までに『給与所得者の扶養控除等（異動）申告書』を雇用主に提出しなければなりません（提出した申告書の記載内容に異動が生じた場合には，その旨をこの申告書に記載して雇用主に提出する必要があります。）。

※　非居住者は『給与所得者の扶養控除等（異動）申告書』を提出すること

はできません。

2　年末調整

居住者は，その年最後に給与の支払を受ける際に，雇用主により源泉徴収された所得税等の年間の合計額と，年間の給与の総額について納めなければならない所得税等の額（年税額）との差額の精算が行われます。この手続を「年末調整」といいます。

また，この年末調整の際に，基礎控除や配偶者控除などの適用を受けようとする場合には，『給与所得者の基礎控除申告書』及び『給与所得者の配偶者控除等申告書』などを雇用主に提出しなければなりません。

なお，給与の支払を受ける方の大部分は，この年末調整により所得税等の額の精算が行われますので，税務署に対して確定申告をする必要はありません。

※　非居住者は年末調整の対象にはなりません。

3　年末調整の際に雇用主に提出する主な申告書

・『給与所得者の扶養控除等（異動）申告書』

この申告書は，毎年最初に給与の支払を受ける日の前日までに雇用主に提出することになっていますが，提出していない場合には，年末調整が行われる時までにこの申告書を提出すれば年末調整が行われます。

また，既に提出している申告書の記載内容に変更があった場合には，その旨をこの申告書に記載して雇用主に提出する必要があります。

・『給与所得者の基礎控除申告書 兼 給与所得者の配偶者控除等申告書 兼 所得金額調整控除申告書』

基礎控除，配偶者控除，配偶者特別控除又は所得金額調整控除の適用を受けようとする場合には，年末調整が行われる時までにこの申告書を雇用主に提出する必要があります。

※　これらの控除の内容については，この申告書に記載されている説明を参

照してください。

・『給与所得者の保険料控除申告書』

生命保険料や地震保険料などの控除の適用を受けようとする場合には，年末調整が行われる時までにこの申告書を雇用主に提出する必要があります。

※　生命保険料や地震保険料などの控除の内容については，この申告書に記載されている説明を参照してください。

（巻末の参考図表）

■年末調整のための人的所得控除等の要件と控除額の概要

■年末調整で各種控除を受けるための申告書と税額計算の流れ

関係法令等

所法183，190，194～198

Q27　外国人給与所得者の租税条約による特例

外国人給与所得者の租税条約による特例や適用を受けるための手続きを教えてください。

A

「技能実習」の在留資格により日本に入国し，その訓練のために雇用主から支払を受ける一定の給与については，日本において免税とされる場合があり（中国やタイなど），その所得税等の免除を受けようとする場合には，「租税条約に関する届出書」を雇用主を経由して税務署に提出する必要があります。

解説

外国人給与所得者の出身国と日本との間で租税条約が締結されている場合には，所得税等が免除されることがあります。

この所得税等の免除を受けようとする場合には，「租税条約に関する届出書」を雇用主を経由して税務署に提出する必要があります。

なお，この「租税条約に関する届出書」を提出しなかったために，所得税等が源泉徴収された場合には，この「租税条約に関する届出書」と「租税条約に関する源泉徴収税額の還付請求書（様式11）」を雇用主を経由して税務署に提出することにより，その源泉徴収された所得税等の還付を受けることができます。

例えば，「技能実習」の在留資格により日本に入国し，その訓練のために雇用主から支払を受ける一定の給与については，日本において免税とされる場合があります（中国やタイなど）。

ただし，日本が締結している多くの租税条約においては，日本国外から支払われる一定の給付についてのみが免税の対象とされており，日本国内で支払われる給与は免税の対象とはなりません。

※ 「居住者」が，非居住者である親族について扶養控除等の控除の適用を受けようとする場合には，所定の書類を雇用主に提出する必要があります。詳しくは，国税庁のリーフレット「非居住者である親族について扶養控除等の適用を受ける方へ」を参照してください。

関係法令等

所法162，各国との租税条約

1-7.　新たな雇用関係等と所得区分

Q28　従業員に依頼する持ち帰り業務への報酬（社内外注）

ワイシャツの製造を業とする当社は，使用人甲（縫製課長代理）に対し通常の業務のほか，次のような条件でワイシャツ仕上げ（アイロンをかけ，たたんで袋に入れる）業務を依頼して，通常の給与のほかワイシャツ仕上げ代を支払っています。

この場合のワイシャツ仕上げ代は給与として課税すべきですか。

1　ワイシャツの仕上げ業務は甲以外はすべて外注に出しており，社内業務としては行っていません。

2　ワイシャツの仕上げ代は着数×単価で計算し，末日締めの翌月5日払いです（給与は毎月25日に支払っている）。

3　材料は無料支給であるが，作業用具（アイロン，アイロン台）ほかその他の経費は本人の負担とします。

4　業務は勤務時間外に自宅で行うこととします。

5　甲の家族による従事も特に制限はありません。

A　**給与所得に該当せず源泉徴収の必要はありません。**

解説　給与所得とは，本来，雇用契約又はこれに準ずる契約に基づきその職務の対価として支給されるものですが，質問の場合は次の点から給与所得には該当しないと考えられます。

①　ワイシャツの仕上げ業務が通常の業務の時間外に自宅で行われ，作業用具，光熱費等は個人負担であること。

②　取引内容が他の外注先と同様であることから，使用人甲に対して委託し

たワイシャツ仕上げ業務は，甲の会社における通常の業務の範囲内のものとは認められないこと。

③　甲に依頼した業務について，甲の責任において他の者に従事させることも可能であること。

関係法令等

所法28，35

Q29　社内被験者に支払う謝金

開発しているサプリメントを社内従業員から被験者を募集し，ヒト試験を実施し，所定の謝礼金を支給します。この謝金は外部の募集者に対するものは所得税法204条に列挙されていないことから源泉所得税の徴収が不要と考えますが，今回は従業員より希望者を募っており，給与所得に該当するのか判断に迷っていますのでご教示ください。

なお，今回のヒト試験は，24時間内に複数回の尿採取があるので場所や時間も会社や就業時間内に限定されませんが，仮に就業時間内に社内で完結するものであれば，答えは変わるのでしょうか。

A

給与所得に該当すると考えられますが，一定の場合には，雑所得として源泉徴収を要しないものと考えられます。

解説

最高裁は，通勤費が給与であるかどうかが争われた事件において，給与所得を「勤労者が勤労者たる地位に基づいて使用者から受ける給付」と定義し，通勤費もこれに含まれると判示しており（最判昭37.8.10），一般的に，勤労者（使用人）がその職務又は地位に基づいて使用者から受ける全ての給付は，給与所得を構成すると解されています。

質問の謝礼金は，今回のヒト試験において，24時間内に複数回の尿採取を行ってもらうという試験参加者の使用者への役務提供に対して給付されるものであり，その役務提供は，職務自体とはいえないものの，勤務時間中の勤務場所における対応も可能なものであり，加えて，試験参加者の役務提供に当たり実費が生ずるような性格のものではなく，謝礼金が純所得となる性格のものであること，すなわち実費弁償として給付されるものとはいえないことからすれば，勤労者（使用人）がその地位に基づいて使用者から受ける給付として，給与所得に該当すると考えられます。

この点，仮に就業時間内に社内で完結するものであれば，給与所得としての性格がさらに明確になるものと考えます。

一方，従業員のほかに外部の募集者を含めてヒト試験を実施し，従業員には就業時間内での役務提供を禁止した上で，謝礼金の支給基準も従業員と外部の募集者と同様である場合には，従業員及び外部募集者が受ける給付は雑所得として源泉徴収を要しないものと考えられます。

関係法令等

所法28，35

Q30　顧問に対する報酬の所得区分

当社は，産業廃棄物の中間処理を行う法人ですが，この度，事業部ごとに事業活動の向上を図るべく大学の教授等と顧問契約を結び毎月定額の報酬を支払うこととなりました。

この場合の報酬は，給与所得として源泉徴収の必要はありますか。契約内容は次のとおりです。

〈契約書からの抜粋〉

1　顧問はそれぞれ，大学教授等や，他の勤務先又は同様の顧問契約先があり，他に収入があります。また，税理士等の特別な資格は有しません。

2　勤務形態

本社又は営業所に自分の机を有して週のうち1～2日の勤務で特に出勤日数及び時間等の制限はなく，特に業務日報等はないが，担当者から定期的に何らかの報告はされます。

3　契約期間等

1年間契約，一年後までに何らかの成果が見られないときは契約延長しないが，成果が見られないことによる違約金の請求又は支払済の定額報酬の返還等はありません。

4　業務上生じる費用（交通費，宿泊費等）は当社が負担し，顧問が負担するものはありません。

5　その他，当社は新規事業等の開設時には，顧問を設置します。

A

給与所得として源泉徴収を行う必要があります。

解説

所得区分の判定においては，

①　当該契約の内容が，その人に代わって他人に行わせてよいかどうか

②　仕事の遂行に当たり，個々の作業について指揮監督を受けるかどうか

③　引き渡しの終わらない完成品が不可抗力のため滅失した場合にその者が権利として報酬の支払請求ができるか

④　所得者が資材を提供しているかどうか

⑤　作業用具を提供されているかどうか

等を総合的に見て判断する必要があります。

この事例はその契約内容及び業務状況をみると，次のとおりです。

①　その業務内容において，資格は有しませんが専門的知識又は経験等を必要としており，容易にその代替えが可能とは判断できません。

②　業務内容は，経営全般に渡る指導及び業務に関する指導であり，勤務日時等の制約はないものの週2～3日程度出勤し事務所内で勤務を行います。また，業務日報はありませんが，担当者からの適宜の報告があり，何らか

の管理はされています。

③　報酬は年契約で毎月一定額の支給です。

④　その仕事の成果に対する評価はあるものの，行った業務等に対する違約金又は報酬の返還は発生しません。

⑤　資材及び用具の提供については，会社内に専属の机を有しており，諸経費についても全額会社負担です。

以上の点を総合的に勘案すると，契約自体は名目上，委任契約となっていますが，その業務は，顧問の責任と判断に基づいてすべてを行っているものとは認められず，使用者の責任と管理の下に使用者の資材等を利用して業務を行っていることから，支払われる報酬は給与として判断すべきものと考えられます。

関係法令等

所法28，183，204

Q31　フリーランスのプログラマーとの契約

当社は，フリーランスのプログラマーと契約をして月給を支払いますが，このプログラマーから「私は請負でやっている事業所得者だから源泉徴収は不要です」といわれています。給与所得と事業所得の違いについて教えてください。

A

給与所得と事業所得の区分は，使用者の指揮命令に服しているかどうかなど，その事実関係を総合勘案して判定することとなります。

一般的に，フリーランスに支払う業務委託料等の多くは報酬・料金に該当するため，その報酬等の支払の際に所法204条に規定する報酬・料金に係る源泉徴収を行う必要がありますが，プログラマーなどの業種に属する業務委託・請負契約に係る報酬料金については，所法204条に明記されていないため，その支払に当たっては，源泉徴収を行う必要はありません。

ただし，その実態が使用者の指揮命令に服して提供した労務の対価として使用者から受ける給付である場合には，給与所得として源泉徴収をする必要があります。

解説　給与所得と事業所得との区分に当たっての一般的な基準等については，次のように考えられており，その事実関係を総合勘案して判定することとなります。

・給与所得と事業所得の差異

事業所得は，「自己の計算と危険において独立して営まれ，営利性，有償性を有し，かつ，反復継続して遂行する意思と社会的地位とが客観的に認められる業務から生ずる所得」です。

給与所得は，「雇用契約又はこれに類する原因に基づき使用者の指揮命令に服して提供した労務の対価として使用者から受ける給付」であり，支払者との関係において何らかの空間的時間的な拘束を受け，継続的ないし断続的に労務又は役務の提供があることにより，その対価として支給されるものです。

このように両所得の区分は，給与所得が「非独立的，従属的労務の対価」である一方，事業所得は「自己の計算と危険とにおいて行われる経済的活動としての事業から生ずる所得」であるとされますが，個々に各種の人的役務の提供の対価が給与所得か事業所得のいずれかに該当するのかを判断するためには，この基準のほかに役務提供契約の内容について，具体的・総合的に検討する必要があります。

また，一般に給与所得の場合には，被傭者の職務遂行に必要な旅費，設備，部品等の費用は原則として使用者負担であるのが通常であることを考えると，事業所得と言い得るためには，役務提供のための費用の自己負担という要素が重要なポイントとなります。

・実務的な給与所得と事業所得の総合判定の要素

1　当該契約の内容が，その人に代わって他人に行わせることが可能か（代替不可の場合は給与）

2　仕事の遂行に当たり，個々の作業について指揮監督を受けるかどうか（指揮監督を受ける場合は給与）

3　引渡しの終わらない完成品が不可抗力のため滅失した場合に，その者が権利として報酬の支払請求ができるかどうか（報酬の請求権がある場合は給与）

4　所得者が資材を提供しているかどうか（提供されている場合は給与）

5　作業用具を供与されているかどうか（供与されている場合は給与）

フリーランスについては，経済産業省が2021年に公表したガイドライン内では「実店舗がなく，雇人もいない自営業主や一人社長であって，自身の経験や知識，スキルを活用して収入を得る者を指す」と定義されており，ライターやカメラマン，WEBデザイナー，プログラマー，コンサルタントなどの職種があります。

源泉徴収が必要な職種については，所法204条で，原稿やさし絵，講演などの報酬，弁護士や税理士などの報酬のほか，外交員や集金人などの報酬等が規定され，フリーランスといわれる方々の職種の多くは，これに該当することになり，当該報酬の支払の際に報酬に係る源泉徴収をする必要があります。

ただし，フリーランスといわれる中でもプログラマーなど明記されていない職種についてはその報酬について源泉徴収する必要はありません。

また，これらの報酬等であっても，その実態が給与所得に該当する場合は給与として源泉徴収をする必要がありますので注意が必要です。

関係法令等

所法183，204，経済産業省ほか「フリーランスとして安心して働ける環境を整備するためのガイドライン」令和３年３月26日

Q32 社員自家借上住宅制度に基づき支払われる家賃の所得区分

当社では，社員の転勤等により自宅が空家になる場合に，当社が留守宅を社宅として借上げ他の社員に貸与する制度（社員自家借上住宅制度）を導入しています。本制度に基づき借り上げられた住宅の家賃は，次の基本家賃と加算家賃からなっています。

① 基本家賃は，当該住宅が社宅として使用されている（入居者が有る）場合に，住宅が所在する場所の区分に応じ最高７万円が支払われる。

② 加算家賃は，当該住宅に入居者があるかどうかにかかわらず，次の算式により計算した額が支払われる。

当該住宅の借入金残高 ×（住宅取得借入金の利率 − 1％）÷ 12
……加算家賃の月額

なお，この加算家賃は，住宅取得借入金残高のない者には支払われません。

本制度に基づく家賃は不動産所得と考えますがどうでしょうか。

A 加算家賃の額は給与所得と考えられます。

解説 所得税法上，「不動産所得とは，不動産，不動産の上に存する権利，船舶又は航空機の貸付けによる所得をいう」と規定されており，入居者がいる場合に支払われる基本家賃の額は不動産の貸付けの対価であり，不動産所得の収入金額に算入されることは問題ないとしても，加算家賃の額ついては，次の理由から当該社宅の所有者である社員に対する給与と解するのが相当です。

① 計算方法からみて，家賃の名目となっているもののその実質は一種の手当（利子補給金）と解するのが相当と考えられること（低利による住宅取得資金の貸付けの特例（措法29）の適用が受けられなくなることによる負担増加

部分を補助する目的のものと考えられる。）

② 住宅取得借入金残高のない者には，加算家賃は支払われないこととされており，家賃であるとするならば，（計算方法を問わず）社宅として借り上げる者の全員に支払われるべきであって何らの支払も行われない者が存在することに対する合理的な理由がないこと

③ 一般に家賃の額は，賃借物（住宅）に投下した資本の回収や利益を見込んで設定されるものと考えられるが，加算家賃はこれらの要素を考慮したものとなっていないこと

関係法令等

所法26，28，措法29

Q33 中途解任した役員に支払う会社法339条２項に基づく損害賠償金

当社（株式会社）は，取締役甲をその任期の中途で解任しましたが，甲から正当な理由のない解任であるとして会社法339条２項に基づく損害賠償請求が提訴され，判決により，当社が甲に損害賠償金（以下「本件損害賠償金」といいます。）を支払うことが確定しました。

本件損害賠償金は，給与所得ではなく一時所得に該当すると考えられますので源泉徴収を行う必要はないと解してよいでしょうか。

A

本件損害賠償金は，給与所得ではなく対価性のない一時の所得として一時所得に該当すると考えられますので，その支払の際にこれを役員報酬（給与所得）として源泉徴収を行う必要はないと解されます。

解説

従業員の不当解雇が取り消された場合，通常は，解雇時に遡ってその身分が回復し解雇時に遡及して給与が支払われることになりま

すので，雇用者はその支払の際に所定の源泉徴収をする必要があります。

一方，株式会社の役員は，会社法上株主総会の決議によっていつでも解任することができますので，たとえその解任に正当な理由があると認められず本件損害賠償金を支払うことになったとしても，その解任自体は有効に成立しており，甲の取締役としての身分が遡って回復することにはならないと考えられます。

また，本件損害賠償金については，解任された日の翌月から任期満了時までの役員報酬の額を基に算定されていますが，甲は取締役を解任された後当社の取締役としての職務を行っていないことからすれば，本件損害賠償金に役員としての役務提供の対価たる役員報酬の性質は認められず，会社法の規定に基づき解任によって生じた逸失利益の賠償にすぎないと考えられます。

したがって，本件損害賠償金は，給与所得ではなく対価性のない一時の所得として一時所得に該当すると考えられますので，その支払の際にこれを役員報酬（給与所得）として源泉徴収を行う必要はないと解されます。

関係法令等

所法28，34，会社法339

1-8.　一時帰国と国内源泉所得

Q34　海外出向者を一時帰国させた場合の留守宅手当

当社（内国法人）は，海外現地法人に従業員を出向（1年以上）させていましたが，今般の新型コロナウイルス感染症の世界的拡大に伴い，従業員を日本に一時帰国させており，現在，この従業員は，日本で海外現地法人の業務に従事しています。

この従業員には，出向先である海外現地法人からの給与のほか，現地との給与水準の調整等を踏まえ，当社から留守宅手当を支払っています。
このような一時帰国者については，租税条約の適用により所得税が課されない場合があると聞きましたが，当社がこの従業員に支払う留守宅手当について源泉徴収は必要でしょうか。また，この従業員は，日本で申告をする必要があるでしょうか。
なお，給与の支給形態は，帰国後も変更はなく，海外現地法人は，日本国内に支店等を有していません。

A

日本滞在期間中の従業員Ａの役務提供地は日本であり，日本で支払う留守宅手当のうち日本滞在期間に対応する部分は，非居住者の国内源泉所得に該当しますので，20.42%（復興特別所得税を含みます。）で源泉徴収をする必要があります。

解説

居住者とは，国内に住所を有し，又は現在まで引き続いて１年以上居所を有する個人をいい，非居住者とは，居住者以外の個人をいいます（Q19 居住者，非居住者）。また，非居住者が日本国内において行う勤務に基因する給与は，「国内源泉所得」（所法161）として所得税の課税対象となり，非居住者に対して国内において国内源泉所得の支払をする者は，その支払の際に所得税（及び復興特別所得税）の源泉徴収をする必要があります。

一方で，所得税法において課税対象となる場合であっても，その給与所得者の居住地国と日本との間に租税条約等があり，非居住者である給与所得者が，その租税条約等において定める要件（以下の【短期滞在者免税の要件】）を満たす場合には，所定の手続を行うことで日本において所得税が免税となります。

【短期滞在者免税の要件】

次の３つの要件を満たすこと。

①　滞在期間が課税年度又は継続する12か月を通じて合計183日を超えな

いこと。

② 報酬を支払う雇用者等は，勤務が行われた締約国の居住者でないこと。

③ 給与等の報酬が，役務提供地にある雇用者の支店その他の恒久的施設によって負担されないこと。

※ この要件は一般的なものであり，個々の租税条約等によってその要件が異なりますので，適用される租税条約等を確認する必要があります。

非居住者である従業員が日本に一時帰国した場合であっても，この従業員は日本国内に住所等を有していないと認められるため，引き続き非居住者に該当します。また，この非居住者である従業員に対して貴社から支払われる一時帰国している期間の留守宅手当については，日本国内において行う勤務に基因する給与と認められるため，国内源泉所得として所得税の課税対象となります。

その上で，貴社から支払われる一時帰国している期間の留守宅手当については，上記【短期滞在者免税の要件】の②の要件を満たしませんので，短期滞在者免税の適用はなく，非居住者に対する給与としてその支払の際に20.42%の税率により源泉徴収が必要となります。

なお，この一時帰国している期間の留守宅手当は，源泉徴収のみで課税関係が終了する仕組みとなっています。

関係法令等

所法２，161，164，213

Q35 海外赴任者の一時帰国と現地子会社が支払う給与の課税関係

３年間の予定で海外子会社に出向・赴任中の従業員Ａが一時帰国し，出向先である海外子会社の業務を行うことになりました。なお，当該従業員には，格差補塡金としての留守宅手当を支給し，現地給与は子会社が現地で支給しています。

この場合，日本での課税関係はどうなりますか。

なお，現地子会社は，日本に事務所等を有していません。

A

日本出張期間中の従業員Ａの役務提供地は日本であり，日本で支払う留守宅手当のうち日本出張期間に対応する部分は，非居住者の国内源泉所得に該当しますので，20.42%（復興特別所得税を含みます。）で源泉徴収をする必要があります。

従業員Ａの日本出張期間の役務提供地は日本であり，同期間に対応する海外子会社が支払う現地給与についても国内源泉所得となりますが，日本に同法人が事務所等を有しない限り，源泉徴収義務は発生しません。

解説

1　留守宅手当

海外子会社出向中に従業員Ａに通常支払われる格差補塡金としての留守宅手当は，従業員Ａが非居住者で，役務提供地も海外であることから国外源泉所得となり，日本では課税されません。

2　日本出張期間中の課税

非居住者である従業員Ａの，日本出張期間中の役務提供地は日本国内であり，日本出張期間に対応する部分の給与は国内源泉所得に該当しますので，源泉徴収が必要となります。

3　短期滞在者免税の適用

わが国が締結した租税条約の「短期滞在者免税」規定（租税条約15条２項）では，一方の締約国の居住者が他方の締約国内において行う勤務について取得する報酬に対しては，「報酬が当該他方の締約国の居住者でない雇用者又はこれに代わる者から支払われるものであること」との要件が定められており，国内法人が支払う役務の提供に係る給与の支払いは適用とならないため，この場合，「租税条約に関する届出書」の提出も必要ありません。

なお，従業員Ａの日本出張期間の役務提供地は日本であり，同期間に対応する海外子会社が支払う現地給与についても国内源泉所得となりますが，日本に同法人が事務所等を有しない限り，源泉徴収義務は発生しません。

関係法令等

所法２①五，７①三，161十二イ，162，実特省令８

Q36 一時出国していた従業員を日本に帰国させない場合の取扱い

当社（内国法人）は，これまで従業員を海外現地法人に派遣（3か月）してきましたが，今般の新型コロナウイルス感染症の世界的拡大に伴う移動制限を踏まえて，この派遣期間が終了した後も当分の間，従業員を日本に帰国させることなく，引き続き現地において，当社の業務に従事させています。

この従業員には，当社から給与を支払っていますが，このような場合，派遣期間中に支払った給与に関する源泉徴収の手続と何か変更点はありますか。

なお，この従業員は，通常は日本国内で家族と暮らしており，帰国後も同様です。

A

国内に住所を有し，又は現在まで引き続いて１年以上居所を有する個人は，居住者に該当します（所法２条１項３号）。また，居住者が勤務先から受け取る給与，賞与などは給与所得（所法28条）に該当し，所得税の課税対象となります。

解説　質問について，この従業員は，現在，一時的に海外に滞在していますが，国内に住所を有していると認められるため，居住者に該当します。

したがって，貴社が居住者である従業員に対して支払う給与については，これまでと同様に所得税を源泉徴収する必要があります。

仮に，1年以上海外に滞在することが明らかとなった場合には，その明らかとなった日後は非居住者に該当しますので，その日後に支払う給与については，国内での勤務に対応する部分を除き所得税の課税対象とはならず，源泉徴収を要しないことになります。

関係法令等

所法2①三，28，183

Q37　海外の関連企業から受け入れる従業員を海外で業務に従事させる場合

当社（内国法人）は，海外親会社から従業員を受け入れることとなりましたが，今般の新型コロナウイルス感染症の世界的拡大に伴う移動制限を踏まえて，この従業員は，海外において当社の業務に従事させています。

この従業員に対して当社から支払う給与について，源泉徴収は必要でしょうか。

A　居住者とは，国内に住所を有し，又は現在まで引き続いて1年以上居所を有する個人をいい（所法2条1項3号），非居住者とは，居住者以外の個人をいいます。

非居住者が日本国内において行う勤務に基因する給与は，国内源泉所得として所得税の課税対象となります。また，非居住者に対して国内において国内源泉所得の支払をする者は，その支払の際に所得税

（及び復興特別所得税）の源泉徴収をする必要があります。

このため，非居住者に対して国外源泉所得の支払をする場合は，源泉徴収の必要はありません。

解説　質問について，貴社が海外親会社から受け入れる従業員は，日本国内に住所等を有していないと認められるため，非居住者に該当します。また，非居住者である従業員が海外において行う勤務に基因する給与は，国内源泉所得に該当しませんので所得税の課税対象とならず，貴社がこの従業員に対して支払う給与については，源泉徴収を行う必要はありません。

〈参考〉**役員として受け入れる場合の取扱い**

海外親会社の従業員等を貴社の役員として受け入れる場合には，その取扱いが異なる場合がありますので，ご注意ください。

具体的には，非居住者である内国法人の役員がその法人から受ける報酬は，その役員が，その内国法人の使用人として常時勤務を行う場合（海外支店の長等として常時その支店に勤務するような場合）を除き，全て国内源泉所得となります。

したがって，非居住者である役員に対して支払う報酬については，一定の場合を除き国内源泉所得として所得税の課税対象となり，その支払の際に20.42%の税率により源泉徴収が必要となります。

※　国外で勤務することとなった個人が日本から国外に出国できずにその国内の住所地において勤務（在宅勤務）している場合には，その個人は，引き続き居住者となります。

関係法令等

所法２①五，161①十二イ，213①一，所令285①一

1-9.　誰が支払うのか

Q38　職員互助会から与えられる経済的利益

職員互助会から与えられる経済的利益に源泉徴収は必要ですか。

A　**原則として，給与としての源泉徴収は不要です。**

解説　職員互助会と職員との間に雇用関係はありませんので，職員互助会から職員に与えられる経済的利益は雑所得に該当し，給与としての源泉徴収は不要です。

法人の役員又は使用人をもって組織した団体（以下「従業員団体」という。）がこれらの者の親ぼく，福利厚生に関する事業を主として行っている場合において，その事業経費の相当部分を当該法人が負担しており，かつ，次に掲げる事実のいずれか一の事実があるときは，原則として，当該事業に係る収入及び支出は，その全額が当該法人の収入及び支出の額に含まれるものとするとされています。

(1)　法人の役員又は使用人で一定の資格を有する者が，その資格において当然に当該団体の役員に選出されることとなっていること。

(2)　当該団体の事業計画又は事業の運営に関する重要案件の決定について当該法人の許諾を要するなど，当該法人がその業務の運営に参画していること。

(3)　当該団体の事業に必要な施設の全部又は大部分を当該法人が提供していること。

したがって，これに該当する場合には，職員互助会から与えられた経済的利益が，その法人から与えられたものと取扱われますので，その経済的利益は給与に該当し，その法人において，源泉徴収が必要になる場合があります。

関係法令等

所基通２－８

Q39　外国法人に代わって支払う報酬に対する源泉徴収

当社は，事務用機械器具の製造を行っていますが，ドイツの法人Ｂ社から特許権の提供を受け，これに対して使用料を支払っています。

ところで，Ｂ社は当社の特許の使用状況をチェックする業務を日本の公認会計士に委嘱していますが，その報酬を当初からＢ社の委任に基づき当社が支払うことになりました。

その報酬の額はＢ社が決定し，当社は使用料の中からその額を立替払します。

この場合，当社はこの報酬に対して源泉徴収する必要がありますでしょうか。

A

貴社はＢ社に代わって源泉徴収し，同社の名において納付する必要があります。

解説

居住者に対して，国内において公認会計士の業務に関する報酬・料金の支払いをする者は，その支払いの際，その報酬・料金について所得税の源泉徴収をしなければならないことになっていますが，この場合の支払いには，支払債務を負う者が自ら行う支払いだけでなく，他の者に委託して行う支払いも含まれます。

したがって，貴社がＢ社の要請により，公認会計士の業務に関する報酬・料金を支払うべき特許権使用料のうちから支払った場合には，Ｂ社は国内においてその報酬・料金の支払いをしたことになり，所得税の源泉徴収義務を負うことになるため，貴社がその報酬を支払う際に，Ｂ社に代わって源泉徴収し，同社の名において納付する必要があります。

関係法令等

所法204，昭49直審３－66「技術援助契約に基づき負担する派遣技術者の国内滞在費等に対する所得税の取扱いについて」

Q40　ベトナムの口座に振り込まれる給与の支払者

当社は，ホールディング会社（親会社）の100%子会社です。

この度，親会社へ出向しております当社従業員が親会社への出向という身分のまま，兄弟会社（親会社の100%子会社）であるベトナム現地法人へ出向することとなりました。

当社は，出向者に直接日本の本人口座とベトナムの本人口座へ給与として支払いをしていますが，出向先法人である親会社から法定福利費，退職金を含む人件費相当額を100%回収しています。

親会社は出向先法人として当社に上記金額を支払うとともに，ベトナム子会社より留守宅手当以外の全額を回収しております。従って親会社では当社へ支払う金額のうち，留守宅手当相当額が損金として計上されております。

1　当社から日本及びベトナムの本人口座への給与の支払いについては，当社従業員がベトナムにて勤務していることから，源泉徴収は不要であると考えますが正しいでしょうか。

2　仮に，日本に一時帰国（183日以内）した場合には，当社では損金になっている金額がないため，源泉徴収は不要とも考えられますが，親会社では留守宅手当相当額が損金となっているため，親会社に代わり当社で留守宅手当について源泉徴収する必要があるのか，源泉の課税関係についてご教示ください。

A

1　我が国における所得税の課税対象所得には含まれません。

2　貴社から給与の支払を受けているものと考えられますので，このことを前提とすれば，貴社において，ベトナム口座給与及び留守宅手当の双方について源泉徴収すべきことになります。

解説

1について

ご指摘のとおり，ベトナム現地法人への出向者が，１年以上の予定で赴任することで非居住者に該当する場合で，かつ，貴社の従業員であって役員ではない場合には，ベトナムにおける勤務に基づき受ける給与は国内源泉所得（所法161）に該当しませんので，非居住者が取得する国外源泉所得として，我が国における所得税の課税対象所得には含まれません。

なお，非居住者となった後に支払われる賞与のうち国内勤務に基づく部分の金額については国内源泉所得に含まれますので，ご注意ください。

2について

日本に一時帰国した場合には，ベトナムの口座に振り込まれる給与（以下「ベトナム口座給与」といいます。）及び留守宅手当のうち，国内滞在期間に対応する部分の給与は国内源泉所得に該当します。

次に，ベトナム出向者に給与の支払をする者，すなわち給与の支払債務を負う者が誰であるかについては，質問の内容からすれば，ベトナム出向者は，貴社との雇用関係を維持したまま出向し，貴社から給与の支払を受けているものと考えられますので，このことを前提とすれば，貴社において，ベトナム口座給与及び留守宅手当の双方について源泉徴収すべきことになります。

なお，貴社では損金になっている金額がないとのことですが，国内源泉所得の支払に関する源泉徴収義務は，その支払をする者が負うものであり，出向者負担金等を出向先などから受け取ることにより結果として損金となる金額が生じないとしても，このことは源泉徴収義務に影響するものではありません。

また，ベトナム口座給与についても，貴社において支払事務を取扱っているのであれば，振込先口座がベトナムの金融機関に設けられているものであっても，国内において支払われるものとして，その国内源泉所得の支払の際，源泉徴収が必要になります（所法212）。この点，国税不服審判所平成23年６月28日裁決は，国内払の意義につき，「国内において給与等の支払をするとは，国内の事業所等において給与等の支払事務を取扱うことをいうものと解され，給与等の支払事務とは，給与等の支払額の計算，支出の決定，支払資金の用意，金員の交付等の一連の手続からなる事務をいうものと解される」との法令解釈を示しています。

関係法令等

所法161，212，国税不服審判所平成23年６月28日裁決

1-10. どこで支払うか

Q41　所得の支払地の判定（国内払と国外払）

内国法人Ａ社は，オーストラリア法人から特許権の使用許諾を受け，使用料を支払うこととなりました。本年10月の支払分については，役員Ｂがオーストラリアに出張することから，たまたま役員Ｂがその対価を現地で支払うこととしていますが，この場合，使用料は国外で支払うものですから，源泉所得税は11月末日までに納付すればよいと思いますがどうですか。

Ａ

金銭の交付が国外で行われたものであっても，国内でその支払事務が取扱われたと認められるものについては国内払に該当し，源泉所得税は支払の翌月10日までに納付しなければなりません。

解説　国内源泉所得が国外において支払われる場合とは，

1　利子・配当等について，契約に基づく支払代行機関が国外に置かれ，当該代行機関を通じて利子・配当等を支払う場合

2　国内で勤務する非居住者に対して，その給与等を国外の本店等が支払う場合

などが考えられます。

これらの場合には，源泉徴収の対象となるものの支払事務を取扱う場所が国外にあり，国内には源泉所得税の納税地は存在しません。ただし，この支払をする者が国内に事務所等を有する場合は，国内で支払うものとみなして源泉徴収を行うこととなり，このときの納期限は支払った月の翌月末日となります。

出張した際に支払を行うような場合は，その支払事務（支払額の計算，支出の決定，支払資金の用意，金員の交付等の一連の手続）は国内で取扱われたものと認められることから，国内払となり，支払の翌月10日までに納付する必要があります。

関係法令等

所法212①②

Q42　支店の給与を本店で計算する場合の納税地

当社では，各支店に勤務する従業員の給与は，本社で一括計算し，その計算書を支店に交付して，支店から給与を支給しています。したがって，支店では本社から交付された計算書により，各人の給与袋に現金を入れて各人に渡すのみです。この場合の源泉所得税の納税は，今まで支店において行っていましたが，事務の都合上，本店で一括納付したいと考えています。この取扱いでよろしいでしょうか。

A

勤務記録の管理や給与計算などの給与支払事務が，事実上本店で行われているとすれば本店一括納付が認められます。

解説

源泉徴収に係る納税地は，その支払事務を取扱う事務所等のその支払の日における所在地とされています。この給与等の支払事務を取扱う場所とは，①給与計算に関する人事考課上又は税務上の資料を管理している場所，②給与計算に関して責任を有する場所とされています。

したがって，質問の場合，本店がこれらの要件を満たしていれば，本店所在地を納税地として取扱って差し支えありません。

関係法令等

所法17

Q43　国外の本店で留守家族に支払われる給与

フランスの本社に勤務しているフランス人Aは，本年2月から9か月間の滞在予定で日本支店に出張してきています。

日本滞在中のAの給与は，本社からパリに住む留守家族に支払われていますが，この給与について源泉徴収を要しますか。

A

留守家族に支払われる給与は，国内源泉所得として源泉徴収を要します。

解説

非居住者が日本に滞在している間，留守家族に支払われる給与については，たとえフランスにおいて支払われるものであっても，日本において勤務することにより支払われるものであり，国内源泉所得に該当します。

この場合，Aの日本における滞在期間は183日を超えていますので，短期滞在者免税の規定は適用されず，この間に支払われた給与は日本において課税されることとなります。

また，Aの勤務する会社が日本に支店を有していますので，フランスの本社が給与を留守家族に支払ったときに，日本支店が日本において支払ったものとみなし，日本支店が源泉徴収することとなります。

この場合の源泉徴収税額については，給与を支払った日の属する月の翌月末日が納付期限となります。

関係法令等

所法161①十二イ，212②，日仏租税条約15②

Q44　国外で採用した非居住者に国外で支払う契約金

内国法人Ａ社では，英国法人に勤務している技術者Ｂ（英国居住者）を引き抜き，Ａ社（本社）の技術者として採用するに当たり，Ａ社の英国支店からＢに契約金を３万ドル支払うこととしていますが，この契約金は国外において支払われるので源泉徴収を要しないこととなりますか。

A

技術者Ｂに支払う契約金は国内で支払ったものとみなされるため，源泉徴収を要します。

解説

Ｂは，契約金を受け取る時点ではまだ入国していないので，非居住者に該当します。また，Ｂに支払う契約金の性格は，Ａ社のために役務を提供することを約することにより受け取る対価です。

したがって，本件の契約金は，国内において人的役務を提供することに基因して国外において支払を受けるものに該当し，国内源泉所得に該当するほか，支払者が国内に事務所又は事業所等を有する場合には，国内において支払ったものと同様，その支払の際に源泉徴収を要することとなります。

この場合の源泉徴収税額は，支払った日の属する月の翌月末日までに納付する必要があります。

関係法令等

所法161①十二イ，212②

1-11. 何時（いつ）支払うか

Q45　未払役員賞与の不払い決定

当社は，定時株主総会において役員賞与の支払を決議し，各人別の支給額まで決定しましたが，その後会社の経営が不振となり，役員賞与を未払のまま倒産しました。

その後，債権者集会との協議によって，未払となっている役員賞与は全額切り捨てられることとなりましたが，この未払役員賞与は源泉徴収の対象としなくてよろしいでしょうか。

A

債権者集会の決定が，役員賞与の支払決議をした日から１年を経過する日以前に行われた場合には源泉徴収をしなくて差し支えありませんが，それ以外の場合には源泉徴収を要します。

解説

一般に，給与等の支払者がその支払債務の免除を受けた場合には，債務免除を受けた時に支払があったものとして源泉徴収を行うこととされていますが，倒産後の債権者集会等の協議決定によって債務の切捨てを行ったこと等，一定の要件を満たす場合には，源泉徴収しなくて差し支えないこととされています。

しかし，役員に対する賞与については，支払の確定した日から１年を経過した日までに支払がされていない場合には，その１年を経過した日において支払があったものとみなして源泉徴収することとなりますので，それ以後に債務免除が行われても源泉所得税の課税には影響を及ぼさないこととなります。

関係法令等

所法183，所基通181～223共－２，181～223共－３

Q46 役員報酬の受領辞退

当社は，不動産の仲介を業とする３月決算の法人ですが，令和２年以降業績が大幅に悪化したため役員報酬が未払となっています。今後も業績の回復が見込めないことから，令和３年３月の取締役会で，役員全員について未払報酬の受領を辞退することを決定しました。

この辞退した報酬を当社の雑収入に計上すれば源泉徴収の必要がないと考えてよろしいでしょうか。

A

受領辞退が決まった時に支払があったものとして，源泉徴収を要します。

解説

給与等の支払者が，源泉徴収の対象となる支払債務の免除を受けた場合，その支払債務の免除を受けた時においてその支払があったものとして源泉徴収を行うこととなっています。

したがって，取締役会で役員が受領を辞退した時に支払があったものとして源泉徴収を要します。

ただし，会社の債務超過の状態が相当期間継続し，その支払をすることができないと認められる場合に役員報酬の受領辞退が行われたものであるときは，源泉徴収を要しません。

なお，今後支払うべき報酬については，その支給期の到来前に辞退の意思を明示して辞退した場合には，源泉徴収を要しません。

関係法令等

所基通181～223共－1，181～223共－2

Q47　弁済供託する場合

A社は，恒久的施設を有しない非居住者Bから国内にある建物の一室を事務所として賃借しており，その賃借料については，非居住者に対する不動産の賃借料（所得税法161条1項7号）として，従来から源泉徴収を行っていました。

この度，事務所の賃借料について，Bから値上げを要求されましたが，いまだ折り合いがつかず合意に至っていません。そのため，A社は賃貸借契約で定められている現行の賃貸料を支払おうとしたところ，Bから，賃借料の値上げに合意していないことを理由として現行の賃借料の受領を拒否されたため，A社は，法務局へ弁済供託することとしましたが（民法494条），源泉徴収をする必要がありますか。

A

弁済供託する日を不動産の賃借料の支払日として，源泉徴収をする必要があります。

解説

源泉徴収の対象となる所得の「支払」の際には，源泉徴収が必要とされていますが，この場合の「支払」には，現実に金銭を交付する行為のほか，元本に繰り入れ又は預金口座に振り替えるなどその支払の債務が消滅する一切の行為が含まれることとされています。

質問のように，賃借料を支払おうとしても，賃借料の値上げを理由として家主に受け取ってもらえないなど，債権者の受領拒否を原因として法務局へ弁済供託する場合，その債務は消滅することとなりますので（民法494条），その弁済供託する際に源泉徴収をする必要があります。

関係法令等

所基通181～223共－1

Q48 過払賞与が分割返還される場合の過誤納額の還付請求

当社は，ファイアーウォール規制上出向扱いができず，短期の転籍制度を導入し，数年ほどで復職しています。

当社給与と転籍先給与との差額（給与格差）は，復職時に賞与として支給していますが，この度，過年度に社員Ａに支給した復職時の賞与に計算誤りによる過払いが判明しました。

この過払分は，今後社員Ａから返還してもらいますが，多額なことから一括返還ではなく，数年の分割返還となります。

社員Ａとの間で，給与過払による債権債務の存在の確認及び分割返還に関する覚書を交わす予定ですが，この過払分の源泉徴収税額について還付請求は認められるでしょうか。

A 「返還を受けた場合」と同視し得るといえるためには，少なくとも，「給与過払による債権債務の存在の確認」に加えて，その債権債務の法的性質に変更があったといえるだけの契約関係が必要と考えられ，例えば，社員Ａとの間で金銭消費貸借契約を締結して，その返済の時期と方法や利息などを定め，これらのことを明らかにするため，金銭消費貸借契約書を作成しておくことが考えられます。

これにより，過払分の源泉徴収税額について還付請求は認められると思います。

解説　国税通則法56条1項《過誤納金》では，税務署長は，国税に係る過誤納金があるときは，遅滞なく，金銭で還付しなければならないとされ，源泉徴収税額に関しては，所得税基本通達181～223共－6（以下「本件通達」といいます。）において，次のように取扱われています。

源泉徴収税額に係る次に掲げる過誤納金は，当該源泉徴収税額を納付した徴収義務者に還付するものとする。

① 徴収義務者が源泉徴収税額として正当税額を超えて納付した場合におけるその納付した金額と正当税額との差額に係る過誤納金
② 源泉徴収の対象となった支払額が誤払等により過大であったため徴収義務者が返還を受けた場合におけるその返還を受ける前の支払額に対する税額とその支払額からその返還を受けた金額を控除した後の支払額に対する税額との差額に係る過誤納金
③ 源泉徴収の対象となった支払額が条件付の支払によるものであったため，その条件の成否により徴収義務者が既に支払った金額の全部又は一部の返還を受けた場合におけるその返還を受ける前の支払額に対する税額とその支払額からその返還を受けた金額を控除した後の支払額に対する税額との差額に係る過誤納金

「過年度分の支給額に計算誤りがあり過払いとなっていた」ことからすれば，本件通達②の「源泉徴収の対象となった支払額が誤払等により過大であった」に該当しますが，続いての要件，「徴収義務者が返還を受けた場合」もあります。

社員Aと覚書を交わすとのことですので，これにより「返還を受けた場合」に該当するのかがポイントとなります。

覚書の「給与過払による債権債務の存在の確認」は，給与が過払いであったこと及びそのことによりその時点で貴社は社員Aに対して返還請求権を有し，社員Aは返還債務を負うことを確認するものであり，また，「分割返還」については，その詳細が不明なことから一概にはいえませんが，分割して返還することを確認するものと考えられますので，これらからすれば，「返還

を受けた場合」に該当するとみることは難しいものと思います。

この点，「返還を受けた場合」と同視し得るといえるためには，少なくとも，「給与過払による債権債務の存在の確認」に加えて，その債権債務の法的性質に変更があったといえるだけの契約関係が必要と考えます。

例えば，社員Ａとの間で金銭消費貸借契約を締結して，その返済の時期と方法や利息などを定め，これらのことを明らかにするため，金銭消費貸借契約書を作成しておくことが考えられます。

これにより，給与過払による債権債務の法的性質に変更があったとして「返還を受けた場合」と同視し得るものと考えられ，さらに，この金銭消費貸借契約による融資金を基に，賞与の過払分の一括返還を受ければ，より確実といえます。

なお，数年の分割返還となるとのことですが，「金銭の貸付け又は提供を無利息又は通常の利率よりも低い利率で受けた場合における通常の利率により計算した利息の額又はその通常の利率により計算した利息の額と実際に支払う利息の額との差額に相当する利益」は経済的利益とされ（所基通36−15(3)），この経済的利益につき課税されない場合は限定されている（所基通36−28）ことからすれば，源泉課税問題を避ける観点からも，社員Ａとの間で金銭消費貸借契約を締結し，利息に関する取り決めをしておくことが望ましいものと考えます。

関係法令等

所基通181〜223共−６

第2章

新たな勤務環境と源泉徴収

2-1. 在宅勤務

Q49 在宅勤務手当の支給

企業が従業員に在宅勤務手当を支給した場合は，従業員の給与として課税する必要はありますか。

A

在宅勤務に通常必要な費用の実費相当額を精算する方法により支給する場合は，給与として課税する必要はありませんが，例えば，実費精算の行われない渡切りで支給した場合は，給与として課税する必要があります。

解説

在宅勤務に通常必要な費用について，その費用の実費相当額を精算する方法により，企業が従業員に対して支給する一定の金銭については，従業員に対する給与として課税する必要はありません。

なお，企業が従業員に在宅勤務手当（従業員が在宅勤務に通常必要な費用として使用しなかった場合でも，その金銭を企業に返還する必要がないもの（例えば，企業が従業員に対して毎月5,000円を渡切りで支給するもの））を支給した場合は，従業員に対する給与として課税する必要があります。

関係法令等

所法28，183，国税庁令和３年１月「在宅勤務に係る費用負担等に関するFAQ（源泉所得税関係）」

Q50 在宅勤務に係る事務用品等の支給

在宅勤務を開始するに当たって，企業が従業員に事務用品等（パソコン等）を支給した場合は，従業員の給与として課税する必要はありますか。

A

貸与の場合には課税する必要はありませんが，支給した場合（事務用品等の所有権が従業員に移転する場合）には，従業員に対する現物給与として課税する必要があります。

解説

企業が所有する事務用品等を従業員に貸与する場合には，従業員に対する給与として課税する必要はありませんが，企業が従業員に事務用品等を支給した場合（事務用品等の所有権が従業員に移転する場合）には，従業員に対する現物給与として課税する必要があります。

上記の「貸与」については，例えば，企業が従業員に専ら業務に使用する目的で事務用品等を「支給」という形で配付し，その配付を受けた事務用品等を従業員が自由に処分できず，業務に使用しなくなったときは返却を要する場合も，「貸与」とみて差し支えありません。

関係法令等

所法28，183，国税庁令和３年１月「在宅勤務に係る費用負担等に関するFAQ（源泉所得税関係）」

Q51　業務使用部分の精算方法

在宅勤務に通常必要な費用について，従業員に対する給与として課税する必要がない方法があるとのことですが，その方法とはどのようなものですか。

A

在宅勤務に通常必要な費用として金銭を仮払いし，後日精算する方法などがあります。

解説　在宅勤務手当としてではなく，企業が在宅勤務に通常必要な費用を精算する方法により従業員に対して支給する一定の金銭については，従業員に対する給与として課税する必要はありません。

この方法としては，次の方法が考えられます。

①　従業員へ貸与する事務用品等の購入（注１）

イ　企業が従業員に対して，在宅勤務に通常必要な費用として金銭を仮払いした後，従業員が業務のために使用する事務用品等を購入し，その領収証等を企業に提出してその購入費用を精算（仮払金額が購入費用を超過する場合には，その超過部分を企業に返還（注２））する方法

ロ　従業員が業務のために使用する事務用品等を立替払いにより購入した後，その購入に係る領収証等を企業に提出してその購入費用を精算（購入費用を企業から受領）する方法

②　通信費・電気料金

イ　企業が従業員に対して，在宅勤務に通常必要な費用として金銭を仮払いした後，従業員が家事部分を含めて負担した通信費や電気料金について，業務のために使用した部分を合理的に計算し，その計算した金額を企業に報告してその精算をする（仮払金額が業務に使用した部分の金額を超過する場合，その超過部分を企業に返還する（注２））方法

ロ　従業員が家事部分を含めて負担した通信費や電気料金について，業務のために使用した部分を合理的に計算し，その計算した金額を企業に報告してその精算をする（業務のために使用した部分の金額を受領する）方法

㈱１　①の事務用品等については，企業がその所有権を有し従業員に貸与するものを前提としています。事務用品等を従業員に貸与するのではなく支給する場合（事務用品等の所有権が従業員に移転する場合）には，従業員に対する現物給与として課税する必要があります。

２　企業が従業員に支給した金銭のうち，購入費用や業務に使用した部分

の金額を超過した部分を従業員が企業に返還しなかったとしても，その購入費用や業務に使用した部分の金額については従業員に対する給与として課税する必要はありませんが，その超過部分は従業員に対する給与として課税する必要があります。

関係法令等

所法28，183，国税庁令和３年１月「在宅勤務に係る費用負担等に関するFAQ（源泉所得税関係）」

Q52　通信費に係る業務使用部分の計算方法

従業員が負担した通信費について，在宅勤務に要した部分を支給する場合，業務のために使用した部分はどのように計算すればよいですか。

A　**通話明細書や在宅日数などにより計算します。**

解説

○　**電話料金**

イ　通話料

通話料（下記ロの基本使用料を除きます。）については，通話明細書等により業務のための通話に係る料金が確認できますので，その金額を企業が従業員に支給する場合には，従業員に対する給与として課税する必要はありません。

なお，業務のための通話を頻繁に行う業務に従事する従業員については，通話明細書等による業務のための通話に係る料金に代えて，例えば，次の【算式】により算出したものを，業務のための通話に係る料金として差し支えありません。

㈱　業務のための通話を頻繁に行う業務とは，例えば，営業担当や出張サポート担当など，顧客や取引先等と電話で連絡を取り合う機会が多い業務として企業が認めるものをいいます。

ロ　基本使用料

基本使用料などについては，業務のために使用した部分を合理的に計算する必要があります。

例えば，次の【算式】により算出したものを企業が従業員に支給する場合には，従業員に対する給与として課税する必要はないと考えます。

○　インターネット接続に係る通信料

基本使用料やデータ通信料などについては，業務のために使用した部分を合理的に計算する必要があります。

例えば，次の【算式】により算出したものを企業が従業員に支給する場合には，従業員に対する給与として課税する必要はないと考えます。

㈡　従業員本人が所有するスマートフォンの本体の購入代金や業務のために使用したと認められないオプション代等（本体の補償料や音楽・動画などのサブスクリプションの利用料等）を企業が負担した場合には，その負担した金額は従業員に対する給与として課税する必要があります。

【算式】

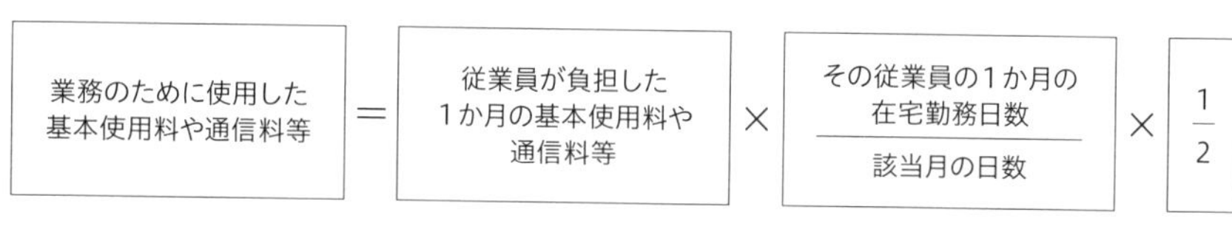

㈡1　上記算式の「1/2」については，1日の内，睡眠時間を除いた時間の全てにおいて均等に基本使用料や通信料が生じていると仮定し，次のとおり算出しています。

①　1日：24時間

②　平均睡眠時間：8時間（「平成28年社会生活基本調査」（総務省統計局）で示されている7時間40分を切上げ）

③　法定労働時間：８時間

④　１日の内，睡眠時間を除いた時間に占める労働時間の割合

③８時間 / (①24時間 − ②８時間) ＝ 1/2

2　上記の算式によらずに，より精緻な方法で業務のために使用した基本使用料や通信料の金額を算出し，その金額を企業が従業員に支給している場合についても，従業員に対する給与として課税する必要はないと考えます。

関係法令等

所法28，183，国税庁令和３年１月「在宅勤務に係る費用負担等に関するFAQ（源泉所得税関係）」

Q53　通信費の業務使用部分の計算例

企業が，従業員に対して，次のとおり従業員本人が所有するスマートフォンに係る料金4,800円（令和２年９月分）を支給し，業務使用部分の計算をすることとした場合の課税関係について教えてください。

・基本使用料：3,000円（3GBまで無料）

・データ通信料：1,000円（3GB超過分）

・業務使用に係る通話料（通話明細書より）：800円

・在宅勤務日数：15日

※　上記金額は全て消費税等込みの価格。

A

質問の場合，基本使用料とデータ通信料のうち業務のために使用した部分の金額を除いた金額3,000円について，従業員に対する給与として課税する必要があります。

解 説　質問の場合，次のとおり，基本使用料とデータ通信料のうち業務のために使用した部分の金額を除いた金額3,000円について，従業員に対する給与として課税する必要があります。

① 通話明細書より確認した業務使用に係る通話料（800円）については，課税する必要はありません。

② 基本使用料やデータ通信料については，次の算式により算出した金額（3,000円）を，従業員に対する給与として課税する必要があります。

【算式】

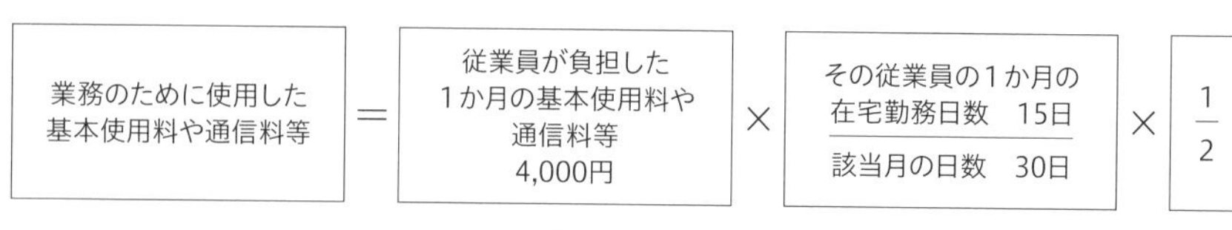

＝ 1,000円（1円未満切上げ）

給与として課税すべき金額　＝ 4,000円 － 1,000円
　　　　　　　　　　　　　＝ 3,000円

関係法令等

所法28，183，国税庁令和３年１月「在宅勤務に係る費用負担等に関するFAQ（源泉所得税関係）」

Q54　業務のための電話料金の定額補助

当社では，スマートフォンを業務上頻繁に使用する一定の管理職について，使用する都度の精算の煩雑さを避けるため毎月2,000円の補助金を支給することとしました。

支給の対象となる管理職は，毎月2,000円を超える金額の業務上の通話を行っているのが通常ですので，この通話料補助については課税しなくても差し支えないですか。

給与所得として課税が必要です。

解説

業務上必要な電話の通話料金は，本来会社から直接支払われるべき性質の費用であり，それが従業員等に支払われるような場合，それを実際に会社の業務に使用している事績が明らかでない限り，支払を受けた者の給与所得となります。

質問の場合，支給した金額の精算はされず，また，会社業務のために使用した事績が明らかでないことから給与として課税する必要があります。

関係法令等

所法28，183，国税庁令和3年1月「在宅勤務に係る費用負担等に関するFAQ（源泉所得税関係）」

Q55　電気料金に係る業務使用部分の計算方法

従業員が負担した電気料金について，在宅勤務に要した部分を支給する場合，業務のために使用した部分はどのように計算すればよいですか。

床面積などにより計算することができます。

解説

基本料金や電気使用料については，業務のために使用した部分を合理的に計算する必要があります。

例えば，次の算式により算出したものを従業員に支給した場合には，従業員に対する給与として課税する必要はないと考えます。

【算式】

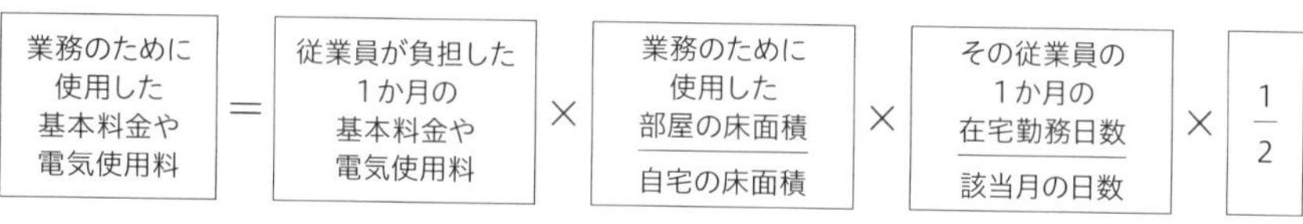

㈲1　上記算式の「1/2」については，Q52の通信費の場合と同様です。

2　上記の算式によらずに，より精緻な方法で業務のために使用した基本料金や電気使用料の金額を算出し，その金額を企業が従業員に支給している場合についても，従業員に対する給与として課税する必要はないと考えます。

関係法令等

所法28，183，国税庁令和３年１月「在宅勤務に係る費用負担等に関するFAQ（源泉所得税関係）」

Q56　在宅勤務に係る環境整備

在宅勤務を開始するに当たって，企業が従業員に環境整備に関する物品等（従業員の自宅に設置する間仕切り，カーテン，椅子，机，空気清浄機等）を支給した場合は，従業員の給与として課税する必要はありますか。

A

貸与した場合には，給与として課税する必要はありませんが，支給した場合（その物品等の所有権が従業員に移転する場合）には，現物給与として課税する必要があります。

解説

従業員の在宅勤務の環境整備のために企業が所有する物品等を従業員に貸与する場合には，従業員に対する給与として課税する必要はありませんが，企業が従業員に環境整備に係る物品等を支給した場合（その物品等の所有権が従業員に移転する場合）には，従業員に対する現物給与として課税する必要があります。

上記の「貸与」については，例えば，企業が従業員に専ら業務に使用する目的で物品等を「支給」という形で配付し，その配付を受けた物品等を従業員が自由に処分できず，業務に使用しなくなったときは返却を要する場合も，「貸与」とみて差し支えありません。

関係法令等

所法28，183，国税庁令和３年１月「在宅勤務に係る費用負担等に関するFAQ（源泉所得税関係）」

Q57　在宅勤務に係る消耗品等の購入費用の支給

当社では，在宅勤務の際に，従業員が負担した消耗品等（マスク，石鹸，消毒液，消毒用ペーパー，手袋等）の購入費用を従業員に支給する予定ですが，このような費用の支給については，従業員の給与として課税する必要はありますか。

A　**在宅勤務のために必要な費用であったことが明らかである場合には，課税する必要はありません。**

解説　在宅勤務のために通常必要な費用（例えば，勤務時に使用する通常必要なマスク等の消耗品費）について，その費用を精算する方法により，企業が従業員に対して支給する一定の金銭については，従業員に対する給与として課税する必要はありません（企業がマスク等を直接配付する場合も同様です。）。

ただし，在宅勤務のために通常必要な費用以外の費用（例えば，勤務とは関係なく使用するマスク等の消耗品費）について支給するものや，従業員の家族など従業員以外の者を対象に支給するもの，予め支給した金銭について業務のために通常必要な費用として使用しなかった場合でもその金銭を企業に返還する必要がないものは，従業員に対する給与として課税する必要があります。

関係法令等

所法28，183，国税庁令和３年１月「在宅勤務に係る費用負担等に関するFAQ（源泉所得税関係）」

Q58 新型コロナウイルス感染症の感染が疑われる場合のホテルの利用料等

当社では，新型コロナウイルス感染症に関する感染予防対策として，感染が疑われる従業員に対して，ホテル等で勤務をすることを認めています。この場合，従業員が負担したホテル等の利用料やホテル等までの交通費等を従業員に支給する予定ですが，このような費用の支給については，従業員に対する給与として課税する必要はありますか。

A **業務遂行上必要な費用であったことが明らかである場合には，給与として課税する必要はありません。**

解説　質問のように，職場以外の場所で勤務することを企業が認めている場合のその勤務に係る通常必要な利用料，交通費など業務のために通常必要な費用について，その費用を精算する方法又は企業の旅費規程等に基づいて，企業が従業員に対して支給する一定の金銭については，従業員に対する給与として課税する必要はありません（企業がホテル等に利用料等を直接支払う場合も同様です。）。

ただし，業務のために通常必要な費用以外の費用について支給するもの

（例えば，従業員が自己の判断によりホテル等に宿泊した場合の利用料など）や，予め支給した金銭について業務のために通常必要な費用として使用しなかった場合でもその金銭を企業に返還する必要がないものは，従業員に対する給与として課税する必要があります。

関係法令等

所法28，183，国税庁令和３年１月「在宅勤務に係る費用負担等に関するＦＡＱ（源泉所得税関係）」

Q59　自宅勤務スペースの室内消毒費用

当社では，新型コロナウイルス感染症に関する感染予防対策として，従業員が負担した在宅勤務を行う自宅のスペースの消毒に係る外部業者への委託費用を従業員に支給する予定ですが，この費用の支給については，従業員に対する給与として課税する必要はありますか。

A

業務上の必要に基づき行われた消毒であることが明らかである場合には，給与として課税する必要はありません。

解説

質問のように，在宅勤務に関連して業務スペースを消毒する必要がある場合の費用など業務のために通常必要な費用について，その費用を精算する方法により，企業が従業員に対して支給する一定の金銭については，従業員に対する給与として課税する必要はありません（企業が委託先等に費用を直接支払う場合も同様です。）。

ただし，従業員が自己の判断により支出した消毒費用など業務のために通常必要な費用以外の費用や，予め支給した金銭について業務のために通常必要な費用として使用しなかった場合でもその金銭を企業に返還する必要がないものは，従業員に対する給与として課税する必要があります。

関係法令等

所法28，183，国税庁令和３年１月「在宅勤務に係る費用負担等に関するFAQ（源泉所得税関係）」

Q60　PCR検査費用

当社では，新型コロナウイルス感染症に関する感染予防対策として，従業員が負担したPCR検査費用を従業員に支給する予定ですが，この費用の支給については，従業員に対する給与として課税する必要はありますか。

A

業務上の必要に基づき行われたPCR検査であることが明らかである場合には，給与として課税する必要はありません。

解説

質問のように，企業の業務命令により受けたPCR検査費用など業務のために通常必要な費用について，その費用を精算する方法により，企業が従業員に対して支給する一定の金銭については，従業員に対する給与として課税する必要はありません（企業が委託先等に費用を直接支払う場合も同様です。）。

ただし，従業員が自己の判断により支出したPCR検査費用など業務のために通常必要な費用以外の費用や，予め支給した金銭について業務のために通常必要な費用として使用しなかった場合でもその金銭を企業に返還する必要がないものは，従業員に対する給与として課税する必要があります。

関係法令等

所法28，183，国税庁令和３年１月「在宅勤務に係る費用負担等に関するFAQ（源泉所得税関係）」

2-2. 通勤

Q61 通勤交通費の支給を定期券から実費精算に変更する場合の留意点

当社における通勤交通費の支給は，定期券の支給としていますが，テレワークを積極的に進めていくことから，実費精算方式に変更することを検討しています。

この場合，給与課税に関して，何か留意すべきことがあれば教えてください。

A

通勤定期券の未使用期間についての払戻金について，会社に返還することとなっているにもかかわらず，会社側が返還を要しないこととした場合には，その返還を要しないこととした時点でその払戻金相当額の給与の支給があったものと扱われます。

解説

1　法令の規定

通勤手当の非課税は，「通勤者がその通勤に必要な交通機関の利用のために支出する費用に充てるものとして通常の給与に加算して受ける通勤手当（これに類するものを含む。以下同じ。）のうち，一般の通勤者につき通常必要であると認められる部分として政令で定めるもの」と規定されています（所法9①五）。

そして政令では，交通機関を利用して通勤する者に支給する通勤手当について，要旨次のとおり規定しています。

①通勤のため交通機関を利用し，かつ，その運賃等を負担することを常例とする者が受ける通勤手当の場合

…その者の通勤に係る運賃，時間，距離等の事情に照らし最も経済的かつ合理的と認められる通常の通勤の経路及び方法による運賃等の額（1か月当た

りの金額が15万円を超えるときは，１か月当たり15万円)

②通勤のため交通機関を利用することを常例とする者が受ける通勤用定期乗車券（これに類する乗車券を含む。）の場合

…その者の通勤に係る運賃，時間，距離等の事情に照らし最も経済的かつ合理的と認められる通常の通勤の経路及び方法による定期乗車券の価額（１か月当たりの金額が15万円を超えるときは，１か月当たり15万円)

2　通勤交通費の支給方法の変更

通勤手当の支給方法を変更する際に検討すべきこととしては，次のことが考えられます。

①　対象者は全社員か一部社員か

テレワークに不向きな業務に従事する社員についても，支給方法を変更するのか

②　変更時期は一斉か各人別か

６か月定期券を購入している社員も考えられるところ，変更時期を一斉とするのか

③　実費精算方法と支給時期

出勤１回当たりの通勤交通費を１か月間の出勤日数に応じ翌月給料日支給とするのかその方法

3　ご質問について

法令の規定は上記１のとおりであり，通勤手当の支給方法を変更した場合の「１か月当たりの非課税限度額」の算定方法については，特段の規定がないことから，合理的と考えられる方法により算定することになります。

もっとも，①通勤手当の非課税規定は，非課税対象とする通勤手当の範囲につき，必ずしも実費精算を求めているものではないこと，②通勤者に処分可能な利得が生ずる場合を除き，支給方法の変更により特に経済的利益として課税対象とすべきとはならないこと，を踏まえると，次のようなことが考えられます。

⑴　定期券支給か手当支給かの判定

所得税法の条文では，「通常の給与に加算して受ける通勤手当（これに類するものを含む。)」と規定して，通勤手当の支給ほか，通勤定期券の支給も対象にしています。

ご質問では，定期券を支給しているとのことですが，「定期代の支給」は「定期券の支給」とは異なります。すなわち，定期券の支給の場合には，その払戻金の問題が生じますので，いずれであるかを明確にする必要があります。

⑵　定期券の払戻金の取扱い

定期券支給の場合については，その支給の時点で上記1の要件を満たす限り，その支給による経済的利益は非課税とされ，通勤手当の支給方法の変更後に定期券をそのまま保有していたとしても特に課税関係は生じることはありませんが，その未使用部分の期間につき払い戻しを受けた場合には，課税関係が生じる場合があります。すなわち，その払戻金の帰属（誰のものか）について，転勤や転居などの場合と同様に会社側に返還することになっているにもかかわらず，会社側が返還を要しないこととした場合には，その返還を要しないこととした時点でその払戻金相当額の給与の支給があったものと扱われます。

⑶　計算期間の中途での変更

通勤方法を変更した場合や通勤手当の支給方法を変更した場合の計算方法について，法令上の規定はないことから，一月以下の期間につき，非課税限度額の案分計算を行うことは法令上求められているものではありません。

しかしながら，計算の簡便性の観点から，通勤交通費の計算期間の中途での変更は避けることが望ましいものと考えます。

以上，所得税の観点からは上記のことが考えられますが，通勤手当の支給方法の変更の検討に当たっては，社員間に不公平感が生じることがないよう，また，社会保険料の計算方法への影響についても十分配意することが必要だと思いますのでご注意ください。

関係法令等

所法９①五，所令20の２

Q62 数か所に勤務する者に支給する通勤費

Ａ営業所に10日間，Ｂ営業所に10日間，Ｃ営業所に５日間というように，１か月において数か所の営業所等に勤務する職員（主としてアルバイト職員）については，各営業所等への通勤費の実費（いずれも交通機関を利用しており，合理的な運賃等の額と認められるものです。）を支給していますが，この通勤費については非課税として取扱ってよいでしょうか。

なお，これらの者が１か月以上引き続いて同一の営業所等に勤務する場合には，１か月単位で通勤手当を支給することとしています。

A

各営業所等への通勤費の実費の合計額が150,000円以下であれば，非課税として取扱われます。

解説

それぞれの営業所等への通勤日数に応ずる合理的な運賃等の額の合計額を１か月当たりの合理的な運賃等の額として計算し，これを一般の通勤者につき通常必要であると認められる部分の通勤手当として非課税限度額の計算をすることとなります。

したがって，各営業所等への通勤費の実費の合計額が150,000円以下であれば，非課税として取扱われることとなります。

関係法令等

所法９①五，所令20の２

Q63　2か所からの出勤に支給する通勤手当

当社は，東京都区内に本社事務所を有する情報関連企業で，新型コロナウイルス感染症拡大をきっかけにテレワークを始めており，平日5日のうちの3日を出勤日，2日を在宅勤務とする方向で検討しているところです。

このような中，社員Aから週3日の出勤であれば，都内からの出勤に加えて妻子の居住する大阪市内の自宅からも出勤したい旨の申し出を受けています。

社員Aは，現在，都内にある社員寮に入居して本社事務所に出勤し，毎週末には，大阪市内の自宅に帰っているところですが，今後は，月曜日と金曜日は，在宅勤務を行い，火曜日に大阪市内の自宅から本社事務所に出勤して社員寮に帰宅し，水曜日は社員寮からの出勤と帰宅，木曜日は社員寮から出勤して大阪市内の自宅に帰宅するというものです。

当社の通勤手当の支給基準は，一月当たりの通勤に要する費用の全額を15万円の範囲内で支給するというものであり，社員Aの場合には，一月当たり通常，「東京（都区内）～新大阪（市内）」間の新幹線回数券（普通車指定席用）の4往復分と東京メトロ回数券の8往復分を利用することから，その合計金額114,000円を支給することになると考えています。なお，現在，毎月支給している6万円の単身赴任手当は支給しないことになります。

このように社員Aの2か所からの出勤について通勤手当を支給する場合，非課税として扱われるでしょうか。

A　**2か所からの出勤について支給する通勤手当であっても，非課税として扱われるものと考えます。**

解説　所得税法にいう通勤とは，「住居と就業場所との間の往復」のうち，その住居が「就業のための拠点となるところ」であるものということができ，換言すれば，「就業のための拠点となる住居と就業場所との間の往復」といえます。

社員Ａの場合，大阪市内の自宅が，「給与所得者が居住して日常生活の用に供している家屋等の場所」になることは問題ないと思われますので，「就業のための拠点となるところ」に当たるかどうかがポイントになります。

この点，例えば，関東周辺の実家で老親と同居しながら介護をしている者が，介護の関係から毎週，月，水，金は実家から出勤し，火，木については都区内に有する自宅マンションから出勤することを繰り返しているようなケースについては，就業のための拠点となるところが２か所とみることに特段の問題は考えられません。

社員Ａは，火曜日に大阪市内の自宅から本社事務所に出勤し，木曜日に本社事務所から大阪市内の自宅に帰宅することからすれば，大阪市内の自宅と，就業場所である本社事務所との間の往復をすることにほかなりません。

そして，週１回の往復であるものの，通常，月４回の往復をすることからすれば，通うという「通勤」の概念に当たらないとみるべき特段の理由は見当たりません。

そうすると，社員Ａの場合，大阪市内の住居から就業場所との間の往復が規則性及び反復継続性を有する限り，大阪市内の自宅と都内の社員寮との２か所と本社事務所との間の往復はいずれも所得税法９条１項５号に規定する通勤に当たると考えられることから，２か所からの出勤について支給する通勤手当は，他の要件を満たす限り，非課税として扱われるものと考えます。

なお，仮に，週１回の往復が「通勤」の概念に該当しないとみる場合には，所得税基本通達９－５の取扱いにより，その出勤のために直接必要であると認められる限り旅費として非課税と扱われるべきものと考えます。

関係法令等

所法９①五，所令20の２，国税不服審判所平成28年４月５日付裁決（関裁（諸）平27第49号）

Q64 電車通勤から一時的にマイカー通勤に変更した場合

交通機関を利用して通勤している従業員に対して，新型コロナウイルスの感染拡大防止の観点から，できる限り自転車や自家用車を使って通勤するよう指示しましたが，通勤手当については従来どおり支給することとしています。

この場合，非課税の取扱いを変更する必要があるでしょうか。

A

自動車通勤が，新型コロナウイルスの感染拡大防止のための会社の強い要請である場合には，その自動車通勤の実費の範囲内で支給する手当は，旅費に準じて非課税として取扱って差し支えないものと考えます。

解説

通常の給与に加算して支給する通勤手当は，一定の限度額まで非課税とされており，通勤方法により定められた1か月当たりの非課税となる限度額を超えて通勤手当を支給する場合には，超える部分の金額は給与として課税されます。

新型コロナウイルス感染症の発生時においても，特例的な定めはありませんので，1月に満たない臨時的な場合を除き通常の取扱いに従って，変更月については，交通機関を利用した場合と交通用具を使用した場合の1月当たりの非課税限度額のうちいずれか高い金額を，また，翌月以降は，交通用具を使用した場合の非課税限度額を超える部分の通勤手当については，給与等に加えて源泉徴収をする必要があると考えます。

もっとも，自動車通勤の日数が少ないなど通勤方法を変更したといえない者については，非課税として取扱って差し支えないものと考えます。

関係法令等

所法9①五，所令20の2

Q65 ノー・マイカーデーに通勤用定期乗車券を別途支給する場合

当社では，地球温暖化対策に資することなどを目的に，毎月1日・11日・21日（当日が祝日や休日と重なる場合はその翌日）をノー・マイカーデーと位置付け，自家用車又はオートバイ（以下「自家用車等」といいます。）を使用して通勤している者（以下「従業員等」といいます。）に対して，ノー・マイカーデー当日の通勤手段を自主的に公共交通機関へと切り替えることを促すこととしました（以下，当社が実施するこの制度を「本件制度」といいます。）。

本件制度の実施に伴い，当社は，本件制度を利用することを希望する従業員等に対しては，当社が従来から支給している通勤手当（通勤費補助額）に加え，鉄道会社が発売している各月1日・11日・21日（当日が祝日や休日と重なる場合はその翌日）のみ使用することができる乗車券（以下「エコ定期券」といいます。）を，別途，通勤手当として現物支給することとしています。

そこで，本件制度を利用することを希望する従業員等に対する通勤手当については，当該従業員等が自家用車等を使用して通勤することを「常例」とする者であることに変わりはないことから，交通用具を使用することを常例とする者に対して支給するものとして非課税とされる通勤手当の限度額（非課税限度額）を算定して差し支えないでしょうか。

A **交通機関を利用した日数と交通用具を使用した日数に応じて按分計算する必要はないと考えます。**

解説

本件制度を利用する従業員等は，もともと交通用具を使用することを常例とする者であり，また，交通用具を使用しない日が１月当たり３日にすぎないことから，交通用具を使用することを「常例」とする者であることに変わりはありません。

また，非課税限度額は，通勤方法及び給付される形態を類型化した上で，通勤者の「常例」としている通勤方法及び給付される形態に応じて，一定の範囲を非課税とすることを画一的に定めているものと考えられますが，本件制度を利用する従業員等は，通勤手当に加えて通勤用定期乗車券が支給されるものであり，（一つの通勤経路で）交通機関を利用するほか，併せて交通用具を使用することを常例とする者に支給されるケースには該当せず，また，その他のいずれにも該当するとは考えられません。

以上のことから，本件制度を利用する場合であっても，交通用具を使用することを「常例」とする者として通勤手当の非課税限度額を算定することが相当であり，交通機関を利用した日数と交通用具を使用した日数に応じて按分計算する必要はないと考えます。

関係法令等

所法９①五，所令20の２

Q66　別荘地からマイカー通勤する者に支給する高速道路の料金

当社の従業員甲は，このたび別荘地に居住する両親と同居することとなり転居しました。転居後の通勤に電車及びバスを利用した場合には３時間を要する一方，高速道路を利用してマイカー通勤をした場合には１時間（一般道を利用した場合には２時間30分）となるため，甲は，高速道路を利用してマイカー通勤をすることとなり，当社は，一か月当たりの高速道路料金40,000円を支給することとしましたが，全額を非課税として取扱ってよろしいでしょうか。

なお，甲の通勤距離は40kmであり，また，電車等を利用した場合の定期代は50,000円です。

A **全額が非課税の通勤手当と考えられます。**

解説 所令20条の２《非課税とされる通勤手当》に規定する「有料の道路」については，①「有料の道路」には，高速道路等を含まないとする明文の規定がないこと，②国家公務員の通勤手当においても，一定の要件を満たす場合には，高速道路の料金が支給されることなどから，「有料の道路」には高速道路等を含むものと考えられます。

なお，高速道路の料金が非課税とされる通勤手当に該当するか否かは，「その者の通勤に係る運賃，時間，距離等の事情に照らし最も経済的かつ合理的と認められる通常の通勤の経路及び方法」に当たるか否かによりますから，単に時間が短縮される等の理由だけでは非課税とされる通勤手当とは限らないことに留意が必要です。

関係法令等

所法９①五，所令20の２

Q67 障害者が２キロメートル未満を交通用具で通勤する場合の通勤手当の非課税限度額

足の不自由な障害者が２キロメートル未満の距離を自動車により通勤している場合に，使用者から支給される通勤手当について非課税の取扱いは認められますか（足が不自由であり，交通機関の利用も困難との事情があります。）。

A **交通機関利用者と同様に取扱い，交通機関を利用したとした場合の合理的な運賃の額を非課税限度額（自動車通勤による実費の範囲内に限ります。）として取扱って差し支えありません。**

解説　交通機関を利用する者に対する通勤手当については，通勤距離が２キロメートル未満であっても合理的な運賃の額（その者の通勤に係る運賃，時間，距離等の事情に照らし最も合理的と認められる通常の通勤の経路及び方法による運賃等の額）を限度として非課税とされています。これに対して，交通用具を使用する者に対する通勤手当については，通勤距離が２キロメートル未満の場合はその全額が課税対象となります（所令20条の２）。

そもそも交通用具を使用して２キロメートル未満の距離を通勤する場合に非課税が認められない趣旨は，通常，２キロメートル未満の通勤の場合の交通用具は軽微なものであり，距離も短いことから，通勤費用をほとんど要しないことにあるものと考えられ，本件の場合のように，足が不自由という障害があるゆえに通勤の方法として軽微な交通用具（自転車等）によることもできず，自動車通勤による通勤費用の負担を余儀なくされる等の特殊事情がある場合には，交通機関利用者と同様に取扱い，交通機関を利用したとした場合の合理的な運賃の額を非課税限度額（自動車通勤による実費の範囲内に限ります。）として取扱って差し支えないと考えられます。

関係法令等

所法９①五，所令20の２

Q68　自家用車通勤者増加を受けて確保した駐車場の利用

新型コロナウイルス感染症の拡大を受け，これまで交通機関を利用して通勤している従業員の中にも，自家用車で通勤する者が増えたことから，自社敷地内の駐車場では狭隘となり，近隣に月極め駐車場を確保しました。これらの駐車場は，来客を含めて自由に駐車することができ，従業員にも，駐車場所の特定はしていません。

この場合に従業員が駐車場を利用することにより受ける経済的利益につ

いて，給与に加算して源泉徴収をする必要があるでしょうか。

A

駐車場を来客も利用し，従業員が利用する場所も特定していない状況からすれば，使用者が確保している駐車場を従業員が利用することによる経済的利益については，その経済的利益の額が著しく多額であると認められる場合や役員だけを対象として供与される場合を除き，課税する必要はないと考えます。

解説

1　経済的利益

給与所得とは，俸給及び賞与並びにこれらの性質を有する給与に係る所得をいうとし，所得の金額の計算上収入金額とすべき金額には，その金銭以外の物又は権利その他経済的な利益の価額とすると定められています。そして，「金銭以外の物又は権利その他経済的な利益」（「経済的利益」といいます。）には，物品の譲渡又は用役の提供を無償又は低い対価で受けた場合におけるその時の価額とその対価の額との差額に相当する利益が含まれるとされています。

2　課税しない経済的利益

使用者が従業員に対し自己の営む事業に属する用役や福利厚生のための施設を無償若しくは通常の対価の額に満たない対価で提供したことにより，従業員が受ける経済的利益については，その経済的利益の額が著しく多額であると認められる場合又は役員だけを対象として供与される場合を除き，課税しなくて差し支えないとされています。

関係法令等

所法28，36①，所基通36－15，36－29

Q69　タクシー通勤の場合の非課税旅費の限度額

当社は役員に対しタクシーでの通勤を認めており，毎月，タクシー利用料の実費相当額として180,000円を給与に加算して支給しております。通勤手当の非課税限度額の最高額は,150,000円と聞いておりますので，役員に支給した180,000円のうち150,000円は非課税としてよろしいでしょうか。

なお，役員が公共交通機関の定期券を利用した場合の１か月の通勤定期乗車券は20,000円です。

A

通勤定期乗車券の20,000円が合理的な運賃となりますので，タクシー利用料180,000円のうち，20,000円を超える160,000円については給与として課税する必要があります。

解説

非課税となる１か月当たりの通勤手当については，所令20の２によりますと，その者の通勤に係る運賃，時間，距離等の事情に照らし最も経済的，かつ，合理的と認められる通常の経路及び方法による運賃等の額となります。

そして，交通機関又は有料道路を利用している人に支給する非課税となる通勤手当は，月額150,000円を最高限度額としています。

質問の場合の役員の通勤に係る運賃，時間，距離等の事情を考慮した場合の最も経済的，かつ，合理的経路による運賃は，時間の短縮状況などが不明ですので断定は困難ですが，１か月の通勤定期乗車券20,000円と考えられます。

したがって，タクシー利用料の実費相当額として支給する180,000円のうち，20,000円を超える160,000円については給与として課税する必要があります。

関係法令等

所法９①五，所令20の２

Q70 緊急業務のために出社する従業員に支給するタクシー代等

Ａ社では，次の場合，それぞれタクシー代やガソリン代を支給していますが，これらは給与等として課税されますか。

⑴　緊急業務のために出勤する従業員に支給するタクシー代

⑵　交通機関のストライキの際に自動車（自家用車）により出勤した従業員に支給する実費相当額のガソリン代

A　**課税されません。**

解説

⑴について

緊急業務が発生した時に出勤を命じ，それにより支給するタクシー代であれば，その費用は，使用者たる会社が負担すべき業務遂行上の費用であり，また，その給付は従業員の役務提供に対する対価という性格に欠けるか又はその性格が希薄であり，かつ，費用弁償の性格をも有すると考えられます。そのため，従業員の給与所得とすることは相当ではなく，従業員のタクシー会社への支払は，会社の負担すべき費用の立替払と認められ，会社の従業員への支払は，その立替金の精算と認められます。

⑵について

交通機関のストライキの場合には，交通機関を利用して出勤することができないわけですから，自動車による出勤のためのガソリン代の実費相当額を会社が負担したとしても，⑴と同様，それは会社の業務遂行のための費用負担と認められます。

㈡　この場合，緊急の業務の内容は請求書などに記入し明確にしておくなどの措置が講じられていることが必要です。

関係法令等

所法９①四，五

Q71　職務上の必要により支給する定期乗車券

当社では，都区内の得意先を回らせている営業担当者に地下鉄の全線定期券を支給し，旅費の支給に代えています。

社員のうちにはこの全線定期券を通勤にも使用している人がいますが，この場合についても，１か月当たり150,000円を超える部分の金額を給与として課税する必要があるでしょうか。

A

通勤用に使用される場合があっても，課税する必要はないと思われます。

解説

質問の全線定期券は，外勤社員の私用のために支給するものではなく，社用のために支給し，また，通勤にも使用するとはいえ，主として社用のために使用するものですから，通勤用の定期乗車券を支給する場合と同一視するのは適当ではないと思われます。

したがって，質問のようなものであれば，たとえ通勤用に使用される場合があっても，課税する必要はないと思われます。

関係法令等

所法９①五，所令20の２

2-3. 旅費

Q72 海外から帰国時の待機要請期間について手当を支給した場合

当社では，新型コロナウイルス感染症の蔓延地域の海外支店に勤務している社員に帰国命令を出し，①帰国のための飛行機代やタクシー代，及び②帰国後の待機要請期間中にホテル宿泊を要する者のホテル代，の費用を負担するとともに，待機要請期間について手当を支給することとしています。

これらについて課税は必要でしょうか。

A

①及び②については，旅費として非課税に該当しますが，待機要請期間に対する手当については，旅費規程に基づき旅行期間中の日当として支給されるものである場合を除き，給与として課税が必要と考えます。

解説

日本企業が，新型コロナウイルス感染症の蔓延地域の子会社や海外支店等における出向者や勤務者に対して帰国命令を出し，帰国旅費や帰国後の待機要請期間中のホテル代を負担する例がみられます。

これらの負担は，帰国後のホテル滞在を含め，帰国に必要な旅費相当額の使用者負担といえることから，帰国者個人に課税すべき経済的利益を供与しているとは考えられず，給与課税（源泉徴収）の問題は生じないと考えられます。

なお，待機要請期間に対する手当については，旅費規程に基づき旅行期間中の日当として支給されるものである場合には，上記と同様に旅費として非課税の対象とされますが，これに該当しない場合には，職務上の拘束に対する追加給付として給与に該当すると考えます。

なお，待機要請期間に対する手当を支給すべき日において，海外から帰国した社員が居住者と非居住者のいずれに該当するかに応じ，居住者に支払う給与の源泉徴収と，非居住者に支払う国内源泉所得の源泉徴収と異なることになりますのでご注意ください。

関係法令等

所法９①四，所基通９－４

Q73 本社勤務の者が頻繁に直接現場に出勤する場合の旅費

当社は土木工事の請負を業としており，本社の管理部の職員は職務上，頻繁に担当現場に出向く必要があるため，その者に対しては自宅と本社間の定期乗車券（非課税限度額内）のほか，現場が通勤経路から外れている場合は，外れた部分に係る旅費の実費相当額を支給しています。この通勤手当及び旅費はそれぞれ非課税とされる通勤手当，旅費として取扱ってよろしいでしょうか。

なお，通勤等の実態は次のとおりです。

1　一工事は，10日から３か月程度です。

2　人事管理は本社で行っています。

3　工事期間中に本社内で勤務することもあります。

A　**それぞれ非課税とされる通勤手当，旅費に該当します。**

解説

その職員は，工事現場を比較的短期間で移動しており，人事管理は本社が行っていることなどから，本来の勤務地は本社であると考えられます。

そうしますと，質問の場合の通勤手当及び出張旅費はそれぞれ非課税に該当します。

関係法令等

所法９①四

Q74 単身赴任者が会議等に併せて帰宅する場合に支給される旅費

単身赴任者が会議等に併せて帰宅をした場合に支給される旅費については，給与等として課税されますか。

A

その旅行の目的，行路等からみて，これらの旅行が主として職務遂行上必要な旅行と認められ，かつ，その旅費の額が所基通９－３《非課税とされる旅費の範囲》に定める非課税とされる旅費の範囲を著しく逸脱しない限り，非課税として取扱って差し支えありません。

解説

単身赴任者が職務遂行上の理由から旅行する場合に支給される旅費については，これに付随してその者が留守宅への帰宅のための旅行をしたときであっても，その旅行の目的，行路等からみて，これらの旅行が主として職務遂行上必要な旅行と認められ，かつ，その旅費の額が所基通９－３《非課税とされる旅費の範囲》に定める非課税とされる旅費の範囲を著しく逸脱しない限り，非課税として取扱って差し支えありません。

なお，次のことに留意する必要があります。

⑴　この取扱いの対象になるのは，単身赴任者が会議等のため職務遂行上の必要に基づく旅行を行い，これに付随して帰宅する場合に支払われる旅費に限られること。

⑵　この取扱いは，その性質上，月１回などの定量的な基準で非課税の取扱

いをするということにはなじまないものであること。

(3)　帰宅のための旅行は，職務出張に付随するものであることから，その期間や帰宅する地域等には，おのずから制約があること。

関係法令等

所法9①四，所基通9－3，昭60.11.8直法6－7「単身赴任者が職務上の旅行等を行った場合に支給される旅費の取扱いについて」

Q75　外国人社員の休暇帰国（ホームリーブ）のための旅費

当社は，米国法人との合併によって設立された内国法人です。当社に勤務する米国籍の者が2年以上日本に勤務した場合には就業規則の定めるところにより，1年に1回休暇のための帰国を認め，帰国に要する往復の運賃を支給しています。

この帰国のための運賃は給与所得として課税を要しますか。

A　**課税しなくても差し支えありません。**

解説

使用者が，国内において長期間引き続き勤務する外国人に対し，就業規則等の定めるところにより相当の勤務期間（おおむね1年以上の期間）を経過するごとに，休暇のための帰国を認め，その帰国のための旅行に必要な支出（その者と生活を一にする配偶者その他の親族に係る支出を含む。）に充てるものとして支給する金品のうち，日本とその旅行の目的とする国（原則として，その者又はその者の配偶者の国籍又は市民権の属する国）との往復に要する運賃で，その旅行に係る運賃，時間，距離等の事情に照らし，最も経済的，かつ，合理的と認められる通常の旅行の経路及び方法によるものに相当する部分に限り，課税しなくて差し支えありません。

関係法令等

所法９①四，昭50.１.16直法６－１「国内において勤務する外国人に対し休暇帰国のため旅費として支給する金品に対する所得税の取扱いについて」

2-4. ワーケーション

Q76 ワーケーションにおける往復の交通費の負担

当社はテレワークを導入しており，従業員が自宅で業務をすることを認めています。この度，従業員より，休暇を取得して自身が観光目的に選んだ場所に２日間の私的旅行をする際，その空き時間において，宿泊する旅館の部屋でテレワークにより業務を行いたい（その業務に係る時間は休暇扱いとはしない）旨の申立てがありました。当社としても，ワーケーションの一環として，そのようなテレワークを認めることを予定しています。

当社が，その旅行に係る往復の交通費を負担した場合，その従業員に対する給与として課税する必要はありますか。

※ワーケーションとは？

Work（仕事）とVacation（休暇）を組み合わせた造語。テレワーク等を活用し，リゾート地や温泉地，国立公園等，普段の職場とは異なる場所で余暇を楽しみつつ仕事を行うことです。休暇主体と仕事主体の２つのパターンがあります。

A

原則として，その従業員に対する給与として課税する必要があります。

解説　通常，私的旅行は法人の業務を遂行するために行う旅行とは認められませんので，私的旅行の合間の時間に一部業務を行ったとしても，その私的旅行に係る往復の交通費は，法人の業務の遂行上直接必要なものとは考えられず，その従業員が負担すべき費用と認められるため，その往復の交通費を法人が負担した場合には，原則として，その従業員に対する給与として課税する必要があります。

関係法令等

所法９①四

Q77　観光地での研修と自由観光を行う場合の交通費の負担

当社では，例年，国内の観光地に所有する研修施設において，管理職向けの合宿型研修を２日間実施しています。この研修は，管理職のマネジメント能力を短期間で習得させることにより当社の生産性を向上させるために実施しているものであり，当社の業務の遂行上必要なものとして，毎年実施しているものです。

本年については，ワーケーションの一環として，この研修が終了した翌日は休暇を取得し，その宿泊地等の近辺において従業員各人が自由に観光することを推奨することを予定しています。

当社が，その研修に係る往復の交通費を負担した場合，その従業員に対する給与として課税する必要はありますか。

A　**その交通費については，従業員に対する給与として課税する必要はありません。**

解説　研修終了後，休暇を取得して観光をする場合であっても，その研修に係る旅行が業務の遂行上直接必要なものと認められる場合には，一般的に，その研修に係る往復の交通費については，その従業員に対する給与として課税する必要はありません。管理職にマネジメント能力を短期間で習得させることにより，法人の生産性を向上させることを目的として実施されるとのことですので，その研修は法人の業務の遂行上直接必要なものと考えられることから，その研修施設への往復の旅行に係る交通費を法人が負担することには合理性が認められますので，その交通費については，従業員に対する給与として課税する必要はありません。

関係法令等

所法９①四

2-5. ブレジャー

Q78　出張中に私的旅行を行う場合の往復の旅費

当社では，従業員に対して国内の取引先等への出張を命じた場合，旅費規程に基づきその出張に係る往復の交通費を支給することとしています。

この度，従業員に対して２日間の出張を命じた際，その従業員より，その出張の翌日に休暇を取得し，その出張先の付近において観光をしたい旨の申立てがありました。当社としても，ブレジャーの一環として，そのような休暇取得・観光を推奨したいと考えています。

当社が，その出張に係る往復の交通費を負担した場合，その従業員に対する給与として課税する必要はありますか。

※ブレジャーとは？

Business（ビジネス）とLeisure（レジャー）を組み合わせた造語。出張等の機会を活用し，出張先等で滞在を延長するなどして余暇を楽しむことです。

A

一般的に，その出張に係る往復の交通費については，その従業員に対する給与として課税する必要はありません。

解説

出張後，休暇を取得して観光をする場合であっても，その出張に係る旅行が業務の遂行上直接必要なものと認められる場合には，一般的に，その出張に係る往復の交通費については，その従業員に対する給与として課税する必要はありません。

なお，その出張に係る旅行が業務の遂行上直接必要なものであるか否かは，その旅行の目的，旅行先，旅行経路，旅行期間等を総合勘案して実質的に判定することになります。

関係法令等

所法９①四

Q79　ブレジャーの一環としての宿泊費用

当社では，従業員に対して国内の取引先等への出張を命じた場合，旅費規程に基づきその出張に係る往復の交通費を支給することとしています。

この度，従業員に対して２日間の出張を命じた際，その従業員より，その出張の翌日に休暇を取得し，その出張先の付近において観光をしたい旨の申立てがありました。当社としても，ブレジャーの一環として，そのような休暇取得・観光を推奨したいと考えています。

この業務に係る１日目の宿泊費用及び業務終了後の２日目の宿泊費用を会社が負担した場合，その従業員に対する給与として課税する必要はありますか。

A　**宿泊費用については，その宿泊が業務遂行上必要と認められ，その金額が通常必要と認められるものであれば，従業員に対する給与として課税する必要はありません。**

解説　会社が負担する宿泊費用については，その宿泊が業務の遂行上必要と認められるもので，通常必要と認められる金額のものであれば，従業員に対する給与として課税する必要はありません。

したがって，１日目の宿泊費用については，その宿泊が２日目の業務遂行上必要と認められると考えられるため，その金額が通常必要と認められるものであれば，従業員に対する給与として課税する必要はありません。

また，２日目の宿泊費用については，その宿泊が，業務終了時間から判断して当日に帰宅することが困難であるなどの事情によるものではなく，３日目に観光をするための宿泊と認められる場合には，その従業員に対する給与として課税する必要があります。

関係法令等

所法９①四

2-6. 宿泊費用の負担

Q80 感染リスク防止のための医療従事者への宿泊施設の提供

当病院は新型コロナウイルス感染者の診療を受け入れるに当たって，従事者の健康管理とその家族への感染防止を図るため，近隣のビジネスホテルを宿泊場所として確保し，高齢家族と同居している従業員を中心に希望する従事者に一定期間，提供することとしました。

この宿泊場所の提供は，非課税とされる職務上必要な住宅の貸与として取扱ってよろしいでしょうか。

A

新型コロナウイルス感染症禍で，医療従事者が業務の遂行上，また，家族等への感染防止のために病院が確保したビジネスホテルを利用する場合に従業員が受ける経済的利益は，「職務上の必要に基づき貸与を受ける住宅等の非課税」に準ずるものとして取扱うことができるものと考えます。

解説

1　職務上必要な住宅の貸与の非課税

従業員が社宅や寮などの貸与を受けることによる経済的利益は，給与所得とされていますが，「職務の遂行上やむを得ない必要に基づき使用者から指定された場所に居住すべきものがその指定する場所に居住するため」に貸与を受けることによる経済的利益は，非課税所得とされています。したがって，病院等が医師や看護師に対して業務の遂行上の必要により一定の場所に住宅を用意し，その指定された住宅の提供を受けることによる経済的利益は，非課税とされています。

2　職務上必要な住宅の貸与を非課税とする趣旨

深夜や早朝業務，時間外勤務を常例とする者など，その職務の遂行上やむを得ない必要に基づき，使用人から指定された場所に居住すべきものが，その指定する場所に居住するために家屋の貸与を受けることによる利益は非課税とされています。これは，このような場合の家屋の無償貸与は，通常の社宅等の無償貸与と比べ，主に使用者の業務上の必要性を目的として行われるものであって，これにより従業員等が受ける経済的利益は，反射的なものにすぎず，また，従業員の住居の自由が制限される側面があるなかで，これを給与等として課税することは妥当でないとの考え方に基づくものであるといわれています。

3　質問の場合

上記からすれば，質問の場合，「職務上の必要に基づき貸与を受ける住宅等の非課税」に準ずるものとして取扱うことができるものと考えます。

関係法令等

所法９①六，所令21④，所基通９－９

2-7.　ワーキングスペース

Q81　ワーキングスペースやパソコン等の利用料

宿泊先旅館等から，業務をするためのワーキングスペース及びパソコンを借り受けた際の料金を会社が負担した場合，その従業員に対する給与として課税する必要はありますか。

A　**従業員に対する給与として課税する必要はありません。**

解説　ワーキングスペースやパソコン等を宿泊先旅館等から借り受けた際の料金については，それが業務を行うために必要なものであるのであれば，従業員に対する給与として課税する必要はありません。

関係法令等

所法９①四

Q82　レンタルオフィス

当社では，自宅に在宅勤務をするスペースがない従業員に対して，自宅近くのレンタルオフィス等で在宅勤務をすることを認めています。このレンタルオフィス代等を従業員が立替払いし，そのレンタルオフィス代等に係る領収証等の提出を受けてその代金の精算をした場合，その精算をした金額について従業員に対する給与として課税する必要はありますか。

A　**従業員に対する給与として課税する必要はありません。**

解説　従業員が，勤務時間内に自宅近くのレンタルオフィス等を利用して在宅勤務を行った場合，①従業員が在宅勤務に通常必要な費用としてレンタルオフィス代等を立替払いし，かつ，②業務のために利用したものとして領収書等を企業に提出してその代金が精算されているものについては，従業員に対する給与として課税する必要はありません（企業が従業員に金銭を仮払いし，従業員がレンタルオフィス代等に係る領収証等を企業に提出し精算した場合も同じです。）。

関係法令等

所法9①四

2-8. 食事の支給

Q83 調理を外部委託して食事を提供する場合の注意点

当社は，精密機器の部品メーカーですが，社員1,000名ほどの当社工場にある社員食堂での食事の提供を業者に委託しており，水道光熱費及び食堂施設利用料を無償とした上で，調理の委託料として月額400万円を支払っています。

食材費については，食券代金で賄うよう業者に依頼しており，仮に，不足が生じた場合には別途支払うこととしていますが，これまでのところ不足が生じたことはありません。一食の単価は，定食300円，麺類200円で，食券の売上金額は，毎月約500万円となっています。

当社では，食材費の全額相当額を社員が負担していることから，給与課税の問題は生じないと考えていますが，よろしいでしょうか。

A

貴社が調理の委託料として負担している400万円について，経済的利益として給与の課税問題が生ずる可能性が高いと考えます。

解説

1　食事の支給による経済的利益の取扱い

所得税法上，金銭以外の物又は権利その他経済的な利益も収入とされ（所法36①），その価額は，その物若しくは権利を取得し，又はその利益を享受する時における価額とされています（所法36②）。

この経済的利益には，物品その他の資産の譲渡を無償又は低い対価で受けた場合におけるその資産のその時における価額又はその価額とその対価の額との差額に相当する利益が含まれ（所基通36－15），使用者が従業員等に対し支給する食事については，次に掲げる区分に応じ，それぞれ次に掲げる金額により評価されます（所基通36－38）。

⑴　使用者が調理して支給する食事

その食事の材料等に要する直接費の額に相当する金額

⑵　使用者が購入して支給する食事

その食事の購入価額に相当する金額

そして，食事の支給による経済的利益はないものと取扱う場合として，使用者が従業員等に対し支給した食事（残業又は宿日直をした者に支給する食事を除きます。）につき，その従業員等から実際に徴収している対価の額が，上記により評価した食事の価額の50%相当額以上である場合とされています。

ただし，上記により評価した食事の価額から実際に徴収している対価の額を控除した残額，すなわち使用者の負担額が月額3,500円を超えるときは，その使用者の負担額（その食事の価額－その人の負担した金額）の全額が給与として課税の対象とされます（所基通36－38の２）。

この場合の使用者の負担額が3,500円を超えるかどうかは，その食事の評価額から，消費税及び地方消費税の額を除いた金額をもって判定します（平元直法６－１）。

2　国税不服審判所の裁決での判断

食事の支給に関する国税不服審判所の平成26年５月13日裁決（公表）において，「使用者が購入して支給する食事」と同様に，食券代金，副食費及び給食業務委託料の合計額をもって評価するのが相当と判断し，要旨，次の理由が示されています。

当該食事の材料は本件受託業者が調達しており，請求人はこれらの材料の明細及び内容を関知しておらず，その在庫を請求人の帳簿書類にも記載していなかったことに鑑みれば，自己の計算に基づき材料の調達及び管理を行っていたのは本件受託業者であるということができるから，請求人が材料を提供し当該食事の調理のみを委託していたとみることはできない。

また，請求人は従業員等から徴収した食券代金を集計し本件受託業者に支払っていたところ，当該金額は，あらかじめ本件受託業者との間で定めたメニューごとの材料費相当額に基づき計算されてはいたものの，食事の材料費そのものとはいえないから，請求人が材料費を負担していたとみることもできない。

そして，請求人は，従業員等が購入した食券代金を従業員等の給与から差し引いて預り金として経理し，本件受託業者に支払う際には預り金勘定から減額処理をしていたことからすると，請求人は本件受託業者が従業員等から直接受領すべき食事代金を本件受託業者に代わって徴収していたと認められ，請求人が本件受託業者に対して毎月一定額の給食業務委託料及び副食費を支払っていた事実を併せ考慮すると，請求人は，従業員等が本件受託業者から食事を安価で購入できるよう，給食業務委託料等を負担し，食事の購入代金の補助をしていたとみるのが相当である。

したがって，当該食事は，「使用者が購入して支給する食事」と同様に，食券代金，副食費及び給食業務委託料の合計額をもって評価するのが相当である。

3　裁決での判断を踏まえた注意点

上記裁決は，従業員等が受託業者から食事を購入していたものと判断しており，その判断過程からすると，調理の委託に当たっては，次のような点に注意が必要と考えられます。

① 食事を従業員等に販売するのは使用者であることにつき，労使協定等で定めるほか，食券代金の管理，経理の面においても明らかにすること

② 食材の調達につき，受託者が使用者に代わって行うのか，使用者が受託者から仕入れるのかを明確にした上で，その内容に応じて，使用者から食材の仕入先に対価の支払いをすること

特に，受託者から食材を仕入れる場合には，契約内容や，食材費と調理委託料それぞれの金額的相当性が客観的に明確となるよう，契約書や根拠資料などを保管しておくこと

③ 使用者が食材につき，その明細及び内容を把握，管理し，その所有権を有することを各種資料や経理において明確にしておくこと

4　ご質問の場合

食材費については，食券代金で賄うよう業者に依頼しているとのことですが，貴社の責任と計算において食材を調達し管理しているといえるのか不明であることから，受託業者が社員に食事を販売し貴社が食事の購入代金の補助をしている，あるいは，貴社が食券代金と調理の委託料によって食事を購入しているとして，貴社が負担している400万円について，経済的利益として給与の課税問題が生じる可能性が高いと考えますので，上記3に記載した点を参考にしてください。

関係法令等

所基通36－15，36－38，36－38の2

Q84　在宅勤務者に対する食券の支給①（食券以外の食事の支給がない場合）

当社では，在宅勤務で業務を行う従業員の昼食の補助として，次の条件の下，従業員に食券（電子的なものを含みます。）を支給したいと考えています。

この食券の支給に関して，従業員の給与として課税する必要はありますか。

なお，当社では，この食券の支給以外に，従業員に対して食事を支給することはありません。

①　毎月7,560円分の食券を従業員に交付するが，その際，従業員はその半額の3,780円を当社に支払う。

②　食券の利用は，従業員が在宅勤務を行う日において，当社が契約した特定の飲食店での飲食又は飲食料品の購入（持帰り）でのみ利用可能（勤務日以外の利用や，アルコール類，飲食料品以外のものへの利用は不可）とする。

③　食券の利用は，当社の従業員本人の食事代のみについて利用可能であり，従業員の親族等に係る食事代への利用は不可とする。また，食券を他人へ譲渡することを禁止する。

④　食券の利用は，１回2,500円までとする。また，実際に要した食事代金が，食券の額面に満たない場合であっても，釣銭を受け取ることはできない。

⑤　毎月交付された食券の未使用分については，翌月以降に繰り越して使用することができる。また，食券の利用可能期間は，交付日から１年とする。

A

質問の食券の支給については，従業員に対する給与として課税する必要はありません。

解 説

企業が従業員に食事の支給（注１）をする場合に，その従業員から実際に徴収している対価の額がその食事の価額の50%相当額以上であり，かつ，企業の負担額（食事の価額からその実際に徴収している対価の額を控除した残額）が月額3,500円（消費税及び地方消費税（以下「消費税等」といいます。）の額を除きます。）を超えないときは，その従業員が食事の支給により受ける経済的利益はないものと取扱うこととしています（所基通36－38の２）。

質問の場合，従業員からその食券の額面金額7,560円の50%相当額を徴収しており，消費税等の額を除いた企業の負担額は月額3,500円を超えていない（注２）ため，上記の要件を満たしています。

また，②から⑤までの条件が満たされれば，その食券の支給は食事そのものを支給した場合と同視することができるものと考えられます（注３）。

このため，質問の食券の支給については，従業員に対する給与として課税する必要はありません。

㈱１　「食事の支給」とは，企業が従業員に対して，契約業者から購入した弁当を提供することや，社員食堂で食事を提供すること等をいいます。

一方,「食費の補助」(現金支給) については, 給与とみなされ, 所得税の課税対象となります。

2　食券の利用に係る「消費税等の額を除いた企業の負担額」の計算においては, 軽減税率 (8%) の適用があったときの食券の利用と, 標準税率 (10%) の適用があったときの食券の利用とに区分して計算する必要があります。

質問のケースにおいては, 食券の利用に当たって, 次のように全て軽減税率 (8%) が適用されると仮定した場合, 消費税等の額を除いた企業の負担額は3,500円となるため, 標準税率 (10%) の適用があったとしても, その負担額は3,500円よりも少ない金額が算出されることになります。

(7,560円《食券の額面金額》 − 3,780円《従業員の支払額》) × 100/108
= 3,500円

3　上記の所基通36−38の2の取扱いは, 日々の昼食等に対する補助を目的とするものであるため, 食券の未使用分を繰り越して, 一度に多額の食事をするためにその食券を利用する場合には, 同取扱いの趣旨に反するものと考えられます。

このため, ④の条件のように, 1回の食券の利用について, 一般的な昼食等としての相当額の範囲を逸脱しない限度額を設定することや, ⑤の条件のように, 食券の利用可能期間を設定することが, 同取扱いの趣旨に合うものと考えられます。

関係法令等

所基通36−38, 36−38の2, 国税庁令和3年1月「在宅勤務に係る費用負担等に関するFAQ (源泉所得税関係)」

Q85 在宅勤務者に対する食券の支給②（食券以外の食事の支給がある場合）

当社では，在宅勤務を導入することとし，従業員に対する昼食の補助として，従業員が在宅勤務を行う日には，Q84の②から⑤までの条件を満たす食券（電子的なものを含みます。）をその従業員に支給することとし，その従業員が出勤する日には，契約業者から購入する弁当をその従業員に支給することとしました。

また，従業員に対して，食券及び弁当を支給した場合には，従業員は，それぞれの価額の半額を当社に支払うこととします。

例えば，ある月において，一の従業員に対して，次のとおり食券及び弁当を支給した場合，従業員に対する給与として課税する必要はありますか。

	（食券・弁当の価額）	（従業員の支払額）
食券（在宅勤務日）	5,000円	2,500円
弁当（出勤日）	2,500円	1,250円

A **質問の食券及び弁当の支給については，従業員に対する給与として課税する必要はありません。**

解説　企業が従業員に食事の支給（注1）をする場合に，その従業員から実際に徴収している対価の額がその食事の価額の50%相当額以上であり，かつ，企業の負担額（食事の価額からその実際に徴収している対価の額を控除した残額）が月額3,500円（消費税及び地方消費税（以下「消費税等」といいます。）の額を除きます。）を超えないときは，その従業員が食事の支給により受ける経済的利益はないものと取扱うこととしています（所基通36－38の2）。

質問の場合，従業員からは，食券の額面金額及び弁当の価額の50%相当額以上を徴収しており，また，消費税等の額を除いた企業の負担額は月額3,500円を超えていない（注2）ため，上記の要件を満たしています。

また，Q84の②から⑤までの条件が満たされれば，その食券の支給は食事そのものを支給した場合と同視することができるものと考えられます（注3）。

このため，質問の食券及び弁当の支給については，従業員に対する給与として課税する必要はありません。

なお，消費税等の額を除いた企業の負担額が月額3,500円を超えた場合には，その月中に支給した食券及び弁当に係る企業の負担額の全額について，従業員に対する給与として課税する必要があります。

㈱1　「食事の支給」とは，企業が従業員に対して，契約業者から購入した弁当を提供することや，社員食堂で食事を提供すること等をいいます。

一方，「食費の補助」（現金支給）については，給与とみなされ，所得税の課税対象となります。

2　食券の利用に係る「消費税等の額を除いた企業の負担額」の計算においては，軽減税率（8％）の適用があったときの食券の利用と，標準税率（10％）の適用があったときの食券の利用とに区分して計算する必要があります。

質問のケースにおいては，食券の利用に当たって，次のように全て軽減税率（8％）が適用されると仮定した場合，消費税等の額を除いた企業の負担額は3,470円となるため，標準税率（10％）の適用があったとしても，その負担額は3,500円よりも少ない金額が算出されることになります。

イ　食券に係る企業の負担額（消費税等の額を除いた金額の計算）

(5,000円《食券の金額》－ 2,500円《従業員の支払額》) × 100/108
＝ 2,314.814…円

ロ　弁当に係る企業の負担額（消費税等の額を除いた金額の計算）

(2,500円《弁当の価額》－ 1,250円《従業員の支払額》) × 100/108
＝ 1,157.407…円

ハ　企業の負担額（イ＋ロ）

2,314.814…円 ＋ 1,157.407…円 ＝ 3,472.222…円

→ 3,470円（10円未満の端数切捨て）

3　上記の所基通36－38の２の取扱いは，日々の昼食等に対する補助を目的とするものであるため，食券の未使用分を繰り越して，一度に多額の食事をするためにその食券を利用する場合には，同取扱いの趣旨に反するものと考えられます。

このため，Q84の④の条件のように，１回の食券の利用について，一般的な昼食等としての相当額の範囲を逸脱しない限度額を設定することや，Q84の⑤の条件のように，食券の利用可能期間を設定することが，同取扱いの趣旨に合うものと考えられます。

関係法令等

所基通36－38，36－38の２，国税庁令和３年１月「在宅勤務に係る費用負担等に関するFAQ（源泉所得税関係）」

Q86　使用者が使用人等に対し食事代として金銭を支給した場合

Ａ社は，同社の使用人又は役員（以下「使用人等」といいます。）が同社の指定した近隣の飲食店（以下「指定飲食店」といいます。）を昼食で利用した場合に，使用人等が指定飲食店に支払った食事代の50%相当額を負担金（以下「本件食事代負担金」といいます。）として支給する制度（以下「本件制度」といいます）を設けています。

なお，使用人等は，指定飲食店において食事の提供を受けた後，食事代を支払い，指定飲食店から領収証（以下「本件領収証」といいます。）を受領しており，本件領収証には利用日，食事の内容及びその金額が表示されています。

〔本件制度の概要〕

⑴　使用人等は，本件領収証をＡ社に提出する。

(2)　Ａ社は，本件領収証に記載された利用日がその使用人等の出勤日であること，食事の内容を確認する。
(3)　Ａ社は，本件領収証に記載された食事代の50%相当額を個人別に集計し，月末で締めて翌月５日に，本件食事代負担金を使用人等の預金口座に振り込む。
(4)　本件食事代負担金は，月額3,500円（税抜）を上限とする。
　この場合，使用人等が受ける本件食事代負担金に係る経済的利益はないものとして取扱って差し支えありませんか。

A　**使用人等が受ける本件食事代負担金は，その使用人等に対する給与所得の収入金額となり，その経済的利益をないものとして取扱うことはできません。**

解説　使用者が役員又は使用人に対し食事を支給する場合に，その役員又は使用人から実際に徴収している対価の額がその食事の価額の50%相当額以上であり，かつ，使用者の負担額が月額3,500円を超えないときには，その役員又は使用人が食事の支給により受ける経済的利益はないものとして取扱っています（所基通36－38の２）。

　例えば，使用者と飲食店との間の契約により使用人等の食事代を使用者が飲食店に支払う場合は，この「使用者が役員又は使用人に対し食事を支給する場合」に該当するものとして取扱って差し支えありませんが，使用人等が飲食店に食事代を支払い，使用者が現金で食事代を補助する場合には，食事という現物ではなく金銭を支給するものであることから，この「使用者が役員又は使用人に対し食事を支給する場合」に該当せず，昭和59年７月26日直法６－５，直所３－８「深夜勤務に伴う夜食の現物支給に代えて支給する金銭に対する所得税の取扱いについて」に該当するときを除き，補助をする全額が給与として課税されることとなります。

　質問の本件制度では，本件食事代負担金を使用人等の預金口座に振り込むこととされており，Ａ社が使用人等に支給するのは食事ではなく金銭であるため，所基通36－38の２の適用はありません。

関係法令等

所基通36－38の２，昭和59年７月26日直法６－５，直所３－８「深夜勤務に伴う夜食の現物支給に代えて支給する金銭に対する所得税の取扱いについて」

Q87　半額で購入する特定の飲食店で使用できる食券

当社は，給食施設がないため特定の飲食店と契約して，従業員に対する昼食の補助を次の方法により実施しています。

1　従業員は，各月，券面額7,000円の食券（IDカード）を3,500円で購入します。

　なお，購入代金は給与から天引き徴収します。

2　会社は，天引き徴収した3,500円と会社負担分（3,500円）を一括して飲食店に支払う。

3　食券の未使用分には，翌月以後も使用可能とします。

A　**課税しなくて差し支えありません。**

解説　食券を交付して行う食事の支給は，毎月，券面額の半額以上で販売し，かつ，会社負担が3,500円以下であれば非課税とされます。

また，食券の未使用分について翌月以降使用したとしても，その繰越し使用した食券は，本来これを利用すべき月に使用したものとして取扱って差し支えありません。

この場合，各従業員が月１枚の食券しか購入できないという条件の下では給与課税の必要はありません。

関係法令等

所基通36－38，36－38の2

Q88　昼食弁当代への補助金の支給と昼食弁当の支給

当社は，商業施設の入居するビルを所有し，運営管理する社員50名程度の会社です。

この度，当社のビルに入居するテナントの飲食店が，コロナ下での営業改善として，昼食時に日替弁当を税込み600円で販売することになり，当社としても，テナントの支援とともに，社員の福利厚生の一環として，この日替弁当代の50%，1か月の上限を3,500円として補助したいと考えています。

社員には，毎月末締めで購入時のレシート1か月分を所定の様式に添付して提出してもらい，この補助金は福利厚生費として支出し，給料日に社員に支給する予定です。

この補助金は，福利厚生費として，給与の源泉徴収対象外でよろしいでしょうか。

また，課税となるのであれば，非課税扱いとするためのアドバイスをお願いします。

A

昼食代の補助金の支給は，金銭の支給であり，給与として課税の対象になります。

会社が食事を提供するのであれば，一定の範囲内で課税を要しません。

解説

質問の日替弁当代に対する補助金の支給は，「使用者が役員又は使用人に対し支給した食事」には当たりません。

使用者と飲食店との間の契約により使用人等の食事代を使用者が飲食店に支

払う場合は，この要件を充足します。

その他，例えば，テナントの飲食店との間の契約により，飲食店が貴社に販売する日替弁当は特別販売価格の580円などと設定してもらい，貴社の社員証を提示した社員に対しては，貴社への販売として580円などで販売し，代金は貴社に代わって貴社の社員に一旦立替払いをしてもらい，レシートには貴社宛てのものである旨の押印をしてもらうようにすれば，日替弁当の購入者が貴社であって，貴社が社員に食事を支給したことの要件を充足することになるものと考えます。

関係法令等

所基通36－38，36－38の２

2-9. 社宅等の貸与

Q89 公的使用がある場合の社宅の賃貸料

当社では，会社の敷地内にある役員社宅の応接室を各種の会議や打ち合わせに使用していますが，このような場合，役員から家賃をいくら徴収すれば課税されないでしょうか。

なお，当社が把握している利用状況は次のとおりです。

1　応接室の社宅床面積に占める割合は20%程度です。

2　年間の使用割合は30%程度です。

3　コップ，湯呑み茶わんなどの備品を備え付けています。

A　**公的な使用部分がある場合には，通常の賃貸料相当額の70%以上を徴収していれば課税しなくて差し支えありません。**

解説　社宅の一部を公的な使用部分に当てている場合には，原則として，その使用状況を考慮して賃貸料相当額を算定することになりますが，合理的に算定することは実務上相当の手数と困難を伴うため，その入居者から通常の賃貸料の70%以上を徴収していれば，その徴収している金額は，通常の賃貸料として取扱って差し支えないこととされています。

なお，賃貸料を全く徴収していない場合や徴収していても前述の全額に満たない金額しか徴収しない場合には，原則どおり個々に利用状況を確認の上，賃貸料の額を算定することになります。

(注)　当該社宅が豪華社宅に該当するかどうかの判定に当たっては，公的な部分の面積は除いたところで判断し，豪華社宅に該当した場合は，当然公的使用部分は除いたところで通常の賃貸料を算出します。

なお，豪華社宅とは，社会通念上一般に貸与されている社宅と認められないものであり，豪華社宅であるかどうかは，床面積が240平方メートルを超えるもののうち，取得価額，支払賃貸料の額，内外装の状況等各種の要素を総合勘案して判定します。もっとも，床面積が240平方メートル以下のものであっても，一般に貸与されている住宅等に設置されていないプール等の設備や役員個人のし好を著しく反映した設備等を有するものについては，いわゆる豪華社宅に該当することになります。

関係法令等

所基通36－43，平７課法８－１「使用者が役員に貸与した住宅等に係る通常の賃貸料の額の計算に当たっての取扱いについて」

Q90　在宅勤務に利用する社宅の賃貸料

当社では，社宅の一部屋を従業員の在宅勤務に使用していますが，このような場合，従業員から家賃をいくら徴収すれば課税されないでしょうか。

なお，在宅勤務に利用する部屋の総床面積に占める割合は40%程度であり，月間の使用割合は50%程度です。

A

在宅勤務は公的な使用とは異なると考えられますので，公的な使用部分がある場合の取扱いはできず，業務のために使用した部分を合理的に計算する必要があります。

解説

社宅の一部を公的な使用部分に当てている場合には，原則として，その使用状況を考慮して賃貸料相当額を算定することになりますが，合理的に算定することは実務上相当の手数と困難を伴うため，その入居者から通常の賃貸料の70%以上を徴収していれば，その徴収している金額は，通常の賃貸料として取扱って差し支えないこととされています。

この取扱いは，例えば，役員に貸与した社宅については，個人的生活の場であるというだけでなく，役員の社宅で打合せ会を催すとか，得意先を招待するとか，使用者の業務のために使用することも比較的多いと考えられることを考慮したものと考えられ，ここでいう公的使用とは，業務に関して入居者以外も利用するものとみることができます。

このようなことからすると，在宅勤務は，ここでいう公的使用に当たらず，公的使用がある場合の取扱いはできないと考えられます。

したがって，在宅勤務による社宅の利用については，業務のために使用した部分を合理的に計算する必要があると考えます。

例えば，次の算式により算出したものを通常の賃貸料相当額から減額して家賃を徴収していれば，従業員に対する給与として課税する必要はないと考えます。

質問の場合には，「40% × 50% × 1/2」により算出した10%を業務のために使用した賃貸料相当額として，通常の賃貸料相当額から減額して家賃を徴収していれば，課税する必要はないものと考えられます。

【算式】

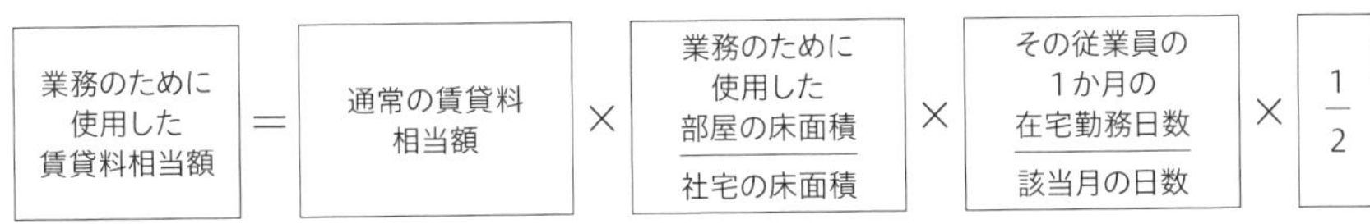

(注)1　上記算式の「1/2」については，Q52の通信費の場合と同様です。

2　上記の算式によらずに，より精緻な方法で業務のために使用した賃貸料相当額を算出し，その金額を通常の賃貸料相当額から減額して家賃を徴収していれば，従業員に対する給与として課税する必要はないと考えます。

関係法令等

所基通36－43

Q91　単身赴任者に貸与する社宅の取扱い

新聞の発行を業とする当社は，この度，新工場を建設し稼働を始めました。これに伴い，業務指導を行う社員を２年間の予定で転勤させ，内10名が単身赴任となりました。

単身赴任者のために，新工場の近くにアパートを借り上げ無償で貸与したいと考えていますが，所基通９－９《職務の遂行上やむを得ない必要に基づき貸与を受ける家屋等》の非課税規定の適用を受けることはできますか。

なお，工場での勤務は日勤２日，夜勤２日，休み１日のローテーションです。

A

所基通36－41《小規模住宅等に係る通常の賃貸料の額の計算》の計算式により算出した賃貸料相当額を給与として課税します。

解説　単身赴任に伴う社宅の貸与は，所基通９－９にいう「……職務の遂行上やむを得ない必要に基づく……」には当たらず，また，勤務状況も常時早朝又は深夜に出退勤をしていないことから，非課税の適用がありません。

したがって，賃貸料相当額を給与として課税することになります。

関係法令等

所令21①四，所基通９－９，36－15，36－41

Q92　２軒の役員社宅の場合の小規模社宅の判定

当社の東京本店に勤務していた役員が大阪支店に転勤することとなりましたが，子弟の学校等の都合により，単身で赴任することとなりました。この役員は，従来から社宅の貸与を受けており，今回の単身赴任に伴い大阪でも社宅を貸与することとなり，２軒の社宅を貸与されることとなりました。この場合，所基通36－41《小規模住宅等に係る通常の賃貸料の額の計算》の小規模住宅であるかどうかの判定は，２軒分を合算して行いますか。

なお，面積は双方とも80m^2です。

A　**２軒分を合算して判定することとなります。**

解説　当該社宅は，それぞれ独立家屋の社宅であっても，「世帯」として使用している面積は２軒分を合算したもので判定することが相当です。

したがって，質問の場合は，小規模住宅に係る面積要件を超えていますので，所基通36－40《役員に貸与した住宅等に係る通常の賃貸料の額の計算》

によることとなります。

関係法令等

所基通36－41，36－40

Q93　退職後も無償で貸与する社宅の経済的利益

当社では，定年退職者や雇用期間の中途で退職した場合であっても，次の住宅の確保ができるまでの間最長で3年間は無償で社宅を供与することとしています。

退職後に供与する当該社宅の経済的利益の取扱いはどうなりますか。なお，貸与する社宅は借上社宅です。

A

雇用関係が継続していないことから，雑所得となります。したがって，給与としての源泉徴収は不要です。

解説

所基通に規定する「使用人に貸与した住宅等に係る通常の賃貸料の額の計算」は，使用者が使用人に住宅等を貸与した場合に適用されるものです。

したがって，質問の場合は，退職して既に雇用関係が終了した者に対して住宅等を貸与したものであり，その無償貸与による経済的利益の額は，原則として，退職した者に対する雑所得として課税されることとなります。

なお，この場合の経済的利益の評価は，通常支払われる家賃等の額によることとなりますが，その住宅等が借上社宅であるときは，支払家賃相当額が経済的利益の額となります。

関係法令等

所法35③二，36①，所基通36－45

Q94　役員に貸与したマンションの管理費

Ａ社では，マンションを借り上げ，役員に社宅として貸与していますが，家主に支払う家賃には次のような管理費等が含まれています。これらの費用は，「通常の賃貸料の額」の計算上どのように取扱われますか。

1　エレベーター保守料　12,000円

2　火災報知機保守料　2,000円

3　共用部分電気料，火災保険料　8,000円

A　**管理費等を含めて通常の賃貸料の額を計算して差し支えありません。**

解説　質問のような管理費等が，家主に支払う賃借料の額に含まれて支払われているときであっても，このような管理費等を，強いて個人的費用を使用者が負担したものとして取扱う必要はなく，その総額によって通達（所基通36－40本文）に定める「通常の賃貸料の額」を計算して差し支えありません。

関係法令等

所法36，所基通36－40

Q95　社員に家具等を貸与した場合の経済的利益

Ａ社は，外国人社員（居住者）に社宅を貸与する際，自社所有の家具又は他からリースを受けた家具等を無償で貸与していますが，この場合の経済的利益はどのように評価すればよいでしょうか。

なお，貸与する家具等は，テレビ，ステレオ，洗濯機，炊飯器，ベッド及びタンスで，時価総額300万円程度のものであり，また，これらのリー

スを受けた場合の1か月当たりのリース料の合計額は10万円程度です。

A

家具等を貸与した場合の経済的利益の額は，自社所有の家具等については，定額法によって計算したその減価償却費相当額にその家具等の維持管理のために通常要する費用相当額を加算するなどの方法によって合理的に見積もった額とし，リースを受けた家具等については，リース料相当額となります。

解説

自社所有又はリースによる家具等を役員又は使用人に貸与する場合の経済的利益については，社宅の賃貸料相当額の計算とは原則として区分して評価することとなります。

この場合の評価は，その家具等を貸与することとした場合に通常支払われる対価の額となりますが，自社所有の場合には，定額法によって減価償却費相当額等を基礎として合理的に算出した額をもって経済的利益の額とすることとなります。

関係法令等

所法36，所基通36－45

Q96　自社所有の社宅に付随する駐車場を貸与した場合の経済的利益

当社は社員に対して自社所有の駐車場付社宅を貸与していますが，駐車場の賃貸料相当額はどのように評価すればよろしいでしょうか。

A

駐車場の固定資産税相当額に維持管理に通常要する費用等を加算するなど，合理的に算出した額とします。

解説　駐車場は，社宅と区分して賃貸料相当額を評価することになりますが，自社所有の駐車場の場合には，実際に会社が維持管理するのに通常要する費用等（租税公課，管理費等）を合理的に見積もった額を賃貸料相当額とします。

関係法令等

所法36②，所基通36－15，36－50

2-10. 見舞金

Q97　非課税とされる見舞金の範囲

使用者から見舞金を支給した場合に，非課税とされるのは，どのようなものですか。

A　**使用人等が使用者から支給を受ける見舞金のうち，次に掲げる要件のいずれも満たすものは，所令30条の規定により非課税所得に該当します。**

⑴　その見舞金が心身又は資産に加えられた損害につき支払を受けるものであること

⑵　その見舞金の支給額が社会通念上相当であること

⑶　その見舞金が役務の対価たる性質を有していないこと

解説　新型コロナウイルス感染症に関する緊急事態宣言が解除されてから相当期間を経過して，見舞金の支給の決定がされたものについては，非課税所得とされる見舞金に該当しない場合があります。

関係法令等

所法9①十七，所令30三，所基通9－23，国税庁令和2年5月15日課個2－10「新型コロナウイルス感染症に関連して使用人等が使用者から支給を受ける見舞金の所得税の取扱いについて（法令解釈通達）」

Q98　心身又は資産に加えられた損害につき支払を受けるものとは

心身又は資産に加えられた損害につき支払を受けるものとは，具体的にどのようなものですか。

A　「心身又は資産に加えられた損害につき支払を受けるもの」とは，例えば次のような見舞金が含まれます。

⑴　使用人等又はこれらの親族が新型コロナウイルス感染症に感染したため支払を受けるもの

⑵　緊急事態宣言の下において事業の継続を求められる使用者の使用人等で次のイ及びロに該当する者が支払を受けるもの（当該緊急事態宣言がされた時から解除されるまでの間に業務に従事せざるを得なかったことに基因して支払を受けるものに限る。）

イ　多数の者との接触を余儀なくされる業務など新型コロナウイルス感染症に感染する可能性が高い業務に従事している者

ロ　緊急事態宣言がされる前と比較して，相当程度心身に負担がかかっていると認められる者

⑶　使用人等又はこれらの親族が新型コロナウイルス感染症に感染するなどしてその所有する資産を廃棄せざるを得なかった場合に支払を受けるもの

解説　上記(2)の事業の継続が求められる使用者に該当するかどうかの判定に当たっては，新型コロナウイルス感染症対策の基本的対処方針（令和２年３月28日新型コロナウイルス感染症対策本部決定）が参考となります。

関係法令等

所法９①十七，所令30三，所基通９－23，国税庁令和２年５月15日課個２－10「新型コロナウイルス感染症に関連して使用人等が使用者から支給を受ける見舞金の所得税の取扱いについて（法令解釈通達）」

Q99　社会通念上相当の見舞金とは

社会通念上相当の見舞金とは，具体的にどのようなものですか。

A

「社会通念上相当」であるかどうかについては，次に掲げる事項を勘案して判断することになります。

(1)　その見舞金の支給額が，使用人等ごとに新型コロナウイルス感染症に感染する可能性の程度や感染の事実（次問において「感染の可能性の程度等」といいます。）に応じた金額となっており，そのことが使用者の慶弔規程等において明らかにされているかどうか。

(2)　その見舞金の支給額が，上記(1)の慶弔規程等や過去の取扱いに照らして相当と認められるものであるかどうか。

解説　慶弔規定等が設けられ従業員等に明らかにされている場合は，一般的には社会通念上相当でないとの評価はされることはありません。

関係法令等

所法９①十七，所令30三，所基通９－23，国税庁令和２年５月15日課個２－10「新型コロナウイルス感染症に関連して使用人等が使用者から支給を受ける見舞金の所得税の取扱いについて（法令解釈通達）」

Q100　役務の対価たる性質を有していないものとは

役務の対価たる性質を有していないものとは，具体的にどのようなものですか。

A

例えば次のような見舞金は，「役務の対価たる性質を有していない」ものには該当しません。

⑴　本来受けるべき給与等の額を減額した上で，それに相当する額を支給するもの

⑵　感染の可能性の程度等にかかわらず使用人等に一律に支給するもの

⑶　感染の可能性の程度等が同じと認められる使用人等のうち特定の者にのみ支給するもの

⑷　支給額が通常の給与等の額の多寡に応じて決定されるもの

解説

見舞金の支給が賞与支給日に行われるような場合には，賞与の支給に代えて見舞金を支給したものと評価されかねないことから，賞与支給日に支給することとなった理由を明確にしておくことが重要です。

関係法令等

所法９①十七，所令30三，所基通９－23，国税庁令和２年５月15日課個２－10「新型コロナウイルス感染症に関連して使用人等が使用者から支給を受ける見舞金の所得税の取扱いについて（法令解釈通達）」

Q101 従業員に対して事業者から見舞金が支給された場合の取扱い

私は，老人介護施設を有する法人の代表者です。

当社では，社内規程である慶弔基準を改定し，「新型コロナウイルス感染症に対する緊急事態宣言下において介護サービスを実施する従業員については，5万円の見舞金を支給する。」こととし，近日，この基準に従って支給することとしました。

この見舞金は，非課税所得に該当し，給与等として源泉徴収することは不要ですか。

A

質問の慶弔基準に基づく見舞金は，非課税所得に該当し，給与等として源泉徴収する必要はないものと考えます。

解説

新型コロナウイルス感染症に関連して従業員等が事業者から支給を受ける見舞金が，次の3つの条件を満たす場合には，所得税法上，非課税所得に該当します（所法9条1項17号）。

① その見舞金が心身又は資産に加えられた損害につき支払を受けるものであること

② その見舞金の支給額が社会通念上相当であること

③ その見舞金が役務の対価たる性質を有していないこと

※ 緊急事態宣言が解除されてから相当期間を経過して支給の決定がされたものについては，そもそも「見舞金」とはいえない場合があります。

質問の慶弔基準に基づく見舞金は，上記条件①から③までを満たすものと考えられますので，非課税所得に該当し，給与等として源泉徴収する必要はないものと考えます。

関係法令等

所法9①十七，所令30三，所基通9－23，国税庁令和2年5月15日課個2

－10「新型コロナウイルス感染症に関連して使用人等が使用者から支給を受ける見舞金の所得税の取扱いについて（法令解釈通達）」，新型コロナウイルス感染症に関連する税務上の取扱い関係

Q102 賞与支給日に支給する見舞金

当社は，複数の店舗で生鮮食料品等の小売業を営む法人であり，緊急事態宣言下も休業することなく，営業を続けてきました。

レジ担当の従業員には，多くのお客様との接触が避けられない状況の中，新型コロナウイルス感染症の感染リスクといった不安を抱えながら，業務に従事していただきました。

このような中，当社では，緊急事態宣言が解除されたことを受け，緊急事態宣言中にお客様との接触が特に多かった業務に従事した者（パート従業員を含む。）に３万円の見舞金を支給することとし，全従業員に周知した上で，夏季賞与支給日に支給したいと考えています。

非課税の見舞金があると聞きましたが，当社の見舞金は，源泉徴収が必要でしょうか。

A

質問の見舞金は，非課税所得に該当し，源泉徴収は不要と考えます。

ただし，見舞金の支給日を夏季賞与支給日としており，質問の見舞金が賞与の支給に代えて支給されたものである場合には，給与等として源泉徴収が必要です。

解説

質問の場合，支給対象者は，緊急事態宣言中にお客様との接触が特に多かった業務に従事した者であり，一律に支給するものではなく，また，感染の可能性の程度等以外の基準により支給対象者を決めているものでもありません。

さらに，３万円の一律であり，支給額が通常の給与等の額の多寡に応じて

決定されているものでもありません。

なお，従来，一般的には賞与の支給対象者ではなかったパート従業員に対しても支給することとしていることからすれば，本来受けるべき賞与の額を減額した上で，それに相当する額を支給するものに該当しないと考えられます。

もっとも，見舞金の支給日が夏季賞与支給日とされており，見舞金の支給やその支給額が，夏季賞与に関する労使交渉や業績を踏まえ決定された賞与の支給に代えて支給されたものである場合には，非課税所得とはされず，給与等として源泉徴収が必要ですので，ご留意ください。

関係法令等

所法９①十七，所令30三，所基通９－23，国税庁令和２年５月15日課個２－10「新型コロナウイルス感染症に関連して使用人等が使用者から支給を受ける見舞金の所得税の取扱いについて（法令解釈通達）」，新型コロナウイルス感染症に関連する税務上の取扱い関係

Q103 防災グッズの支給費用

当社では，大規模な災害発生時に社員が安全に避難生活を送れるようにするため防災グッズをオフィスに備蓄していますが，この度，社員の安心安全を確保するとともに社員の防災意識を高める観点から，社宅入居者には社宅に備え付ける方法により，また，社宅入居者以外の社員には貸与する方法により防災グッズを配給することとしました。

防災グッズ一式は，購入価額１～２万円程度ですが，社員に対する給与として課税する必要がありますか。

A **防災グッズを支給した場合（その物品等の所有権が従業員に移転する場合）には，社員に対する現物給与として課税する必要がありますが，**

社員に貸与する場合には，課税する必要はないものと考えられます。

解説　企業の防災備蓄義務については，東京都帰宅困難者対策条例などで定められており，

・震災後，むやみに従業員を移動させない
・従業員が通信連絡できる代替手段を確保しておく
・備品として全従業員分の水・食料を備蓄する
・事業所内に留めておける各備蓄を用意する

といった内容です。

一方，社員の各家庭における防災グッズの備蓄については，企業側に義務として課されているものではありませんが，社員の安心安全を確保するなどの観点から，社員に対し防災グッズの支給をしている企業もあるようです。

この場合，企業が社員に対し防災グッズを支給した場合（その物品等の所有権が従業員に移転する場合）には，従業員に対する現物給与として課税する必要がありますが，企業が所有する防災グッズを社員に貸与する場合（社員が防災グッズを自由に処分できず，退職時には返却を要する場合）には，社員に対する給与として課税する必要はないものと考えられます。

すなわち，貸与を受けた防災グッズにつき，その利用による実際の利益が生ずるのは災害時であり，災害時における企業からの防災グッズの支給であれば相当の見舞金に該当し課税対象とならないものであると考えられることを踏まえると，その購入価額が１～２万円程度である防災グッズの無償貸与による利益についても，給与として課税する必要はないと考えられます。

関係法令等

所基通９－23

第3章

現物給与の源泉徴収

3-1. 現物給与

Q104 現物給与とは

現物給与は，源泉徴収が必要とのことですが，現物給与とはどのようなものですか。

A

給与等は金銭で支給されることが普通ですが，食事の現物支給や商品の値引販売などのように物や権利その他の経済的利益をもって支給されることがあります。

これらの経済的利益を一般に現物給与と呼んでいます。

解説

1 現物給与には，次に掲げるような利益が含まれます。

(1) 物品その他の資産の譲渡を無償又は低い対価で受けた場合におけるその資産のその時における価額又はその価額とその対価の額との差額に相当する利益

(2) 土地，家屋その他の資産（金銭を除く。）の貸与を無償又は低い対価で受けた場合における通常支払うべき対価の額又はその通常支払うべき対価の額と実際に支払う対価の額との差額に相当する利益

(3) 金銭の貸付け又は提供を無利息又は通常の利率よりも低い利率で受けた場合における通常の利率により計算した利息の額又はその通常の利率により計算した利息の額と実際に支払う利息の額との差額に相当する利益

(4) (2)及び(3)以外の用役の提供を無償又は低い対価で受けた場合におけるその用役について通常支払うべき対価の額又はその通常支払うべき対価の額と実際に支払う対価の額との差額に相当する利益

(5) 買掛金その他の債務の免除を受けた場合におけるその免除を受けた金額又は自己の債務を他人が負担した場合における当該負担した金額に相当する利益

2　現物給与も給与等に当たりますが，現物給与には，次のような性質があります。

① 職務の性質上欠くことのできないもので主として使用者側の業務遂行上の必要から支給されるもの

② 換金性に欠けるもの

③ その評価が困難なもの

④ 受給者側に物品などの選択の余地がないなど，金銭による給与等と異なる性質があること

⑤ 政策上特別の配慮を要するものなどもあること

そこで，特定の現物給与については，課税上金銭による給与等とは異なった特別の取扱いが定められています。

このような現物給与についての源泉徴収事務を適切に行うためには，現物給与に関する種々の取扱いなどの知識も必要です。

関係法令等

所法36，所基通36－15

Q105　コロナ感染で自宅待機となった者に支給する食料品等

当社では，コロナ感染または濃厚接触者となったため，外出ができなくなった職員に対し，食料品等を支給しましたが，給与課税は必要でしょうか。

A

給与として課税する必要があります。

ただし，慶弔見舞金規程等に基づき支給されるものである場合には，非課税とされる見舞金に該当するものと考えられます。

解説

1　基本となる考え方

使用人がその職務又は地位に基づいて使用者から受ける全ての給付は，給与所得を構成するとされており，その給付は金銭によるものはもちろんのこと，金銭以外の物又は権利その他経済的な利益も含むものとされています。

この点，使用者が福利厚生費として支出するものであっても，使用人が使用者から受ける給付は，給与所得を構成することになります。

2　非課税とされるもの

所得税法上，次に掲げる所得については，所得税を課さないこととされています（所法９①十七，所令30）。

心身又は資産に加えられた損害につき支払を受ける相当の見舞金（所令第94条《事業所得の収入金額とされる保険金等》の規定に該当するものその他役務の対価たる性質を有するものを除く。）その他これらに類するもの（これらのものの額のうちに損害を受けた者の各種所得の金額の計算上必要経費に算入される金額を補てんするための金額が含まれている場合には，当該金額を控除した金額に相当する部分）

この規定の法令解釈として，国税庁では，従来から，災害等の見舞金で，その金額がその受贈者の社会的地位，贈与者との関係等に照らし社会通念上相当と認められるものについては，課税しないとして取扱ってきています（所基通９－23）。

加えて，新型コロナウイルス感染症に関連して使用人等が使用者から支給を受ける見舞金について，非課税所得とされる見舞金に該当するものの範囲を明らかにするとの趣旨で，その見舞金が次に掲げる要件のいずれも満たすものは，これに該当するとする令和２年５月15日付の法令解釈通達が出されています。

⑴　心身又は資産に加えられた損害につき支払を受けるものであること
⑵　その支給額が社会通念上相当であること
⑶　役務の対価たる性質を有していないこと

㈾　緊急事態宣言が解除されてから相当期間を経過して支給の決定がされたものについては，非課税所得とされる見舞金に該当しない場合があることに留意する。

3　ご質問の場合

ご質問の内容では，コロナ感染や濃厚接触者となった経緯のほか，支給される食料品等の内容や支給期間などが明らかではなく，企業における慶弔見舞金規程等に基づき支給が認められる性格のものであるかどうか明らかではありませんが，一般的に，慶弔見舞金規程等に基づく傷病見舞，災害見舞として支給される食料品等である場合には非課税とされる見舞金に該当するものと考えます。

一方，慶弔見舞金規程等に基づき支給されるものでない場合には，その支給することなった経緯等の状況から個別具体的に検討する必要がありますが，上記1の考え方により，給与所得として課税する必要があるものと考えます。

関係法令等

所法9①十七，28，所令30，所基通9－23，国税庁令和2年5月15日課個2－10「新型コロナウイルス感染症に関連して使用人等が使用者から支給を受ける見舞金の所得税の取扱いについて（法令解釈通達)」

3-2. 学資金

Q106　従業員に貸与した奨学金の返済を免除した場合の経済的利益

当社は，住宅建築に係る構造設計等を主な業務としていますが，この度，従業員の高度な知識の習得を目的として，一級建築士等の当社が指定する資格の取得を希望する従業員（役員を除きます。）に対し，専門学校等の授業料等の資格取得に必要な費用に充てるための社内奨学金制度を設けることとしました。

本制度では，制度の利用を希望した従業員のうち当社が承認した者に対して，専門学校等に当社が授業料等を直接払い込むことにより奨学金（以下「本件奨学金」といいます。）を貸与することとしています。

本件奨学金は無利息で，貸与を受けた従業員は，資格取得後，一定期間当社で勤務することにより，その勤務期間に応じて全部又は一部の返済を免除されることになっており，免除を受けた従業員の給与が減額されることもありません。

この場合，奨学金の返済を免除された従業員が受ける経済的利益（以下「本件経済的利益」といいます。）は，学資に充てるため給付される金品（所法９条１項15号）に該当し，非課税として取扱ってよいでしょうか。

A　**本件経済的利益については，非課税として取扱って差し支えありません。**

解説　学資に充てるため給付される金品（以下「学資金」といいます。）については，給与その他対価の性質を有するものを除き，非課税とされています。

ここでいう学資金とは，一般に，学術又は技芸を習得するための資金として父兄その他の者から受けるもので，かつ，その目的に使用されるものをいうものとされ，学資金には，金品として給付される場合だけでなく，金銭を貸与し，その後に一定の条件によりその返済を免除する場合の経済的利益も含むものとされています。

また，「給与その他対価の性質を有するもの」については非課税とされる学資金から除かれますが，給与所得者がその使用者から受ける学資金であっても，その学資金が通常の給与に加算して給付されるものであって，法人の役員や使用人の親族等の一定の者の学資に充てるもの以外のものであれば，

「給与その他対価の性質を有するもの」に該当しないものとして，非課税とされています。

本件奨学金は，使用者が，専門学校等において資格を取得するために従業員が直接必要とする費用を専門学校等に直接払い込むことにより貸与するものですので，学術を習得するための資金であり，かつ，その目的に使用されるものであるといえ，その返済を免除したことによる本件経済的利益については，学資金に該当するものと考えられます。

そして本件経済的利益については，その利益を受けた従業員の給与が減額されることなどもないことから通常の給与に加算して給付されるものであると認められ，従業員のみを対象としていることから「給与その他対価の性質を有するもの」にも当たらないものと考えられます。

したがって，本件経済的利益は，「給与その他対価の性質を有するもの」に該当しない学資金に該当し，非課税として取扱って差し支えありません。

関係法令等

所法９①十五，所基通９－14

Q107 奨学金の返済に充てるための給付は「学資に充てるため給付される金品」に該当するか

Ａ県は，Ｂ財団から奨学金（以下「本件奨学金」といいます。）の貸与を受けている学生（以下「支援対象者」といいます。）を対象として，卒業後にＡ県内の企業に就職し，２年間勤務するなどの一定の要件を満たした場合に，本件奨学金の返済に充てるための支援金（以下「本件支援金」といいます。）を給付する制度を設けています。

この場合，支援対象者が給付を受ける本件支援金は，非課税所得である「学資に充てるため給付される金品」に該当しますか。

なお，本件支援金は，Ａ県がＢ財団に直接送金することとなっており，その金額は，50万円又は給付時における支援対象者の奨学金に係る債務残高のいずれか低い金額となります。

よって，本件奨学金は，支援対象者が修学する上で必要となる費用（授業料，教科書代及び通学費用等）の額の範囲内となるものです。

A

本件支援金は「学資に充てるため給付される金品」に該当するものとして取扱って差し支えありません。

解説

所法９条１項15号《非課税所得》は，学資に充てるため給付される金品は，給与その他対価の性質を有する一定のものを除き，非課税と規定しているところ，その貸与を受けた奨学金の返済に充てるための給付については，給付される金銭そのものがその奨学金の貸与者に支払われ，直接学資に充てられていないことから，その給付は原則として「学資に充てるため給付される金品」には該当しません。

しかしながら，奨学金の返済に充てるための給付は，その奨学金が学資に充てられており，かつ，その給付される金品がその奨学金の返済に充てられる限りにおいては，通常の給与に代えて給付されるなど給与課税を潜脱する目的で給付されるものを除き，これを非課税の学資金と取扱っても，課税の適正性，公平性を損なうものではないと考えられます。

質問の場合，本件奨学金は支援対象者が修学する上で必要となる費用の額の範囲内であり，かつ，本件支援金はＡ県からＢ財団に直接送金され，本件奨学金の債務残高を超える金額にはならないことから，本件支援金が現に本件奨学金の返済以外に流用されることはないものと認められ，本件支援金を「学資に充てるため給付される金品」に該当するものと取扱って差し支えありません。

関係法令等

所法９①15号

Q108 通信教育講座の受講制度

当社では全社員を対象に，自己啓発を促進する目的のため，会社が推奨する通信教育講座を受講できる次のような制度を実施しています。

1　当社であらかじめ選定した数10種類の講座の中から社員が自由に選択し，当社に受講申込書を提出します。

2　当社は受講手続をし，受講費用は全額給料日に本人から徴収します。

3　講座終了を確認した時点で受講費用の半額を会社が支給します。

この場合の会社負担額は，非課税となりますか。

A　**原則として給与所得に該当します。**

解説　所得税法上，学資に充てるため給付される金品は，給与その他対価の性質を有するものを除き非課税とされています。したがって，使用者が使用人のために負担する学資金は，雇用契約等に基づいて支給されるものであり，給与その他対価の性質を有するものと認められることから，原則として給与所得とされます。

しかし，次の費用を支給又は負担する場合には，非課税とされています。

①　使用者の業務遂行上の必要に基づき，その使用人等の職務に直接必要な技術若しくは知識を習得させ，又は免許若しくは資格を取得させるための研修会等の費用又は大学等における聴講費用

②　使用人に対して高等学校以下の修学費用として適正な額

質問の場合の制度は，自己啓発を目的としたものであり，使用者の業務遂行上の要請に基づくものではなく，使用人の職務に直接必要な技術・知識等を習得するためのものとは認められません。

また，自己啓発に対する費用の補助という面から，福利厚生費に該当するとの考えもありますが，質問の場合は，講座終了の者を対象に支給されるものであることから，福利厚生というより「報奨金」としての性格を有するも

のであり，非課税と取扱うのは適当でないと考えられます。

したがって，質問の制度に基づく支給は，本来社員が負担すべき受講料を補てんするために支給されたものと認められますので，給与所得として課税する必要があります。

関係法令等

所法９①十四，所基通９－15

Q109 英語学習に対する補助金の支給

当社は，欧米から楽器を輸入して，店舗やネットで販売している会社であり，当社では，従業員の語学レベルの底上げ及び実務で英語を使用する従業員の業務の質を高めることを目的として英語学習補助制度を導入し，各自からの申請に基づき各自が受講したレッスン料等の25%（年間最大50,000円）を当社が負担することとして，毎月の給料日に通常の給与に加算して支払う計画です。

この制度による補助金は，給与として課税が必要でしょうか。

また，課税となる場合，非課税扱いとなる制度の構築に向けたアドバイスがあれば，教えてください。

A

給与として課税の対象になります。

業務としての受講であれば，原則，課税を要しません。

解説

1　質問の補助金について

質問の英語学習補助制度は，導入目的を「従業員の語学レベルの底上げ，及び実務で英語を使用する従業員の業務の質を高めることを目的」とし，全従業員を対象とするもののようですが，本件通達の「職務に直接必要な技術若しくは知識」の要件を満たすのか問題となります。

すなわち，「実務で英語を使用する従業員」については，使用頻度の問題はあるものの，生産性・業務の質を高めることに繋がり，一応，上記要件を満たすものと考えられますが，上記以外の従業員については，「語学レベルの底上げ」という一般教養的な知識等の習得の範疇に含まれるものと思われます。

そして，質問の英語学習補助制度が，英語の習得が職務に直接必要な従業員だけではなく，それ以外の従業員も対象として運営することを前提としていることからすれば，本件通達の「使用者が自己の業務遂行上の必要に基づき」という要件を満たすものか疑問がなくはありませんので，当該制度に基づき，結果的に職務に直接必要な従業員に対して補助をした場合であっても，この制度に基づく補助については給与として課税対象になるものと考えます。

2　アドバイス

使用人の自己啓発のため，通信教育のメニュー等を使用者が提供し，使用人が任意で受講した通信教育費用を負担するようなケースについては，通常，本件通達の適用はなく，給与として課税対象となります。したがって，質問の英語学習に対して支給する金品につき，非課税扱いとなる制度を構築するためには，従業員の語学レベルの底上げの目的と，実務で英語を使用する従業員の業務の質を高めることの目的を，それぞれ別の制度として構築し，後者についてのみ非課税扱いとなるようにすることが考えられます。

例えば，各部署から，英語学習が職務に直接必要な者の推薦を受け，あるいは従業員本人からの申請を受けた上で，人事部等で，その者の職務に直接必要であることを確認して受講対象者を決定し，受講を指示することが考えられます。

使用者がレッスン料等を全額負担するほか，勤務時間を利用しての受講を認めること，また，検定受験の義務化など，受講についての強制性が高まれば，業務としての受講であること，すなわち「使用者が自己の業務遂行上の必要に基づき」との要件の充足性も高まります。

関係法令等

所法36，所基通36－29の２

Q110　採用内定者に支給する学資金

当社は，工作機器の製造を行っていますが，エンジニアを確保することが年々困難となってきています。

そこで，優秀な大学生を採用するために，採用が内定した段階から，月々５万円の学資金を支給することとしています。

この場合の学資金は，非課税とされる学資金として取扱ってよろしいでしょうか。

A

当該学資金は，雑所得として取扱われるため，源泉徴収の必要はありません。

解説

所得税法では，学資に充てるため給付される奨学金などの金品は非課税所得とされていますが，この非課税とされる学資金には，給与その他対価の性質を有するものは含まれていません。

この場合，「その他対価の性質を有するもの」には，将来の役務の提供を条件として支給されるものも含まれ，質問の場合，非課税とされる学資金には当たりません。

また，採用前であり，会社と大学生との間には雇用関係がないことから，その学資金は給与には当たらず源泉徴収の必要はありません。

なお，その学資金は雑所得となりますので，確定申告により所得税の精算をすることとなります。

関係法令等

所法９①十四，所基通９－14

Q111 コロナ禍で検定試験を辞退した社員への源泉徴収の要否

当社は，渉外社員に対して，ある資格の取得を勧めており，その資格の検定を団体扱いで申請し受検手数料を当社で負担する支援をしています。この支援額については，当該資格が無くても業務が可能であることから，現物給与と判断して源泉徴収をしています。

コロナ禍ではない平常時においては，検定を社員の自己都合で欠席した場合には，受検申請は取消不可で受検手数料の返金はないものであり，また，社員にとって受検の機会を得たことに他ならないとの理由から，受検をした場合と同様に経済的利益があるものとして，受検手数料相当額につき源泉徴収を行っていました。なお，会社都合により，欠席を命ずるケースについては，源泉徴収の対象外としてきました。

今般，緊急事態宣言の発令に伴い，会社として，対象地域における出張等の禁止措置をとったことから，検定試験の受験のための出張もこの措置の対象となりますが，この検定試験は宣言下においても原則実施予定であることから，対象地域の社員について一律禁止とするのではなく，希望者については受験をさせたいと考えています。

この場合，検定試験の受験辞退者について，給与として源泉徴収が必要でしょうか。

会社命令として対象地域の社員に対し一律に禁止をするのであれば源泉は不要であるものの，辞退を社員が選択できることから，緊急事態宣言という状況であっても従来と同様に，源泉徴収が必要との意見があります。

A

緊急事態宣言の発令下，その対象地域の社員から貴社に対し予め受検辞退の申し出があった場合（受験辞退の事前の申し出や受検自体がやむを得ない事情により行われなかった場合を含みます。）には，受験できるという利益は社員に収益として帰属しなかったとみるのが相当であり，給与の源泉徴収は要しないものと考えます。

解説

1　受検手続の流れ

団体によるインターネットを利用した受検手続の流れは，概ね次のとおりです（他に，書面による申請方法もあります。）。

① 受検団体担当者は，検定実施機関から取得した法人ID，受検申請者用パスワードを受験申請者に通知する。

② 受検申請者は，検定実施機関のホームページの受検申請画面から，必要事項を入力する。

③ 受検団体担当者は，受検実施機関のホームページから，受検申請の承認（取消）を行う。

④ 団体宛に受検手数料の請求書が送付され，期日までに受検手数料を支払う。

⑤ 検定試験の実施後，検定結果が受検団体にフィードバックされる。

2　受検の経済的利益

例えば，使用人個人が受検の申込みを行って，使用人個人に生じた受検手数料の支払債務につき，団体がその使用人に代わって支払ったことによりその使用人が受ける利益は，Q104の解説1(5)に掲げるものに該当し，その収入金額に算入する時期は，団体がその使用人に代わって支払った時と考えられます。

これに対し，受検の申込みが上記1の流れの場合には，団体が受検の申込みを行って受検手数料を支払ったことにより，その団体の使用人が受検の機会を無償で得ることができるという利益は，Q104の解説1(4)に掲げるものに該当し，その収入金額に算入する時期については，次のように考えられます。

すなわち，使用人は，団体が受検手数料を支払ったことにより受検の機会を取得するものの，それは何らかの確定した権利という性格のものではなく，検定試験の当日に受験という用益を受けることができるというものであることからすれば，その受験という用益を受けることができる日をもって収入金額に算入する時期とみるのが相当ではないかと考えられます。

3　質問の場合

貴社の受検の申し込みが上記１の流れの場合には，上記２記載のとおり，貴社の社員が受ける受検することができる経済的利益は，その受験日が収入すべき時期と考えられることから，緊急事態宣言の発令下，その対象地域の社員から貴社に対し予め受検辞退の申し出があった場合（受験辞退の事前の申し出や受検自体がやむを得ない事情により行われなかった場合を含みます。）には，受験できるという利益は社員に収益として帰属しなかったとみるのが相当であり，給与の源泉徴収は要しないものと考えます。

この点，例えば，緊急事態宣言の発令に伴い，貴社において，対象地域における受検は原則として禁止するものの，検定試験自体は宣言下においても実施予定とされている状況を踏まえ，例外として社員個人の選択により受検することも認めることとし，受験した社員についてのみ，受検手数料相当額につき給与として源泉徴収する旨を予め社員に周知の上実施することも考えられます。

なお，貴社の社員が受検の申し込みを行って貴社が社員個人に生じた受検手数料の支払債務を履行するような場合，すなわち社員に代わって支払うような場合には，貴社がその支払債務を負担した時点で社員に対する給与の収入すべき時期が到来し，かつ，その時点で経済的利益の供与，すなわち給与の支払が行われたものとして源泉徴収が必要になると考えられます。

関係法令等

所法36，所基通36－29の２

3-3. 制服等

Q112 背広の支給

背広など，私服としても着用できるものを制服として支給する場合，経済的利益の課税はどうなりますか。

A

所得税法上非課税とされる制服等には当たらないことから，給与等として源泉徴収をする必要があります。

解説

1 制服，事務服等の支給又は貸与を非課税としている基本的な考え方

制服等の支給は，給与所得者の職務の遂行上欠くことのできないものであると同時に，その給付は使用者自身の業務上の必要性に基づくものであって，給与所得者の勤務条件上も使用者が負担すべきものとされている場合が多く，その費用を支出すべき主体は，使用者とみることができます。

このように，制服等の支給による経済的利益は一種の反射的利益であって，給与所得者に特別な利益を与えるものではなく，また，給与所得者の役務提供に対する対価という性格が極めて希薄なものであることから，一定の制服の支給を非課税として取扱うこととしています。

2 非課税とされる制服等の範囲

「制服」とは，「ある集団に属する人（学生，警察官など）が着るように定められた服装」であるとされるところ，所得税法上非課税とすることを予定しているものは，このような意味での制服，すなわち，警察職員，消防職員，刑務職員，税関職員，自衛官，鉄道職員などのように組織上当然に制服の着用を義務付けられている一定の範囲の者に対し使用者が支給する制服に限定しているものと考えられます。

一方，所基通では非課税となる制服の範囲を若干緩めて，必ずしも職務上の着用義務がそれほど厳格とはいえない事務服，作業服等についても非課税として取扱うこととしていますが，この取扱いは，事務服等の支給又は貸与によって受ける経済的利益は，制服等の支給又は貸与の場合のそれと実質的に差異がないことから，課税上同様に取扱うという趣旨です。

したがって，その事務服，作業服等の支給が非課税とされるためには，それが，①専ら勤務する場所において通常の職務を行う上で着用するもので，私用には着用しない又は着用できないものであること，②事務服等の支給又は貸与が，その職場に属する者の全員又は一定の仕事に従事する者の全員を対象として行われるものであること，（更に厳格にいえば，それを着用する者がそれにより一見して特定の職員又は特定雇用主の従業員であることが判別できるものであること）が必要であると考えられます。

これらのことから，制服等として支給され，職務の遂行に当たり現に着用されているものであっても，これらの要件を満たさないものは，非課税とされる制服等には当たらないと考えられます。

関係法令等

所法９①六，所令21二，三，所基通９－８

Q113 社員に対する会社のシンボルマーク入りスカーフ等の支給

当社は，広告宣伝及びイメージアップの目的で新しいシンボルマークを作成しました。

この新しいシンボルマークを入れた３種類のスカーフとバッジを作成して社員に支給することとし，キャンペーン期間中（３月～４月）は，勤務場所でのこのスカーフとバッジの着用を義務付けました。

また，今後もシンボルマークが定着するまで何回かキャンペーンの実施を予定しています。

この場合，非課税とされる制服等に準じて取扱ってよろしいでしょうか。

A **非課税とされる制服等として取扱って差し支えありません。**

解説 質問の場合，勤務場所において会社の業務のために着用するものですから，非課税とされる制服等に準じて取扱って差し支えありません。

関係法令等

所法９①六，所令21二，三，所基通９－８

3-4. レクリエーション

Q114 オンライン飲み会（社内懇親会）の費用負担

当社では，テレワークが進む中，社員間のコミュニケーション不足を補う観点から社内懇親会をオンライン飲み会の形式で行う予定です。

具体的には，飲み会用飲食物のデリバリーサービスを提供する事業者から，飲み会に参加する社員の各自宅に，飲食物を直接届けてもらい，19時頃から90分程度WEB会議ツールを利用して行うこととしています。なお，飲み物に関しては，ビール，チューハイ，ソフトドリンクのプランの中から，社員各自に選択してもらい，350ml缶３本付の料理で，配送料込みで4,950円（税込み）のプランを予定しています。

このオンライン飲み会に要する費用は，このデリバリーサービス事業者への支払のみであり，その全額を当社が支払うこととしています。

この場合，当社が負担するオンライン飲み会の費用は，参加する社員に対する給与として課税する必要がありますか。

A　**不参加者に金銭を支給する場合や，役員だけを対象として実施する場合を除き，貴社が負担するオンラインによる懇親会の費用は，参加する社員に対する給与として課税する必要はありません。**

解説　使用者が役員又は使用人のレクリエーションのために社会通念上一般的に行われていると認められる会食，旅行，演芸会，運動会等の行事の費用を負担することにより，これらの行事に参加した役員又は使用人が受ける経済的利益については，使用者が，当該行事に参加しなかった役員又は使用人（使用者の業務の必要に基づき参加できなかった者を除く。）に対しその参加に代えて金銭を支給する場合又は役員だけを対象として当該行事の費用を負担する場合を除き，課税しなくて差し支えないこととされています（所基通36－30）。

質問の場合，オンライン飲み会の形式での社内懇親会が社会通念上一般的に行われていると認められる会食に当たるかどうかは必ずしも明らかではありませんが，社内懇親会自体は社会通念上一般的に行われていると認められます。

そして，社内懇親会の趣旨目的は，社員間のコミュニケーション確保などその親睦を図るものであることからすれば，オンライン方式による社内懇親会であったとしても，その趣旨目的が損なわれるものではないと考えられ，また，提供される飲食物についても，その社員懇親会の際に飲食される程度のものであることを前提とすれば，テレワークによる勤務環境の下，オンライン方式であることを理由として，社内懇親会の費用負担について課税対象とすべき積極的な理由は見当たりません。

したがって，不参加者に金銭を支給する場合や，役員だけを対象として実施する場合を除き，貴社が負担するオンラインによる懇親会の費用は，参加する社員に対する給与として課税する必要はありません。

関係法令等

所基通36−30

Q115 忘年会に代えて提供する食品

当社は，毎年年末に，全従業員が出席して忘年会を行っていましたが，本年は開催が難しいことから，忘年会に代えて，全従業員に対し新年用に食品を提供する予定です。一人当たりの費用は，例年の忘年会における従業員１人当たりの会社負担額と同程度ですが，この食品の提供により従業員が受ける経済的利益は，給与として課税する必要がありますか。

A

給与として課税の対象となると考えます。

解説

使用者が役員又は使用人のために社会通念上一般的に行われていると認められる会食，旅行，演芸会，運動会等のレクリエーション行事に要する費用を負担することにより，これらの行事に参加した役員又は使用人が受ける経済的利益については，自己都合でその行事に参加しなかった役員又は使用人に対し，その参加に代えて金銭を支給する場合や，役員だけを対象としてその行事の費用を負担する場合を除き，課税しなくて差し支えないこととされています。

質問の場合，会食等のレクリエーション行事に参加したことにより受ける経済的利益ではなく所基通36−30の取扱いの対象ではないことから，給与として課税の対象となると考えます。

関係法令等

所法28，所令36①，所基通36−30

Q116 社員慰安旅行を３年に1回実施する場合

当社では，社員慰安旅行について海外旅行を実施していますが，社員旅行の実施に当たっては，会社の営業を２～３日休まなければならないことから，会社の営業に支障を来さないよう，次のとおり社員を３グループに分割し，グループごとに３年に１度の割合で実施する予定ですが，課税されない経済的利益として取扱ってよろしいでしょうか。

①　社員を３グループに分割し，グループごとに３年に１度の割合で実施する。

②　１回の旅行の１人当たりの費用は10万円程度とする（全額会社負担）。

③　参加対象者のうち業務等の都合により参加できなかった者については，翌年の参加対象者とする（参加資格は，あくまでも３年に１回とする。）。

④　新入社員は，入社後３年目に最初の参加資格が与えられる。

⑤　現地での滞在日数は４泊５日以内。

A　**社員を３グループに分割しグループごとに３年に１度の割合で実施する企画を一つの社員慰安旅行とみて，参加割合を判定し，課税されない経済的利益として差し支えないものと考えます。**

解説　「所基通36－30《課税しない経済的利益……使用者が負担するレクリエーションの費用》の運用について」は，少額不追求の趣旨を踏まえた上で定められているものと解され，同通達に掲げる二つの要件（①旅行期間が４泊５日以内，②参加割合が50％以上）の要件を定めています。

この参加割合50％以上については，その企画全体で判断して差し支えないものと考えます。

したがって，質問の１年当たりでみれば，参加割合50％を満たさない場合であっても，海外慰安旅行の企画全体としてみればこの要件を満たす場合には，非課税扱いが認められない理由にはならないと考えます。

関係法令等

所法36，所基通36－30，昭63直法６－９（平５直法８－１改正）

Q117 部門ごとの負担額が異なる慰安旅行

当社では，社員慰安旅行の行先等を２つに分け各部門単位で選択させる方法により実施したいと考えていますが，この場合，慰安旅行の費用は課税する必要がありますか。

なお，参加しない者への現金の支給はしません。

（行先）	（日程）	（費用）
九州方面	３泊４日	100,000円
東北方面	２泊３日	50,000円

A

課税する必要はないと考えます。

解説

使用者が役員又は使用人のレクリエーションのための，社会通念上一般的に行われている旅行の費用を負担することにより，これらの行事に参加した役員又は使用人が受ける経済的利益については一定の要件を満たしている場合には，原則として課税しなくて差し支えないとされています。

質問の場合には，その行先等を九州方面と東北方面の２つに分けて各部門の選択に委ね実施していますが，内容的にみて，九州旅行や東北旅行は一般に行われているところの旅行であること，各部門単位で行われており特定の者のみに対して負担するものでないこと，また，金額的にも行先によって費用負担の額が異なることは好ましくありませんが，特に高額なものとは認められませんので，課税しなくて差し支えないと考えます。

関係法令等

所法36，所基通36－30，昭63直法６－９（平５課法８－１改正）

Q118　指定保養所の利用に対する一部補助

当社では，複数の温泉旅館と指定保養所契約を締結し，そこを利用した場合に一定額の補助をすることとし，利用者は会社が補助する金額を除いた料金を利用した温泉旅館に支払い，会社が補助する金額は，後日まとめて会社が温泉旅館に直接支払うこととしています。

この場合に，従業員が温泉旅館等を利用したことにより受ける経済的利益の額は，給与等に加算して源泉徴収をする必要がありますか。

A

会社等が設けた保養所や指定保養施設等を従業員が利用することにより受ける経済的利益は，著しく多額である場合を除き，課税しなくて差し支えないとされており，質問の，従業員が温泉旅館等を利用したことにより受ける経済的利益についても，その金額が著しく高額でない場合は，給与等に加算して源泉徴収をする必要はないと考えます。

解説

事業者が使用人等に対し自己の営む事業に属する用役を無償若しくは通常の対価の額に満たない対価で提供し，又は使用人等の福利厚生のための施設の運営費等を負担することにより，当該用役の提供を受け又は当該施設を利用した使用人等が受ける経済的利益については，その経済的利益の額が著しく多額であると認められる場合又は特定の者を対象として供与される場合を除き，課税しなくて差し支えないとされています。

ここでいう用役には，自己が経営する事業に属するサービスを提供したことによる経済的利益のほか，保養所，理髪室などの福利厚生施設を設け又は外部の旅館や理髪店などと契約してこれらの者に利用させることとしている場合については，その運営費等を負担したことにより，これらの施設の利用者が受ける経済的利益についても同様に取扱うものとしています。

質問の場合にも，福利厚生施設の運営費等を負担するものと同視し得る場合には，この取扱いの対象になるものと考えます（Q133参照）。

関係法令等

所法36，所基通36－29，36－30

3-5. 永年勤続記念品等

Q119 永年勤続記念旅行券の支給

当社では勤続20年に達した使用人に対し，一人当たり10万円の旅行券を支給しています。永年勤続者の表彰に当たり旅行に招待する場合には課税の対象とされないそうですが，旅行券を支給した場合も同様に取扱ってよいでしょうか。

A

実質的に金銭を支給したことと同様と認められない場合には，課税する必要はないと考えます。

解説

一般的に，旅行券は有効期限もなく，換金性もあり，実質的に金銭を支給したことと同様になりますので，原則として給与等として課税されます。

ただし，次の要件を満たしているなど，実質的に金銭を支給したことと同様と認められない場合には，課税する必要はないと考えます。

⑴　旅行の実施は，旅行券の支給後１年以内であること（Q120参照）。

⑵　旅行の範囲は，支給した旅行券の額からみて相当なもの（海外旅行を含みます。）であること。

⑶　旅行券の支給を受けた者が当該旅行券を使用して旅行を実施した場合には，所定の報告書に必要事項（旅行実施者の所属・氏名・旅行日・旅行先・旅行社等への支払額等）を記載し，これに旅行先等を確認できる資料を添付して貴社に提出すること。

⑷　旅行券の支給を受けた者が当該旅行券の支給後１年以内に旅行券の全部又は一部を使用しなかった場合には，当該使用しなかった旅行券は貴社に返還すること。

関係法令等

所法36，所基通36－21，昭60直法６－４

Q120 永年勤続表彰の旅行券の使用報告期間等を延長した場合

当社は，所定の期間，当社において勤務した者に対する永年勤続表彰に当たり，記念品として旅行券を支給しています（この旅行券を以下「本件旅行券」といいます。）。

これまで，当社は，本件旅行券の支給対象者（以下「表彰者」といいます。）が本件旅行券の支給から１年以内の期間に，本件旅行券を使用し当社へ報告した場合には，本件旅行券の支給により表彰者に生ずる経済的利益について課税を要しないものとして取扱ってきました（以下，この期間を「本件報告期間」といいます。）。

今般，当社は，新型コロナウイルス感染症の影響に鑑み，令和２年の表彰者のうち，本件報告期間中にその延長を申し出た表彰者（以下「本件延長申請者」といいます。）については，その期間を１年延長する措置（以下「本件延長措置」といいます。）を講じる予定です。

本件延長措置を講じた場合において，本件延長申請者に生ずる経済的利益について課税しなくても差し支えないか質問します。

なお，本件旅行券の額は，表彰者の勤続期間等に照らし，社会通念上相当なものであることを質問の前提とします。

A　**課税しなくて差し支えないものと考えます。**

解説　延長申請者に生ずる本件旅行券の経済的利益については，新型コロナウイルス感染症に係る緊急事態宣言に伴う外出自粛要請，海外における日本からの渡航者に対する入国制限措置及び入国後の行動制限措置などの影響を踏まえると，令和２年の表彰者が，本件報告期間中に本件旅行券を使用し，その報告をすることができるかどうかは不透明な状況にあり，このような状況においてその期間を延長しても本件旅行券の支給について儀礼的な性質が失われるものではないと考えられることからすれば，本件旅行券の支給後１年以内に旅行が実施されなかったとしても会社に本件旅行券の使用について報告をするのであれば，所基通36－21の趣旨に反するものではないため，課税しなくて差し支えないものと考えます。

なお，本件再延長措置を講じた場合についても，新型コロナウイルス感染症の状況等を踏まえて再延長した期間が妥当なものであれば，本件延長措置を講じた場合と同様に本件旅行券の経済的利益について課税しなくて差し支えないものと考えます。

関係法令等

所法36，所基通36－21

Q121　自由に選択できる永年勤続者表彰記念品

Ａ社では，永年勤続者表彰に当たり，表彰対象の従業員に一定金額の範囲内で自由に品物を選択させ，その希望の品物を購入の上，永年勤続者表彰記念品として支給しています。

この場合，その金額はそれほど多額ではないため，課税しないこととして差し支えありませんか。

A

記念品の金額の多少にかかわらず，その品物の価額を給与等として課税することとなります。

解説

永年勤続者の表彰のための記念品については，その支給が社会一般的に行われているものであり，また，その記念品は，通常，①市場への売却性，換金性がなく，②選択性も乏しく，③その金額も多額となるものでないこと等から，現金による手当とは異なり，強いて課税しないこととしています。

しかし，同様の趣旨から，現物に代えて支給する金銭については，たとえ永年勤続者に対するものであっても非課税と取扱うことはしないこととしています。

質問のように，記念品とする品物を自由に選択できるとすれば，それは使用者から支給された金銭でその品物を購入した場合と同様の効果をもたらすものと認められますから，非課税として取扱っている永年勤続者の記念品には該当しません。

関係法令等

所法36，所基通36－21

3-6. 創業記念品等

Q122 創業50周年を記念して従業員に支給した商品券

当社では，創業50周年を迎えたことから，本年12月に在籍する全従業員に対し，一律1万円分の商品券を支給することとしました。

この場合，従業員に支給した商品券については，どのように取扱われますか。

A

給与等として課税の対象になります。

解説

創業50周年等の区切りを記念して従業員に対し記念品等を支給することは，一般的に行われているものであり，この記念品等については，①その支給する記念品が社会通念上記念品としてふさわしいものであり，かつ，そのものの価額（処分見込価額により評価した価額）が1万円以下のものであること，②創業記念のように一定期間ごとに到来する記念に際し支給する記念品については，創業後相当な期間（おおむね5年以上の期間）ごとに支給するものであること，のいずれにも該当するものについては，強いて課税しなくて差し支えないとしています。

この取扱いを受けるのは記念品に係る経済的利益に限られるため，記念品に代えて支給する金銭については，給与等として課税の対象になります。

質問のように，会社の創業記念として商品券の支給が行われる場合，その支給を受けた各従業員は当該商品券と引き換えに，商品を自由に選択して入手することが可能となりますので，商品券の支給については金銭による支給と異ならないといえます。

したがって，質問の商品券の支給については，課税しない経済的利益には該当せず，給与等として課税の対象になります。

関係法令等

所法36，所基通36－22

Q123 創業記念として成績優秀者を対象に行う海外旅行

創立100周年記念行事の一環として営業成績が顕著な従業員を抽選で次のような海外旅行に招待することとしていますが，これにより従業員が受ける経済的利益はどのように取扱われますか。

1　対象者　20人

成績優秀者（約2,000人が該当）を対象として抽選を行い，これに当選した者

2　費用　約30万円（4泊5日の海外旅行）

㊟　旅行に招待する者を抽選という方法で決定することとしていますが，これは，従業員間の過当競争を防止するためです。

A　給与所得に該当します。

解説

旅行に招待する者の選定を抽選という方法で行うことからすると，その旅行に招待されるか否かは偶発的なものとも考えられますが，その旅行の抽選対象者である成績優秀者は所定の業績を挙げた者に限られており，その旅行に招待する者の抽選方法が偶発性を有しているとしても，これにより受ける経済的利益は勤務の対価としての性質を有しているものと認められ，給与所得に該当します。

関係法令等

所法28，36①②，所基通36－22

3-7. 商品等の値引販売

Q124 在庫一掃セールの際の従業員への値引額

当社は，決算期前１か月程度の期間，在庫一掃セールを実施し，客に対しては販売価格の20%引で，従業員に対しては40%引で商品の値引販売を行っています。

この場合，従業員に対する40%引後の販売価格は取得価額以上であることから，所基通36－23 (2)，(3)の要件を満たしている場合には，この値引販売によって従業員が受ける経済的利益はないものとして取扱って差し支えないですか。

A

課税しなくて差し支えありません。

解説

質問の場合，所基通36－23(2)，(3)の要件が満たされていることが前提となっているため，同通達の(1)の要件である従業員に対する値引販売価額が，使用者の取得価額以上であり，かつ，通常他に販売する価額に比し著しく低い価額（通常他に販売する価額のおおむね70%未満）でない場合には，値引販売による経済的利益は課税しなくて差し支えないこととなります。

そこで，事実関係を具体的に当てはめると，40%引後の販売価額は取得価額以上であり，在庫一掃セールにおいて客に対し20%引で販売する価額（通常他に販売する価額）に比し75%となり，著しく低い価額とは認められません。

〔計算例〕

通常他に販売する価額　1,000円

在庫一掃セール
①　顧　客(20%引)　　　800円
②　従業員(40%引)　　　600円

したがって，従業員には顧客に販売する価額の75%（600円 ÷ 800円）で販売していることになります。

関係法令等

所法36，所基通36－23

Q125　住宅の値引販売による経済的利益

A社では，自社で販売している建売住宅を社員が住宅用として購入する場合に，通常の販売価額の70%相当額で販売することを考えていますが，このような土地，建物等の不動産を値引販売したことによる経済的利益についても所基通36－23《課税しない経済的利益……商品，製品等の値引販売》の適用がありますか。

A

土地，建物等の不動産の値引販売による経済的利益については，所基通36－23の取扱いを適用することはできません。

解説

使用人等が使用者から受ける物又は権利その他経済的利益については，原則として給与所得（現物給与）に該当するものとして課税されますが（所法36条1項），一定の要件を満たす値引販売により使用人等が受ける経済的利益については，課税しないこととしています（所基通36－23）。

この取扱いは，一般的に行われている値引販売については，利益の額が少額であること，値引販売は一般の顧客に対しても行われる場合があること等を考慮して設けられているものです。

しかしながら，本件のような不動産の値引販売による経済的利益については，次の理由から所基通36－23を適用することはできません。

1　経済的利益の額が極めて多額で，少額不追及の趣旨に沿わないこと。

2　不動産は一般の消費者が自己の生活において通常消費するようなものでないこと。

関係法令等

所法36，所基通36－23

Q126 会員顧客と同条件で行う社員への住宅の値引販売

当社では次のような制度を設け，自社の建売住宅を社員に販売しています。

1　対象者は，役員を含む全社員とします。

2　販売時期は，販売強化期間の最終日から2か月を経過した日までとします。

3　購入資格は，一戸建住宅を有しない社員とします。

4　購入者の決定は，申込順とします。

5　販売価額は，販売強化期間中の売出し価額の90%相当額とします。

なお，販売強化期間中は，当社ホームページから氏名，住所及び生年月日を登録した会員顧客に対しても，売出し価額の90%相当額での販売を行っています。

この社員への値引販売について，給与として課税する必要がありますか。

A　**課税する必要はありません。**

解説　土地，建物等の不動産の値引販売による経済的利益については，次の理由から課税しない経済的利益の取扱いを適用することは相当でないと考えられます。

① 受ける経済的利益の額が著しく多額であり，福利厚生の範囲を超え，少額不追求の趣旨にそぐわないこと。

② 不動産は，消費者が自己の生活において一般的に消費するというものでないこと。

しかしながら，質問の場合，簡易な方法により登録した会員に対しても，販売強化期間中に同様の割引額で販売していることからすると，社員を対象とした割引額での販売は，販売強化期間の最終日から２か月を経過した日までとして延長されているとしても，経済的利益の供与があったとみることは相当でないと考えられます。

したがって，課税する必要はないと考えられます。

関係法令等

所法36，所基通36－23

3-8. 福利厚生施設の利用

Q127 人間ドックの費用負担

Ａ社では，社内規程を設け，役員及び使用人の健康管理の目的で，全員について春秋２回定期的に健康診断を実施しているほか，成人病の予防のため，年齢35歳以上の希望者の全てについて２日間の人間ドックによる検診を実施しています。この検診は，会社と契約した特定の専門医療機関においてベッド数が確保できる範囲内で順次実施し，その検診料を会社で負担することとしていますが，この人間ドックによる検診を受けた人に対して，会社が負担した検診料相当額を給与等として課税すべきですか。

A　**給与等として課税する必要はありません。**

解説　役員や特定の地位にある人だけを対象としてその費用を負担するような場合には課税の問題が生じますが，役員又は使用人の健康管理の必要から，雇用主に対し，一般的に実施されている人間ドック程度の健康診断の実施が義務付けられていることなどから，一定年齢以上の希望者は全て検診を受けることができ，かつ，検診を受けた者の全てを対象としてその費用を負担する場合には，給与等として課税する必要はありません。

関係法令等

所法36，所基通36－29

Q128 ワクチンの職域接種により接種を受けた場合

当社は，新型コロナウイルス感染症に係るワクチンの職域接種を実施する予定です。職域接種の実施にあたっては，ワクチン接種事業の実施主体である市町村から委託を受け，接種１回当たり2,070円（税抜き）を基本として市町村から委託料を受領することとなりますが，接種会場の使用料，接種会場の設営費用（備品のリース費用を含みます。），当社の診療所の産業医以外の医師・看護師等の派遣を受けるための費用など，接種会場の準備のために要する費用（以下「会場準備費用」といいます。）が生じます。

また，職域接種の対象者は，①当社の事業所において勤務する当社の役員，従業員及びこれらの者と同居する親族でワクチン接種を希望する者（以下「従業員等」といいます。）並びに②関連会社の従業員等のほか，③当社の取引先の従業員等及び④接種会場の近隣住民で希望する者とする予定です。
この場合，当社が会場準備費用を負担したことにより，ワクチン接種を受けた者に所得税の課税は生じますか。

A **貴社が負担した職域接種の会場準備費用に関して，貴社の役員及び従業員に対する給与として課税する必要はなく，また，これらの者以外の被接種者についても，所得税の課税対象とはなりません。**

解説 新型コロナワクチンの接種については，予防接種法の規定に基づき市町村（特別区を含みます。以下同じです。）において実施するものとされており，被接種者が接種に要する費用を負担することはなく，被接種者において税負担が生ずることもありません。

職域接種は，この市町村において実施するワクチン接種事業について，①市町村から委託を受けた企業等が実施する形態（企業内診療所において実施）又は②市町村から委託を受けた外部の医療機関に企業等が依頼することにより実施する形態（外部の医療機関が企業等に出張して実施するなど）とされています。

いずれの場合であっても，職域接種が，予防接種法の規定に基づき市町村において実施するものとされている接種であることに変わりはなく，市町村単位で行われている接種と同様，被接種者が負担すべき費用はありませんので，被接種者においてワクチン接種に係る税負担が生ずることはありません。

関係法令等

国税庁令和２年３月「国税における新型コロナウイルス感染症拡大防止への対応と申告や納税などの当面の税務上の取扱いに関するFAQ」（令和３年７月２日更新）

Q129 社員に対する ワクチン職域接種会場までの交通費の負担

当社は，新型コロナウイルス感染症に係るワクチンの職域接種を東京都内の施設を利用して実施するため，当社の役員及び従業員で接種を受ける者に対しては，勤務先又は自宅から接種会場までの交通費を支給する予定です。この場合，この交通費は非課税となりますでしょうか。

A　**旅費として非課税に該当します。**

解説　貴社の役員及び従業員の接種会場までの交通費については，職務命令に基づき出張する場合の「旅費」と同等と考えられますので，接種会場への交通費として相当な額であれば非課税に該当します。

関係法令等

所法９①四

Q130 デジタルワクチン接種証明書の取得費用の負担

当社は，新型コロナウイルス感染症に係るワクチンの職域接種の実施を予定していますが，その実施を外部委託業者に委託する予定です。その業務委託内容の一つに，接種を受けた者のうち希望する者に対して有料で，デジタルワクチン接種証明書の交付を受けることができることとされています。

当社では，今後，海外出張などの際に接種証明書が必要となることから，役員及び従業員についてデジタルワクチン接種証明書の交付を受けることとし，その費用を当社が負担することとしています。

このデジタルワクチン接種証明書の取得費用を負担した場合，その取得費用は役員及び従業員に対する給与に該当するでしょうか。

A

業務遂行上必要な場合には，取得費用の負担は給与に該当しません。

解説

使用者から役員又は従業員に交際費，接待費等として支給される金品であっても，使用者の業務のために使用すべきものとして支給されるもので，そのために使用したことの事績の明らかなものについては，課税しないこととされています（所基通28－4）。

したがって，貴社の役員及び従業員がデジタルワクチン接種証明書を受けることが，貴社の業務遂行上必要であると認められる場合には，その費用は貴社の業務遂行上必要な費用であって，その取得費用の負担により役員及び従業員が受ける経済的利益は，反射的利益というべきものであることから，役員及び従業員に対する給与として課税する必要はありません。

関係法令等

所法28，所基通28－4

Q131　社員同居家族に対するワクチン接種会場までの交通費の負担

当社の新型コロナウイルス対策としては，社員にご自身及び同居家族の体調管理をしてもらい，万一体調不良である場合には速やかに会社に報告してもらい，必要に応じてPCR検査を受けさせるなど社員家族を含めた感染予防措置を徹底しているところです。

このような中，社員及びその同居家族が新型コロナウイルスに感染した場合の影響を鑑み，新型コロナワクチンの接種費用と職域接種会場までの交通費について，社員だけではなくその同居家族についても，会社負担とする予定です。

実施方法は，社員（子会社に出向中の者を含む。）及びその同居家族を対象として，経済団体が実施する職域接種に，社員は就業時間を利用して参加するものであり，当社は，一人当たり４千円（会場費，医師，及び看護師の費用で，25人毎に10万円であるとのこと）のほか，勤務先又は自宅から接種会場までの交通費を支給する予定です。

この場合，当社が負担する社員同居家族の交通費については，同居家族から感染するケースが比較的多いほか，同居家族の感染が判明した場合には従業員も濃厚接触者として２週間の自宅待機が必要となることからすれば，同居家族の新型コロナ対策も使用者の業務遂行上必要なものであって，給与課税の対象外としてもよろしいでしょうか。

A **質問の内容を前提とする限り，給与として課税する必要はないものと考えます。**

解説 役員又は使用人に対する人間ドックの費用負担について課税しない趣旨には，使用者に対しては，使用人等の健康管理の必要から，一般的に実施されている人間ドック程度の健康診断の実施が義務付けられていることなどから，使用人等が受ける経済的利益は使用者がその義務を履行したことによる反射的利益といえることがあります。

この点，所基通36－29の２《課税しない経済的利益……使用人等に対し技術の習得等をさせるために支給する金品》の取扱いでも，使用者の業務遂行上の必要に基づき使用人等の職務に直接必要なものとして受ける経済的利益につき反射的利益の性質が強いことを考慮しているものといえ，また，同様に36－30《課税しない経済的利益……使用者が負担するレクリエーションの費用》の取扱いでも，その行事の実施は使用者の必要に基づくものであって，必ずしも参加者の希望どおりとはいえない面を考慮したものと考えられます。

これらの通達の趣旨からは，使用者の業務遂行上の必要性に基づき，使用人等が受ける経済的利益は，反射的利益という性質を有しており，他の経済的利益と同様に課税するというのは適当ではないとの考え方があるものと思われます。

以上を踏まえた場合，次のことからすれば，給与として課税する必要はないものと考えます。

①　同居家族から感染するケースが比較的多く，また，同居家族の感染が判明した場合には社員も濃厚接触者として２週間の自宅待機が必要となる状況を踏まえ，使用者としてこれらの状況を極力回避するため同居家族の新型コロナワクチン接種を進めることは，使用者の業務遂行上必要なものと考えられ，交通費を含むワクチン接種による経済的利益は，上記各通達にみられる反射的利益は課税しないとする趣旨に合致するものであること

②　一般的に，会社からの強制性が高まれば，業務関連性が高まるところ，ワクチン接種を受けるか否かは，同居家族の任意であり，強制できる性質のものではなく，社員との同居を理由とするワクチン接種について，その同居家族が本人の意思で接種したことにより受ける経済的利益が社員に帰属するとみることには疑問があること，すなわち，この経済的利益は同居家族本人に帰属するものと考えられ，給与には当たらないと考えられること

関係法令等

所法28，35

Q132　従業員家族に対するインフルエンザワクチン接種の会社負担

当社は例年，季節性インフルエンザの予防接種につき，従業員（役員）が希望する場合，保険の補助金額との差額分について会社負担としていま

す。

今年度は，新型コロナと季節性インフルエンザが冬季に同時流行する懸念があり，発熱等があると病名の判定まで短くとも数日間出社させることができません。

このような中，従業員及び同居家族が冬季の主な発熱要因の一つであるインフルエンザで発熱しないような環境を整備することが業績確保の上で重大な課題となっております。

ついては，今年度は特別に従業員だけではなくその同居家族について，季節性インフルエンザの予防接種費用を会社負担としたいと考えております。

なお，当社の新型コロナ対策としては，従業員に本人及び同居家族の体調管理をしてもらい，万一体調不良である場合は速やかに会社に報告させ，必要に応じてPCR検査を受けさせるなどの従業員家族を含めた感染予防措置を徹底しているところです。また，会社全体としても，出社率50%を目標として，テレワークを活用した感染予防対策に注力しているところです。

新型コロナに感染した場合の影響を鑑み，同居家族が発熱しても家族の病名が判明するまで従業員に待機を命じる措置を講じている本年における当社の対応状況からすれば，本年度における家族の健康維持は使用者の業務の遂行上必要なものであって，会社業務の範囲内と考えられ，かつ，その費用負担は保険との差額で概ね一人一回高くても２千円程度であることから，給与課税の対象外としてもよろしいでしょうか。

なお，実施方法は，本人及び同居家族を含め，本社診療所で複数回実施する季節性インフルエンザの集団予防接種を無料とするほか，社外の医療機関等で予防接種を受ける場合には，本人及び同居家族に対し，健康保険組合や自治体等の補助金額を超える部分の費用について，補助を行うものとします。

A　**質問の内容を前提とする限り，給与として課税する必要はないものと考えます。**

解説　役員又は従業員に対する人間ドックの費用負担について課税しない趣旨には，使用者に対しては，役員又は従業員の健康管理の必要から，一般的に実施されている人間ドック程度の健康診断の実施が義務付けられていることなどから，従業員が受ける経済的利益は使用者がその義務を履行したことによる反射的利益といえることがあります。

この点，所基通36－29の２《課税しない経済的利益……使用人等に対し技術の習得等をさせるために支給する金品》の取扱いでも，使用者の業務遂行上の必要に基づき従業員等の職務に直接必要なものとして受ける経済的利益につき反射的利益の性質が強いことを考慮しているものといえ，また，同様に36－30《課税しない経済的利益……使用者が負担するレクリエーションの費用》の取扱いでも，その行事の実施は使用者の必要に基づくものであって，必ずしも参加者の希望に合致するものとはいえない面を考慮したものと考えられます。

これらの通達の趣旨からは，使用者の業務遂行上の必要性に基づき，役員又は従業員が受ける経済的利益は，反射的利益という性質を有しており，他の経済的利益と同様に課税するというのは適当ではないとの考え方があるものと思われます。

質問の場合，同居家族のインフルエンザワクチンの予防接種は使用者の業務遂行上必要なものと考えられ，質問の内容を前提とする限り，予防接種を受けるか否かについて役員又は従業員あるいは同居家族に任意性があるとしても，上記各通達にみられる反射的利益は課税しないとする趣旨からすれば，また，同居を理由とする予防接種にその同居家族が協力したことにより受ける経済的利益が，一概に役員又は従業員に帰属する給与といえるかにつき疑問もなくはないことからすれば，役員又は従業員の給与として課税する必要はないものと考えます。

関係法令等

所法36，所基通36－29

Q133　夏季休暇中に利用した旅館代の補助

当社では，従業員に7，8月中に夏季特別休暇を４日間与え，その期間中に旅館を利用した者に対して利用代金を補助しています。この補助金について課税を要するかご教示下さい。

補助の概略は次のとおりです。

1　補助対象者……全従業員及びその家族

2　補助金額………本人及び家族１名ごとに5,000円。ただし，小学校未満の幼児は半額（2,500円）

3　精算方法………従業員等が利用した施設の領収証に補助金申込書を添付して請求します。

A　**給与所得として課税を要します。**

解説　質問の場合には，従業員が任意に利用した旅館代の一部補助であり，給与の支給があったものと認められます。

ただし，会社が特定の旅館等と利用契約をし，従業員に割引料金で利用させ，正規料金との差額を会社が直接旅館等に支払うこととした場合に受ける経済的利益については課税を要しません（Q118参照）。

関係法令等

所法36，所基通36－29

Q134　社外の理髪店を利用するための理髪券の支給

当社では，社員の福利厚生の一環として，外部の理髪店と契約して割引理髪券（通常料金4,000円，割引料金3,000円）を社員に月１枚の割合で支給して利用させています。

なお，利用済の理髪券については１枚につき1,000円を当社から理髪店に支払うこととしていますが，この場合の理髪券の費用負担額については給与として源泉徴収すべきか。

A　**課税する必要はありません。**

解説　使用者が外部の理髪店などと契約して割引料金で役員又は使用人に利用させることにより，その役員等が受ける経済的利益については，所基通36－29に定める福利厚生のための施設の運営費等の負担に準じて取扱って差し支えありません。

関係法令等

所法36，所基通36－29

Q135　会社が運営する保育所を利用することによる経済的利益

当社は，乳幼児をもつ社員に対する福利厚生の一環として，社内に保育所を設けて利用させています。対象は３歳未満の乳幼児であることとし，社員はミルク代，おむつ代等の実費のみを負担することとしています。この場合，社員が受ける経済的利益については課税すべきですか。

A　**課税する必要はありません。**

解説　使用者が役員又は使用人の福利厚生の一環として施設の運営等を負担することにより，当該施設を利用した役員又は使用人が受ける経済的利益については，当該経済的利益の額が著しく多額であると認められる場合又は役員のみを対象として供与される場合を除き課税しなくて差し支えないこととされています。

質問の場合も，役員のみを対象とするものでなく，社員の受ける経済的利益の額も多額とは認められないことから，課税する必要はないと考えます。

関係法令等

所法36，所基通36－29

Q136 カフェテリアプランによる医療費等の補助を受けた場合

Ａ社のカフェテリアプランのメニューには，健康サポートとして，神経症，精神病，アルコール中毒等の早期発見，再発防止などに係る費用の補助や，医師の診断に基づく健康増進施設・運動療養施設の利用費用を実費の範囲内（年間50,000円が限度）で補助するものがありますが，この健康サポートを利用することにより従業員が受ける経済的利益の課税関係はどのようになりますか。

A　健康サポートのメニューが，従業員の健康管理の必要から一般に実施されている健康診断である場合には，課税する必要はないと考えます。

また，健康サポートのメニューに係る費用が，所得税法73条《医療費控除》に規定する「医療費」に該当する場合には，課税する必要はないと考えます。

解説　雇用主に対しては，役員又は従業員の健康管理の必要から，一般的に実施されている人間ドック程度の健康診断の実施が義務付けられていることなどから，健康サポートのメニューが従業員等の健康管理の必要から一般に実施されている健康診断である場合には，課税する必要はないと考えます。

また，健康サポートのメニューに係る費用が所得税法73条に規定する「医療費」に該当する場合には，当該費用に係る経済的利益については，傷病に基因することが明らかであり，また，実費の範囲内かつ年間50,000円が限度とされていることから，所令30条３号《非課税とされる保険金，損害賠償金等》に規定する「見舞金」に類するものとして，課税する必要はないと考えます。ただし，この場合の補助は医療費を補塡するものですから，医療費控除の金額の計算上，支払った医療費の金額からこの補助により補塡される部分の金額を除く必要があります。

関係法令等

所法９①十七，36，73，所令30，所基通36－29

3-9. 保険料負担

Q137 新たな役員賠償責任保険の保険料の取扱い

新たな会社役員賠償責任保険ができ，この保険では普通保険約款等に株主代表訴訟敗訴時担保部分を免責する旨の条項を設けないとのことですが，会社がこの保険の保険料を負担する場合には，どうなりますか。

A　(1)　会社が会社法上適法に負担した場合には，役員に対する経済的利益の供与はないと考えられることから，役員個人に対する給与課

税を行う必要はありません。

⑵　上記⑴以外の会社役員賠償責任保険の保険料を会社が負担した場合には，従前の取扱いのとおり，役員に対する経済的利益の供与があったと考えられることから，役員個人に対する給与課税を行う必要があります。

解説　コーポレート・ガバナンス・システムの在り方に関する研究会（経済産業省の研究会）が取りまとめた報告書「コーポレート・ガバナンスの実践～企業価値向上に向けたインセンティブと改革～」（平成27年７月24日公表）においては，会社が利益相反の問題を解消するための次の手続を行えば，会社が株主代表訴訟敗訴時担保部分に係る保険料を会社法上適法に負担することができるとの解釈が示されました（当該報告書の別紙３「法的論点に関する解釈指針」11～12頁参照)。

１　取締役会の承認

２　社外取締役が過半数の構成員である任意の委員会の同意又は社外取締役全員の同意の取得

これを受け，会社役員賠償責任保険の保険料の税務上の取扱いについては，以下のとおりに取扱われるものとの考え方が国税庁から示されています。

１　新たな会社役員賠償責任保険の保険料を会社が上記の手続きを行うことにより会社法上適法に負担した場合には，役員に対する経済的利益の供与はないと考えられることから，役員個人に対する給与課税を行う必要はありません。

２　上記１以外の会社役員賠償責任保険の保険料を会社が負担した場合には，従前の取扱いのとおり，役員に対する経済的利益の供与があったと考えられることから，役員個人に対する給与課税を行う必要があります。

関係法令等

所法36，所基通36－33

Q138 社員の自家用車出張に際し損害保険料を負担した場合

当社は，社員所有の自家用車を会社用務に使用させることとし，故意又は重過失が認められない事故発生による自動車損害保険の保険料の増額分を負担することとしました。

この場合，当社が負担する保険料相当額は給与等として課税する必要がありますか。

A **会社が負担する保険料相当額については，給与等として課税する必要はありません。**

解説

使用者が使用人の行為に基因する損害賠償金を負担した場合，当該使用者及び使用人双方に故意又は重過失がない限り，使用者の業務に係る所得の計算上必要経費に算入することができるとともに使用人に係る経済的利益はないものとして取扱われています（所基通36－33，45－6）。

質問の場合，本来ならば，法人が支出すべき損害賠償金を使用人の自動車損害保険の保険金で手当てさせることを予定していることから，当該保険金支払の原資である保険料はそもそも法人が負担すべきものであったと考えることができ，自家用車で出張中の社員が事故を起こし自動車損害保険を使用した場合に増加した保険料相当分を法人が負担するのは相当な理由があると認められます。

したがって，会社が負担する保険料相当額については，給与等として課税する必要はないと考えられます。

関係法令等

所法36，所基通36－33，45－6

3-10. ストックオプション

Q139 ストックオプション契約の内容を税制非適格から税制適格に変更した場合

Ａ社のストックオプション契約には，１年間の権利行使価額の上限を1,200万円とするなど措法29条の２第１項《特定の取締役等が受ける新株予約権等の行使による株式の取得に係る経済的利益の非課税等》の要件（以下「税制適格要件」といいます。）を満たす契約と，２年間の権利行使価額の上限がない契約（以下「税制非適格ストックオプション契約」といいます。）があり，付与対象者とされた取締役等がいずれかを選択できるようになっています。

取締役Ｂは，税制非適格ストックオプション契約を締結していましたが，権利行使前にその契約内容を，年間の権利行使価額の上限を1,200万円とするなど税制適格要件を満たすように変更する契約を締結し，その変更後の契約に従った権利行使によりＡ社株式を取得しました。この場合，措法29条の２の規定は適用されますか。

A

措法29条の２の規定は適用されませんので，株式の取得による経済的利益を非課税とすることはできません。

解説

措法29条の２第１項は，「特定新株予約権等」をその契約に従って行使することにより，その特定新株予約権等に係る株式の取得をした場合には，その株式の取得に係る経済的利益については，所得税を課さないこととしています。

この「特定新株予約権等」とは，付与決議に基づき株式会社と取締役等との間に締結された契約により与えられた新株予約権等で，その新株予約権等に係る契約において措法29条の２第１項各号に掲げる一定の要件が定められているものをいいますので，新株予約権等を与えられた当初の付与契約において，一定の要件を定められていなければならないと解されます。

したがって，新株予約権等を与えられた当初の付与契約が税制適格要件を満たさないものについては，権利行使前に契約内容を変更して税制適格要件を満たすものにしたとしても，措法29条の２の規定を適用して，株式の取得による経済的利益を非課税とすることはできません。

関係法令等

措法29条の２

3-11. 報償金等

Q140　職務発明の使用者原始帰属制度による「相当の利益」

当社は，平成27年の特許法の改正（平成28年４月１日施行）において設けられた職務発明に係る特許を受ける権利を使用者に原始的に帰属させる制度（以下「使用者原始帰属制度」といいます。）を導入することとし，当社の職務発明規程等を改定した上で，職務発明を行った従業員等に対し，次の(1)から(5)までの区分に該当したときに，それぞれの区分に掲げる補償金（以下「本件各補償金」といいます。）を支給することとしました。

(1)　当社が特許を受ける権利を原始取得し，これを特許出願したとき…出願補償金

(2)　特許出願(1)に係る特許権の設定の登録がされたとき…登録補償金

(3)　登録された特許(2)を当社が実施したとき…実績補償金

(4)　登録された特許(2)を当社が他者に実施許諾したとき…実績補償金

(5)　特許を受ける権利(1)又は登録された特許(2)を他者に譲渡したとき…譲

渡補償金

本件各補償金について，源泉徴収は必要ですか。

A

居住者が「相当の利益」として支払を受ける補償金については，源泉徴収をする必要はありません。

解説

本件各補償金は，会社の職務発明規程等に基づいて職務発明をした従業員等に対して支給するものであり，特許法35条３項（職務発明）に規定するいわゆる使用者原始帰属制度における同条４項に規定する「相当の利益」として支給するものとなります。

したがって，本件各補償金に係る税務上の取扱いは以下のとおりとなるものと考えられることから，源泉徴収をする必要はないと考えられます。

(1) 所得区分

現行の所基通23から35共－１（使用人等の発明等に係る報償金等）においては，使用人が発明等により支払を受ける報償金等について，特許を受ける権利の承継の際に一時に支払を受けるものは譲渡所得，特許を受ける権利を承継させた後において支払を受けるものは雑所得として取扱う旨を定めているところです。

しかしながら，本件各補償金は，従業員等から会社へ特許を受ける権利を移転させることにより生ずるものでないことから，譲渡所得には該当しません。また，本件各補償金は，発明者である従業員等が会社から支払を受けるものですが，使用人としての地位に基づいて支払を受けるものではなく，特許法の規定により「発明者」としての地位に基づいて支払を受けるものであり，当該従業員等が退職した場合や死亡した場合でも当該従業員等やその相続人へ継続して支払われることから，給与所得にも該当しません。更には，本件各補償金は，あらかじめ定めた会社の職務発明規程等に基づき，特許法35条４項に規定する「相当の利益」として支払を受けるものであり，会社に職務発明に係る特許を受ける権利を原始的に取得させることによって生ずるものであることから，臨時・偶発的な所得である一時所得にも該当しません。

そうすると，本件各補償金は，利子所得，配当所得，不動産所得，事業所得，給与所得，退職所得，山林所得，譲渡所得及び一時所得のいずれにも該当しないことから，雑所得に該当すると考えられます（所法35条）。

(2)　源泉徴収の要否等

本件各補償金が工業所有権等の使用料として源泉徴収の対象となる報酬・料金等に当たるとも考えられますが，本件各補償金は，発明者である従業員等が特許権を有しない状態のもとで，特許法35条４項に規定する「相当の利益を受ける権利」に基づき支払を受ける金銭であり，使用料とはいえませんので，所法204条１項１号（源泉徴収義務）に掲げる報酬・料金等に該当せず，本件各補償金の支払に際して，源泉徴収をする必要はないと考えられます。

なお，使用人である発明者が特許権者となって使用者等に専用実施権を設定している場合のその対価の支払は，使用人の有する権利を使用することによるものですから，所法204条１項１号に規定する工業所有権等の使用料に該当します。

関係法令等

特許法35，所法35，204，所基通23から35共－1

3-12. 転籍助成金

Q141 転籍者に転籍後に支給する自己啓発講座の助成金

当社では，当社都合により社員を子会社に転籍させることがあります。その際，転籍して関係することとなった職種に関連する自己啓発講座の受講を本人が希望した場合，その費用を当社で負担することとしています。

負担金は，受講終了後に資格取得等を確認して現金支給するため，転籍後の支払となりますが，源泉徴収は必要ですか。

A

源泉徴収の必要はありません。

解説

従業員が転籍した場合，転籍前の法人との雇用関係は消滅することから，質問の助成金は，雇用関係終了後に贈与されるものであり，給与較差補てん金のように現在の勤務の対価の一部とは認められないこと，また，過去の勤務に基づき支給される年金でもないことから，一時所得に該当するものと解されます。

さらに，会社都合による転籍は，①配置換や転勤等の業務命令と同様であると認められること，②本来，当該助成金は転籍後の勤務先で支給すべきものであり，その場合は非課税扱いとなること，③貴社が負担金として転籍後の勤務先に支払い，転籍後の勤務先が転籍者に支払えば同様に非課税となることを踏まえれば，課税を要しないと考えられます。

したがって，源泉徴収の必要はないものと考えられます。

関係法令等

所基通９－15，35－７

Q142　定年前退職者等に支給する転進助成金

退職後，新たに再就職又は自営しようとする社員に対する助成策として転進助成金制度（以下「本制度」といいます。）を導入し，社員が転進後（退職後）の職業に役立つ資格，技能を習得するために受講又は受験した社外講座，試験に要した費用について，30万円を限度として転進助成金を支給することとしたいのですが，その転進助成金に対する課税上の取扱いはどのようになりますか。

㈲　本制度は中高年層の定年前退職を促進する目的のため創設されたものです。

A

質問の転進助成金は，給与所得又は雑所得に該当することとなります。

したがって，給与所得に該当する場合には，源泉徴収が必要です。

解説

退職前（雇用関係継続中）に支給が確定するものは，雇用関係に基づいて受ける給付ですから，給与所得に該当します。

退職後（雇用関係終了後）に支給が確定するものは，退職に基因して支払われるものではなく，また，本制度の対象となる講座や試験に該当しなければ助成は受けられない（転進後の就職に役立つことを目的として一定の受講等に要した費用を支弁するものです。）ことから，給与所得，退職所得及び一時所得のいずれにも該当しないので，雑所得に該当することとなります。

なお，この転進助成金は，使用者の業務遂行上の必要に基づき，使用人としての職務に直接必要な資格，技術の習得を目的としたものではないため，非課税とはなりません。

関係法令等

所法28，30，34，35，36，所基通36－29の2

第4章

年末調整

4-1. 年末調整の対象給与

Q143 翌月支給の場合の年末調整の対象となる給与

当社の給与規程では，毎月1日から末日までの勤務実績を基に，翌月10日に給与を支給することになっています。したがって，12月中の勤務実績に基づく給与は翌年の1月10日に支給することになります。このような場合，年末調整の対象となる給与の総額には，翌年1月10日に支給する金額を含めますか。

A

本年の年末調整の対象とはなりません。

解説

年末調整は，本年中に支払の確定した給与，すなわち給与の支払を受ける人からみれば収入の確定した給与の総額について行います。この場合の収入の確定する日（収入の確定時点，Q15参照）は，契約又は慣習により支給日が定められている給与についてはその支給日，支給日が定められていない給与についてはその支給を受けた日をいいます。

質問の場合，給与規程により支給日が定められていますので，翌年1月10日に支給する給与は，同日が収入の確定する日となり，本年の年末調整の対象とはなりません。

関係法令等

所法36，所基通36－9

Q144　支払の確定した給与とは

年末調整は，本年中に支払の確定した給与，すなわち給与の支払を受ける人からみれば収入の確定した給与の総額について行うとのことですが，この支払の確定した給与とは，具体的にどのようなことですか。

A

一般の給与については，支給日が定められているものはその支給日，定められていないものは実際にその支給を受けた日に支払が確定したとして扱いますので，支払の確定した給与とは，これらの日の到来している給与となります。

解説

一般の給与の場合，支払うことが確定する時期については，収入の確定時点とされる次の取扱いで判断することになります。

(1)　契約又は慣習その他株主総会の決議等により支給日が定められているものは，その支給日

(2)　支給日が定められていないものは，実際にその支給を受けた日

したがって，支払の確定した給与とは，これらの日の到来している給与となります。

関係法令等

所法36，所基通36－9

Q145　休業手当の課税の要否

当社は，新型コロナウイルス感染症の影響を受け，従業員を休業させ，その従業員に休業手当を支給していました。この手当については，給与に含めて年末調整をする必要がありますか。

A　**年末調整の対象となる給与の総額に含めて計算する必要があります。**

解説　給与の支払を受ける人は，その勤務先から通常支給される給料や賞与以外にも，労働基準法に規定されている各種の手当等の支給を受ける場合があります。

このうち，例えば労働基準法76条の規定に基づく「休業補償」（労働者が業務上の負傷等により休業した場合に支給されるもの）は所得税法の規定により非課税とされていますが，質問の「休業手当」については，そのような非課税規定はないため，その支給の際に所得税の源泉徴収を行う必要がありますし，年末調整の対象となる給与の総額に含めて計算する必要があります。

㈱　新型コロナウイルス感染症等の影響に対応するための雇用保険法の臨時特例等に関する法律（令和２年法律54号）の規定に基づいて，勤務先から休業手当を受け取っていない雇用保険法の被保険者に対して国から直接給付される新型コロナウイルス感染症対応休業支援金（この支援金に準じて被保険者でない労働者に支給される特別の給付金を含みます。）については，同法７条の規定により租税は課されませんので，年末調整の対象となる給与の総額に含めて計算する必要はありません。

関係法令等

労働基準法76

Q146　非居住者となった者がその年内に帰国し居住者となった場合

本年７月にＡ国の現地法人に出向しＡ国に２年間の予定で勤務することとなった従業員に対し，その出国時に年末調整を行いましたが，その後突発事由が発生したことによりＡ国での工事ができなくなったため出向を取りやめ，10月に帰国（出向元に復帰）した従業員がいます。この者に支払う給与の年末調整はどの方法によって行うことになりますか。

1　居住者であった期間（1～7月，10～12月）に支払う給与を合計して年末調整を行う。

2　10月～12月に支払う給与を対象にして年末調整を行う。

3　10月～12月に支払う給与は年末調整の対象としない。

A　**1の方法によります。**

解説　年末調整は「その年中に支払うべきことが確定した給与等」を対象として行うこととされており（所法190条），年の中途において非居住者期間があった者についても，その者の居住者期間内に支払うべき給与を合計して年末調整を行います。

また，その年12月31日に居住者である者でその年において非居住者であった期間を有するものに対する所得税は，居住者であった期間内に生じた所得を基礎として計算することとされており（所法102条），年末調整の場合もこれと同様の方法により税額を計算します。

関係法令等

所法102，190

4-2. 年末調整の要否

Q147 10月末に退職する者の年末調整

当社の営業課長Aは，本年10月31日に定年退職する予定になっていますが，就職先が決まっていないことから，当分の間，雇用保険の失業等給付を受ける予定です。

Aの再就職が決まっていないことから，当社としては，Aの在職中の給与について年末調整を行いたいと思いますが，差し支えありませんか。

A

年の中途で退職した人については，一定の場合を除き，年末調整の対象とはなりません。

解説

年の中途で退職した人のうち年末調整の対象となるのは，①死亡により退職した人，②著しい心身障害のために退職した人で，その退職の時期から本年中に再就職が不可能と認められ，かつ，退職後本年中に給与の支払を受けないこととなっている人，③12月に支給期の到来する給与の支払を受けた後に退職した人，④いわゆるパートタイマーとして働いている人などが退職した場合で，本年中に支払を受ける給与の総額が103万円以下である人（退職後本年中に他の勤務先等から給与の支払を受けると見込まれる人を除きます。）です。

Aさんについては，上記①から④までのいずれにも該当しませんので，Aさんの在職中の給与について年末調整を行うことはできません。

㈱ 失業等給付は非課税とされています。

関係法令等

所法190

4-3. 扶養親族等の所得金額

Q148 学生に大学等から支給された助成金

私は，都内の大学に通う学生ですが，新型コロナウイルス感染症の影響による学生支援策として，大学から次の助成金等を受領しました。

これらの助成金等は，所得税の課税対象となりますか。

① 学費を賄うために支給された支援金
② 生活費を賄うために支給された支援金
③ 感染症に感染した学生に対する見舞金（5万円）
④ 遠隔授業を受けるために供与された機械（パソコン等）

A

生活費を賄うための支援金や使途が特定されていない支援金を除き，課税の対象とはなりません。

解説

それぞれ次のとおりとなります。

① 学費を賄うために支給された支援金

非課税所得となる「学資金」に該当しますので，所得税の課税対象になりません。ただし，その支援金の使途が特に限定されていないと認められる場合には，下記②と同様の取扱いになります。

② 生活費を賄うために支給された支援金

一時所得として収入金額に計上していただく必要があります。

ただし，その年の他の一時所得とされる金額との合計額が50万円を超えない限り，所得税の課税対象にはなりません。

③ 感染症に感染した学生に対する見舞金（5万円）

非課税所得となる「心身又は資産に加えられた損害について支給を受ける相当の見舞金」に該当しますので，所得税の課税対象になりません。

④　遠隔授業を受けるために供与された機械（パソコン等）

非課税所得となる「学資金」（所法９条１項15号）に該当しますので，所得税の課税対象になりません。

関係法令等

所法９①十五，十七

Q149　遺族年金がある場合の扶養親族の判定

従業員Ａから質問があったのですが，Ａが扶養している母親の収入の内訳が，パート収入70万円，遺族年金80万円である場合，扶養親族の判定上，この遺族年金はどのように取扱われますか。

非課税所得である遺族年金は含めないところで扶養親族の判定をします。

解説

扶養親族や控除対象配偶者などに該当するかどうかを判定する場合の合計所得金額には，所得税法やその他の法令の規定によって非課税とされる所得は含まれないことになっています。

したがって，非課税所得である遺族年金を含めないところで扶養親族の判定をすることになりますから，Ａさんの母親の場合はパート収入の70万円だけを基に判定することとなり，給与所得控除額55万円を控除した後の合計所得金額は15万円となりますので，扶養親族に該当することになります。

（参考）

次の法律に基づいて遺族の方に支給される遺族年金や遺族恩給は，所得税も相続税も課税されません。

国民年金法，厚生年金保険法，恩給法，旧船員保険法，国家公務員共済組合法，地方公務員等共済組合法，私立学校教職員共済法，旧農林漁業団体職員共済組合法

関係法令等

国民年金法等

Q150 介護休業を取得した従業員に保険会社から支払われる所得補償保険金

当社は，使用者（会社等）を契約者，その従業員を被保険者及び保険金受取人として，従業員が障害又は疾病により業務に従事できなくなった場合に，その期間の給与の補塡として保険金を支払う「団体長期障害所得補償保険」（以下「本件主契約」といいます。）を販売しています。

この度，本件主契約の被保険者である従業員が，使用者の就業規則等において定める介護休業を取得したことにより損害（所得喪失）を被った場合に，その補塡として，当社から従業員に対して毎月一定額の保険金を直接支払う特約（以下「本件特約」といいます。）を販売することとしました。

この場合，本件特約に基づいて支払われる保険金（以下「本件保険金」といいます。）に係る課税上の取扱いはどのようになりますか。

A

本件保険金は非課税となる保険金には該当せず，被保険者である従業員の雑所得となります。

解説

損害保険契約等に基づく保険金で，「身体の障害に基因して支払いを受けるもの」は非課税とされています。

本件特約において，本件保険金は，従業員が使用者（会社等）の就業規則

等において定める介護休業を取得したことにより損害（所得喪失）を被った場合に支払われるものとされているため，「身体の障害に基因して支払いを受けるもの」には該当しません。

したがって，本件保険金は，非課税所得とされる保険金（所法９条１項17号）に該当せず，従業員の雑所得（所法35条）になります。

関係法令等

所法９①十七，35，所令30

Q151 地方公共団体が要介護者と同居する家族へ支給する手当金

Ａ市では，条例に基づき，介護保険法の要介護２以上の認定を受けている在宅の第１号被保険者（以下「在宅要介護者」といいます。）を介護している同居家族（以下「家族介護者」といいます。）に対して，「家族介護者支援手当」を支給することとしていますが，所得税法上，どのように取扱われますか。

なお，この家族介護者支援手当は，介護保険法上，非課税とされる市町村特別給付には該当しません。

[制度の概要]

⑴　支給要件

在宅要介護者が，６か月以上介護保険を利用していないこと

⑵　支給額

介護保険給付の受給者１人当たりのＡ市負担額をベースに算出され，在宅要介護者１名につき月額5,000円から10,000円

⑶　支給期間

決定された支給開始月から，受給資格が消滅した日の属する月まで支給する

A　**家族介護者支援手当については，非課税所得として取扱います。**

解説　葬祭料，香典又は災害等の見舞金で，その金額が受贈者の社会的地位，贈与者との関係等に照らし社会通念上相当と認められるものについては，課税しないものとして取扱っています（所基通９－23）。

要介護の状態とは，身体上又は精神上の障害があるために，入浴，排せつ，食事等の日常生活における基本的な動作の全部又は一部について，相当期間にわたり継続して，常時介護を要すると見込まれる状態をいうものとされており（介護保険法７条１項），家族介護者支援手当は，このような障害を有する者の家族に対して行われる金銭給付と考えられます。

家族介護者支援手当には見舞金的性格が認められ，また，家族介護者支援手当は，介護保険給付の受給者１人当たりのＡ市負担額をベースに算出されていますので，Ａ市と家族介護者との関係において不相当に高額なものでなく，社会通念上相当と考えられます。

これらのことからすれば，家族介護者支援手当については非課税所得として取扱って差し支えありません。

関係法令等

所法９①十七，所令30，所基通９－23

4-4．扶養親族等の範囲

Q152 配偶者の子に係る扶養控除

再婚した妻には前夫との間の子ども（16歳）がいます。再婚後，その子どもと一緒に生活しますが，私（夫）の扶養控除の対象になりますか。

なお，その子どもとの養子縁組はしていません。

A

養子縁組をしていない場合であっても，配偶者の子は１親等の姻族に該当し，生計を一にするなど一定の要件を満たす場合には，扶養控除の対象となる控除対象扶養親族に該当します。

解説

居住者の親族は，その居住者と生計を一にするなど一定の要件を満たす場合には，扶養親族に該当し，扶養親族のうち，年齢16歳以上の者については扶養控除の対象となる控除対象扶養親族に該当します（所法２条１項34号，34号の２，84条）。

ここでいう「親族」とは，民法の規定に従い，６親等内の血族及び３親等内の姻族をいい（民法725条），「姻族」とは，配偶者の血族及び自己の血族の配偶者をいいますので，配偶者の子は，１親等の姻族に該当することとなります。

なお，養子縁組をした場合には，血族間におけるのと同一の親族関係が生じますので（民法727条），１親等の血族に該当することとなります。

関係法令等

所法２①三十四，三十四の二，84，民法725，727

Q153 死亡した配偶者の父母に係る扶養控除

老人扶養親族が配偶者の直系尊属で，かつ，納税者と同居している場合には，扶養控除額が10万円加算されますが（措法41条の16第１項），この「配偶者の直系尊属」には死亡した配偶者の父母も含まれますか。

死亡した配偶者の直系尊属も「配偶者の直系尊属」に含まれます。

解説　配偶者の死亡により婚姻関係は解消されますが，その配偶者の父母との姻族関係が直ちに否定されるわけではなく，生存している配偶者が婚姻関係を終了させる意思表示をしない限り死亡した配偶者の直系尊属も「配偶者の直系尊属」に含まれます。

関係法令等

措法41の16①，民法728②

Q154 生計を一にするかどうかの判定（養育費の負担）

離婚後，元妻が引き取った子（16歳）の養育費を元夫が負担しているときは，その元夫と子は「生計を一にしている」と解して，元夫の扶養控除の対象として差し支えありませんか。

A　**離婚に伴う養育費の支払が，①扶養義務の履行として，②「成人に達するまで」など一定の年齢に限って行われるものである場合には，その支払われている期間については，原則として「生計を一にしている」ものとして扶養控除の対象として差し支えありません。**

解説　「生計を一にする」とは，必ずしも同一の家屋に起居していることをいうものではなく，勤務，修学，療養等の都合上他の親族と日常の起居を共にしていない親族がいる場合であっても，これらの親族間において，常に生活費，学資金，療養費等の送金が行われている場合には，これらの親族は生計を一にするものとして取扱っているところです。

したがって，元夫と子が「生計を一にしている」とみることができるかどうかは，離婚に伴う養育費の支払が「常に生活費等の送金が行われている場合」に当たるか否かによることとなりますが，次のような場合には，扶養控除の対象として差し支えないものと考えられます。

① 扶養義務の履行として支払われる場合
② 子が成人に達するまでなど一定の年齢等に限って支払われる場合

なお，離婚に伴う養育費の支払が①及び②のような状況にある場合において，それが一時金として支払われる場合であっても，子を受益者とする信託契約（契約の解除については元夫及び元妻の両方の同意を必要とするものに限ります。）により養育費に相当する給付金が継続的に給付されているときには，その給付されている各年について「常に生活費等の送金が行われている場合」に当たると解して扶養控除の対象として差し支えないものと考えられます。

ただし，信託収益は子の所得となり，信託収益を含めて子の所得金額の判定，及び現に同居する一方の親の扶養控除の対象にしていないかの判定（確認）を，毎年12月31日の現況で行う必要があります。

㈱1 慰謝料又は財産分与の総額が養育費の支払を含むものとして決められており，その支払が継続的に行われている場合であっても，結果的に上記①及び②の要件を満たす養育費の額が明らかに区分できない場合には，このように解することは困難です。

2 子が元夫の控除対象扶養親族に該当するとともに元妻の控除対象扶養親族にも該当することになる場合には，扶養控除は元夫又は元妻のうちいずれか一方についてだけしか認められません。

関係法令等

所法２①三十四，三十四の二，所基通２－47

Q155 別居している親族の扶養控除

当社の従業員Aは，国内で離れて暮らす両親を控除対象扶養親族として「給与所得者の扶養控除等申告書」に記載しています。別居している親族を控除対象扶養親族としてもよいのでしょうか。

A　**所得者本人と生計を一にしている場合には，別居している親族であっても所得者本人の扶養控除の対象とすることは可能です。**

解説　別居している親族であっても所得者本人の扶養控除の対象とすることは可能です。

ただし，その場合，別居している親族に対して常に生活費，療養費等の送金が行われているなど，所得者本人と生計を一にしている必要があります。

㈲　扶養控除の計算を正しく行うため，銀行振込や現金書留により送金している事実を振込票や書留の写しなどの提示を受けて確認することをお勧めします。

なお，国外に居住する親族について扶養控除等の適用を受けるためには，当該親族に関する「親族関係書類」及び「送金関係書類」が必要となります。

関係法令等

所法２①三十四

Q156　控除対象扶養親族の差替え時期

Ａ，Ｂの夫婦はその子Ｃ，Ｄについて，夫Ａは確定申告によりＣを控除対象扶養親族として申告しました。また，妻Ｂは確定申告を要しない給与所得者であり，Ｄを控除対象扶養親族とする扶養控除等申告書を提出して年末調整を行いました。

その後Ｂは，Ｄを控除対象扶養親族から除外するための確定申告書を提出し，ＡがＤを控除対象扶養親族に含める更正の請求書を提出しました。

夫が確定申告書を提出した後のこのような控除対象扶養親族の差替えは，認められますか。

A　**夫が確定申告書を提出した後においては，妻の控除対象扶養親族になっていた者について差替えすることはできません。**

解説　控除対象扶養親族の差替えは，居住者が提出する申告書等に異なった記載をすることにより認められますが，これは夫婦が同時に，それぞれが先に提出した申告書等に異なる記載をすることをいうと解されます。また，ここでいう申告書等は所令218条１項《二以上の居住者がある場合の同一生計配偶者の所属》に規定する申告書等に限られるため，既に確定申告書を提出している夫は異なった記載のある申告書等を提出する機会を失っているものと考えられます。

関係法令等

所令218①，219，所基通85－2

Q157　「同居」の範囲（長期間入院している場合）

同居老親等の「同居」については，病気の治療のため入院していることにより所得者等と別居している場合であっても，同居に該当すると聞きましたが，１年以上といった長期入院の場合にも同居に該当しますか。

A　**同居に該当します。**

解説　病気の治療のための入院である限り，その期間が結果として１年以上といった長期にわたるような場合であっても，同居に該当するものとして取扱って差し支えありません。

ただし，老人ホームなどへ入所している場合には，その老人ホームが居所となり，同居しているとはいえません。

関係法令等

措法41条の16

Q158 同居老親等が老人ホームへ入所した場合

私と同居していた母（80歳）が，本年10月に老人ホームに入所しました。

私は，これまで，私の母を同居老親等として扶養控除の適用を受けていましたが，このような場合，引き続き適用を受けることができますか。

なお，母の生活費は，毎月母の所へ届けています。

A

同居老親等には該当せず，老人扶養親族として扶養控除の適用を受けることになります。

解説

同居老親等とは，老人扶養親族のうち，所得者又はその配偶者の直系尊属で，所得者等のいずれかとの同居を常況としている人をいいます。

この場合，所得者等と同居を常況としている老親等が，病気などの治療のため入院していることにより仮に別居している場合には，同居老親等に該当することとなりますが，その老親等が老人ホームや養護施設等に入所している場合には，仮に別居しているというよりは生活の場所をそこへ移したと考えられることから，同居老親等には該当しません。

したがって，この事例の場合，本年から，お母さんを同居老親等としてではなく，老人扶養親族として扶養控除の適用を受けることとなります。

関係法令等

所法2，措置法41の14

4-5. 国外居住親族

Q159 国外居住親族に係る扶養控除等の適用を受けるための手続

国外に居住する親族について，扶養控除等の適用を受けるための手続の概要を教えてください。

A **国外に居住する配偶者やその他の親族など非居住者に該当する親族（以下「国外居住親族」といいます。）について扶養控除等の適用を受ける居住者は，給与等の支払者に「給与所得者の扶養控除等（異動）申告書」などの申告書を提出する際に，その国外居住親族に係る「親族関係書類」や「送金関係書類」を提出又は提示する必要があります。**

解説

給与等及び公的年金等について，国外居住親族に係る扶養控除等の適用を受ける居住者は，給与等又は公的年金等の支払者に「給与所得者の扶養控除等（異動）申告書」などの申告書を提出する際に，その国外居住親族に係る「親族関係書類」や「送金関係書類」を提出又は提示する必要があります。

なお，給与所得者の扶養控除等（異動）申告書を提出する際に，非居住者である配偶者について，「親族関係書類」を給与等の支払者に提出又は提示した場合には，給与所得者の配偶者控除等申告書の提出の際に，「親族関係書類」を給与等の支払者に提出又は提示する必要はありません。

関係法令等

所法185，190，194

Q160 扶養控除等申告書の年末調整時の再提出

年末調整の際，扶養控除等の適用を受けようとする国外居住親族がいる場合，当初提出された扶養控除等申告書の記載内容に異動がない場合でも，扶養控除等申告書を再度提出してもらう必要がありますか。

A

扶養控除等申告書の「生計を一にする事実」欄には，居住者がその年において国外居住親族に送金等をした額の総額を記載することとされていますが，これは年末調整の際に記載するものです。

このため，年末調整の際には，居住者から，「生計を一にする事実」欄の記載がされた扶養控除等申告書の提出を受ける必要があります。

解説

扶養控除等申告書の「生計を一にする事実」欄には，居住者がその年において国外居住親族に送金等をした額の総額を記載することとされていますが，これは年末調整の際に記載するため，当初提出された申告書にはこの記載がされていません。

このため，扶養控除等申告書の記載内容に異動がない場合であっても，年末調整の際には，居住者から，次のいずれかの方法により「生計を一にする事実」欄の記載がされた扶養控除等申告書の提出を受ける必要があります。

① 当初提出された扶養控除等申告書をその居住者に返却して，国外居住親族への送金等の総額を追記して再度提出していただく方法

② 国外居住親族への送金等の総額を記載した扶養控除等申告書を別途提出していただく方法

㈱ 年末調整の際，障害者控除を受けようとする国外居住親族（源泉控除対象者に該当せず，同一生計配偶者に該当する者に限ります。）がいる場合，当初提出された扶養控除等申告書の記載内容に異動がない場合であっても，年末調整の際には，居住者から，上記いずれかの方法により，「生計を一にする事実」を記載した扶養控除等申告書の提出を受ける必要があります。

※ 障害者控除を受けようとする国外居住親族（源泉控除対象者に該当せず，

同一生計配偶者に該当する者に限ります。）がいる場合，居住者は，当初提出する扶養控除申告書の「左記の内容」欄に，障害の状態や障害の程度（障害の等級）などの障害者に該当する事実に加え，国外居住親族の氏名，住所又は居所，生年月日，所得の見積額などを記載する必要があります。また，その居住者は，年末調整の際に，上記①又は②のいずれかの方法により，扶養控除等申告書に国外居住親族への送金等の総額を記載する必要があります。

関係法令等

所法190，194

Q161 親族関係書類とは

「親族関係書類」には，どのような書類が該当しますか。

A

「親族関係書類」とは，国外居住親族が居住者の親族であることを証する戸籍の附票の写しなどをいいます。

解説

「親族関係書類」とは，次の①又は②のいずれかの書類で，国外居住親族が居住者の親族であることを証するものをいいます（その書類が外国語で作成されている場合には，その翻訳文を含みます。）。

① 戸籍の附票の写しその他の国又は地方公共団体が発行した書類及び国外居住親族の旅券（パスポート）の写し

② 外国政府又は外国の地方公共団体が発行した書類（国外居住親族の氏名，生年月日及び住所又は居所の記載があるものに限ります。

関係法令等

所法185，190，194

Q162 送金関係書類とは

「送金関係書類」には，どのような書類が該当しますか。

A

「送金関係書類」とは，居住者がその年において国外居住親族の生活費又は教育費に充てるための支払を必要の都度，各人に行ったことを明らかにする一定のものをいいます。

解説

「送金関係書類」とは，次の書類で，居住者がその年において国外居住親族の生活費又は教育費に充てるための支払を必要の都度，各人に行ったことを明らかにするものをいいます（その書類が外国語で作成されている場合には，その翻訳文を含みます。）。

①　金融機関㈱の書類又はその写しで，その金融機関が行う為替取引により居住者から国外居住親族に支払をしたことを明らかにする書類

②　いわゆるクレジットカード発行会社の書類又はその写しで，国外居住親族がそのクレジットカード発行会社が交付したカードを提示等してその国外居住親族が商品等を購入したこと等により，その商品等の購入等の代金に相当する額の金銭をその居住者から受領し，又は受領することとなることを明らかにする書類

㈱　金融機関には，資金決済に関する法律2条3項に規定する資金移動業者も含まれます。

関係法令等

所法185，190，194

Q163 親族関係書類や送金関係書類についてのQ&A

親族関係書類や送金関係書類について，さらに詳しく知りたい場合はど

うすればいいですか。

A　国税庁ホームページに「国外居住親族に係る扶養控除等Q&A（源泉所得税関係）」が掲載されています。

解説　次のようなQ&Aが掲載されています。

（共通）

Q4　「親族関係書類」や「送金関係書類」は，原本の提出又は提示が必要ですか。

Q5　国外居住親族の対象となる親族の範囲を教えてください。

Q6　年末調整の際，扶養控除等の適用を受けようとする国外居住親族がいる場合，当初提出された扶養控除等申告書の記載内容に異動がない場合でも，扶養控除等申告書を再度提出してもらう必要がありますか。

Q7　「親族関係書類」や「送金関係書類」が外国語で作成されている場合，翻訳文を添付してもらう必要があるのですか。

Q8　非居住者である親族が16歳未満の場合であっても，「親族関係書類」や「送金関係書類」を提出又は提示してもらう必要がありますか。

Q9　扶養親族が留学する場合，留学期間が短い場合でも国外居住親族に該当しますか。

Q10　給与等又は公的年金等の支払者に提出された「親族関係書類」や「送金関係書類」について，保存義務はありますか。

（親族関係書類）

Q11　「親族関係書類」について，書類の提出日より１年以上前に発行されたものでも有効な書類として認められますか。

Q12　例えば，外国の公的機関が発行した運転免許証などの身分証明書も「親族関係書類」に該当しますか。

Q13　「親族関係書類」が旧姓で記載されている場合には，どのように対応すればよいですか。

Q14　国外居住親族について異動がない場合であっても，毎年，その年の扶養控除等申告書の提出を受ける際に，その国外居住親族に係る「親族関係書類」を提出又は提示してもらう必要がありますか。

Q15　戸籍の附票の写しだけでも「親族関係書類」に該当しますか。

Q16　旅券の写しの提出又は提示を受ける場合は，どのページの写しが必要ですか。

Q17　国外居住親族の旅券の写しについて，その旅券の記載内容に変更がない場合であっても，毎年，その年の扶養控除等申告書などの提出を受ける際に，提出又は提示してもらう必要がありますか。

Q18　「親族関係書類」について，外国政府又は外国の地方公共団体が発行した書類とは，具体的にはどのような書類ですか。

Q19　一つの「親族関係書類」だけでは居住者の親族であることが確認できない場合，国外居住親族に係る扶養控除等の適用はできないのですか。

Q20　扶養控除等申告書が提出された際に，その申告書に記載された国外居住親族に係る「親族関係書類」が提示されず，事後に提示された場合，いつから扶養控除等を適用して源泉徴収税額を計算すればよいのですか。

Q21　給与所得者の配偶者控除等申告書を提出する場合には，「親族関係書類」を提出又は提示する必要がありますか。

（送金関係書類）

Q22　「送金関係書類」は，その年に送金等したことを明らかにするもの全てについて提出又は提示してもらう必要がありますか。

Q23　国外居住親族への送金について，金額基準はありますか。

Q24　扶養控除等の適用を受けようとする国外居住親族が複数いる場合に，これらの国外居住親族に対する送金等を一人の代表者にまとめて行っている場合，その送金等を行ったことを明らかにする書類をこれらの国外居住親族全員分の「送金関係書類」として取扱うことができますか。

Q25　海外において共同名義口座を開設し，その共同名義口座への送金を行っている場合に，その送金に関する書類は「送金関係書類」に該当しますか。

Q26　居住者から国外居住親族に対する送金等を複数年分まとめて送金して

いる旨の申立てがあった場合，その送金に係る「送金関係書類」を，複数年にわたって「送金関係書類」として使用することができますか。

Q27　外国送金依頼書の控えは「送金関係書類」に該当しますか。

Q28　インターネットによる送金について，利用明細書や通帳の写しでも「送金関係書類」に該当しますか。

Q29　国外居住親族への送金等は知り合いを通じて現金で手渡ししているため，「送金関係書類」がない旨の申立てがあった場合，国外居住親族に係る扶養控除等を適用することはできないのですか。

Q30「送金関係書類」に該当するいわゆるクレジットカード発行会社の書類とは，どのようなものをいいますか。

Q31「送金関係書類」として，クレジットカード発行会社の利用明細書が提示されましたが，明細の内容について確認する必要がありますか。

Q32「送金関係書類」について，クレジットカード等利用明細書が提出又は提示された場合，国外居住親族に対する送金等の日はカードの利用日又は利用代金の引落日のいずれの日になりますか。

Q33　年末調整の際に，「送金関係書類」が提出又は提示されない場合，国外居住親族に係る扶養控除等の適用はできないのですか。

Q34　国外居住親族に係る扶養控除等を適用していた居住者が年の中途で海外勤務することとなり，年末調整をするような場合，「送金関係書類」を提出又は提示してもらう必要がありますか。

関係法令等

所法185，190，194，国税庁平成27年９月「国外居住親族に係る扶養控除等Q&A（源泉所得税関係）」（平成30年１月改訂）

4-6. ひとり親と寡婦

Q164 ひとり親

「ひとり親」とは，どのような人をいうのですか。

A

ひとり親は，婚姻歴の有無や性別にかかわらず，その者と生計を一にする子を有するなど，一定の要件を満たす単身者が該当します。

解説

「ひとり親」とは，現に婚姻をしていない者又は配偶者の生死の明らかでない一定の者のうち，次に掲げる要件を満たすものをいいます。

(1)　その者と生計を一にする子（他の者の同一生計配偶者又は扶養親族とされている者を除き，その年分の総所得金額，退職所得金額及び山林所得金額の合計額が48万円以下のものに限ります。以下同じです。）を有すること。

(2)　合計所得金額が500万円以下であること。

(3)　その者と事実上婚姻関係と同様の事情にあると認められる者（次に掲げる者をいいます。以下同じです。）がいないこと。

イ　その者が住民票に世帯主と記載されている者である場合には，その者と同一の世帯に属する者の住民票に世帯主との続柄が世帯主の未届の夫又は未届の妻である旨その他の世帯主と事実上婚姻関係と同様の事情にあると認められる続柄である旨の記載がされた者

ロ　その者が住民票に世帯主と記載されている者でない場合には，その者の住民票に世帯主との続柄が世帯主の未届の夫又は未届の妻である旨その他の世帯主と事実上婚姻関係と同様の事情にあると認められる続柄である旨の記載がされているときのその世帯主

このように，ひとり親は，婚姻歴の有無や性別にかかわらず，その者と生計を一にする子を有するなど，上記要件を満たす単身者が該当することとな

ります。

○　ひとり親と寡婦の要件と控除額の概要

合計所得等＼配偶関係等		女性			男性		
		死別	離別	未婚	死別・離別	未婚	
500万円超	無	–	–				
	子以外有	–	–				
	子有	–	–				
500万円以下	無	27	–				寡婦控除
	子以外有	27	27				寡婦控除
	子有	35	35	35	35	35	←ひとり親控除

関係法令等

所法2，81，85，所令11の2

Q165 「他の者の扶養親族とされている者を除く」の解釈

ひとり親の要件である「他の者の扶養親族とされている者を除く」の意味内容は，どういうことですか。

A

二以上の居住者の扶養親族に該当する者の所属の判定の結果として，「他の者の扶養親族とされている者」は除かれるという意味内容と考えられます。

解説　昭和40年所得税法の79条《控除対象配偶者及び扶養親族の判定の時期等》は，78条《扶養控除》の場合につき，その者が居住者の扶養親族に該当するかどうかの判定はその年12月31日の現況による旨規定しており，二以上の居住者の扶養親族に該当する者の所属は，これらの居住者の提出するその年分の申告書等に記載されたところによりますが，その後においても，申告書等にこれと異なる記載をすることにより，他のいずれか一の居住者の扶養親族とすることができることとされています。

寡婦の要件である扶養親族とは，この規定により，その所属が判定された後の扶養親族であることからすると，「他の者の扶養親族とされている者を除く」についても，この所属の判定により「他の者の扶養親族とされている者」は除かれるという意味内容と考えられます。

そして，「された者」ではなく，「されている者」との表現が用いられた理由は，その扶養親族がいずれか一の居住者の扶養親族に該当するものとされた後においても，他のいずれか一の居住者の扶養親族とすることができる，すなわち変更可能であることの意味合いによるものではないかと思われます。

関係法令等

所法2，81，85，所令11の2

Q166　子が孫を対象とする「ひとり親控除」と「所得金額調整控除」

年末調整では，ひとり親控除や所得金額調整控除の申告（給与所得者の扶養控除等（異動）申告書などの提出による申告をいいます。以下同じ。）が可能となっていますが，甲（本人で給与所得者），乙（甲の子で給与所得者），丙（乙の子，甲の孫（年齢23歳未満）で合計所得金額48万円以下）が生計を一にしている場合に，甲が丙を扶養親族と申告しているときは，乙は，年末調整の際，ひとり親控除を受けることができないのでしょうか。

なお，乙が丙を扶養控除の対象とし，ひとり親控除を受ける場合であっても，甲は年末調整で所得金額調整控除を受けることができるのでしょうか。

A

甲が丙を扶養親族と申告しているときは，乙は，ひとり親控除を受けることはできません。ただし，甲が丙を扶養親族から外す旨の申告を行った上で，乙が丙を扶養親族とする旨とひとり親に該当する旨の申告を行うことにより，乙は，他の要件を満たす限り，ひとり親控除を受けることができます。

なお，乙が丙を扶養控除の対象とし，ひとり親控除を受ける場合であっても，甲の給与等の収入金額が850万円を超えるときは，甲は年末調整で所得金額調整控除を受けることができます。

解説

1　ひとり親控除

甲が丙を扶養親族として扶養控除等申告書を提出しているのであれば，所得税法85条５項の規定により，丙は乙の扶養親族ではなく，他の者の扶養親族とされている者であることから，乙はひとり親控除を受けることができません。

ただし，甲が丙を扶養親族から外す旨の申告，すなわち扶養控除等（異動）申告書の提出をした上で，乙が丙を扶養親族とする旨とひとり親に該当する旨の扶養控除等（異動）申告書の提出を行うことにより，乙は，他の要件を満たす限り，ひとり親控除を受けることができます。

2　子ども・特別障害者等を有する者等の所得金額調整控除

(1)　控除の概要

この控除は，その年の給与等の収入金額が850万円を超える給与所得者で，次のイ～ハのいずれかに該当する給与所得者の総所得金額を計算する場合に，15万円を限度として所得金額調整控除額を給与所得の金額から控除するものです（措法41の３の31）。

イ　本人が特別障害者に該当する者

ロ　年齢23歳未満の扶養親族を有する者

ハ　特別障害者である同一生計配偶者又は扶養親族を有する者

⑵　年齢23歳未満の扶養親族を有する者の要件

ここでの「扶養親族」とは，所得税法２条１項34号に規定する扶養親族をいうと規定されており，その者が年齢23歳未満の扶養親族に該当するかどうかの判定は，その年12月31日（その居住者がその年の中途において死亡し，又は出国をする場合には，その死亡又は出国の時）の現況による旨規定されています。

なお，年齢23歳未満の扶養親族であればこの要件を満たしますので，子に限られているものではありません。

⑶　二以上の居住者の扶養親族に該当する場合

二以上の居住者の扶養親族に該当する者がある場合における所得税法の適用については，これらの居住者のうちいずれか一の居住者の扶養親族にのみ該当するものとみなすと規定されているところですが，所得金額調整控除に関する租税特別措置法には，このような規定は設けられていません。また，所得金額調整控除の要件である年齢23歳未満の扶養親族について，所得税法85条５項の規定の適用後の扶養親族を指すといった規定もありません。

そうすると，この租税特別措置法に規定する所得金額調整控除には，所得税法85条５項の規定の適用はないことから，二以上の居住者の年齢23歳未満の扶養親族に該当する者がある場合には，その二以上の居住者が他の要件（給与等の収入金額が850万円を超えていること）を満たす限り，そのいずれの居住者も，この控除の適用を受けることができます。

⑷　甲における控除の可否

以上により，乙が丙を扶養控除の対象とし，ひとり親控除を受ける場合であっても，甲の給与等の収入金額が850万円を超えるときは，甲は年末調整で所得金額調整控除を受けることができます。

なお，ひとり親は，合計所得金額が500万円以下（給与所得だけの場合は，本年中の給与等の収入金額が6,777,778円以下）であることが要件のひとつとされていますので，乙は，ひとり親の要件を満たす場合，子ども・特別障害者等を有する者等の所得金額調整控除を受けることはできません。

関係法令等

措法41の３の31

Q167 寡婦とは

「寡婦」とは，どのような人をいうのですか。

A

「寡婦」とは，一定の要件を満たす者でひとり親に該当しないものをいいます。

解説

「寡婦」とは，次に掲げる者でひとり親に該当しないものをいいます。

(1)　夫と離婚した後婚姻をしていない者のうち，次に掲げる要件を満たすもの

イ　扶養親族を有すること。

ロ　合計所得金額が500万円以下であること。

ハ　その者と事実上婚姻関係と同様の事情にあると認められる者がいないこと(注)。

(2)　夫と死別した後婚姻をしていない者又は夫の生死の明らかでない一定の者のうち，次に掲げる要件を満たすもの

イ　合計所得金額が500万円以下であること。

ロ　その者と事実上婚姻関係と同様の事情にあると認められる者がいないこと(注)。

(注)　上記(1)ハ及び(2)ロの要件については，Q164「ひとり親」の(3)と同様です。

関係法令等

所法2，80，85，所令11

4-7.　所得金額調整控除

Q168　所得金額調整控除

所得金額調整控除とは何ですか。

A

所得金額調整控除には，①子ども・特別障害者等を有する者等の所得金額調整控除と②給与所得と年金所得の双方を有する者に対する所得金額調整控除があります。

いずれも給与所得の金額から一定の金額を控除する制度です。

解説

①子ども・特別障害者等を有する者等の所得金額調整控除と②給与所得と年金所得の双方を有する者に対する所得金額調整控除があり，その概要は次のとおりです。

①　子ども・特別障害者等を有する者等の所得金額調整控除

その年の給与等の収入金額が850万円を超える居住者で，次に掲げる者の総所得金額を計算する場合には，給与等の収入金額(注)から850万円を控除した金額の10%に相当する金額が，給与所得の金額から控除されることとなります。

イ　本人が特別障害者に該当する者

ロ　年齢23歳未満の扶養親族を有する者

ハ　特別障害者である同一生計配偶者を有する者

ニ　特別障害者である扶養親族を有する者

(注) その給与等の収入金額が1,000万円を超える場合には，1,000万円

② 給与所得と年金所得の双方を有する者に対する所得金額調整控除

その年の給与所得控除後の給与等の金額及び公的年金等に係る雑所得の金額がある居住者で，給与所得控除後の給与等の金額及び公的年金等に係る雑所得の金額の合計額が10万円を超える者の総所得金額を計算する場合には，給与所得控除後の給与等の金額（注１）及び公的年金等に係る雑所得の金額（注２）の合計額から10万円を控除した残額が，給与所得の金額（注３）から控除されることとなります。

(注)１ その給与所得控除後の給与等の金額が10万円を超える場合には，10万円

２ その公的年金等に係る雑所得の金額が10万円を超える場合には，10万円

３ 上記①の所得金額調整控除の適用がある場合には，その適用後の金額

関係法令等

措法41の３の３，41の３の４，措令26の５，措通41の３の３－１

Q169 給与等の収入金額が850万円を超えるかどうかの判定

２か所以上から給与等の支払を受けている場合，給与等の収入金額が850万円を超えるかどうかについて，それら全ての給与等を合計した金額により判定するのでしょうか。

A 年末調整において，所得金額調整控除（子ども等）の適用を受ける場合の給与等の収入金額が850万円を超えるかどうかについては，年末調整の対象となる主たる給与等（「給与所得者の扶養控除等申告書」

を提出している人に支払う給与等をいいます。）により判定することとなります。

解説

所得金額調整控除（子ども等）の適用を受ける場合，その年の給与等の収入金額が850万円を超えることが要件とされていますが，年末調整において，所得金額調整控除（子ども等）の適用を受ける場合の給与等の収入金額が850万円を超えるかどうかについては，年末調整の対象となる主たる給与等により判定することとなります。したがって，年末調整の対象とならない従たる給与等（主たる給与等の支払者以外の給与等の支払者が支払う給与等をいいます。）は含めずに判定することとなります。

㈲　確定申告において，所得金額調整控除（子ども等）の適用を受ける場合の給与等の収入金額が850万円を超えるかどうかについては，２か所以上から給与等の支払を受けている場合，それら全ての給与等を合計した金額により判定することとなります。

関係法令等

措法41の３の３，41の３の４，措令26の５，措通41の３の３－１

Q170 給与収入が850万円を超えるか不明な場合の所得金額調整控除の申告

給与等の支払者に「所得金額調整控除申告書」を提出する日において，本年の給与等の収入金額が850万円を超えるかどうかが明らかではありません。給与等の収入金額が850万円を超える場合は所得金額調整控除（子ども等）の適用を受けたいのですが，この場合，「所得金額調整控除申告書」の提出はどのようにすればよいですか。

A

給与等の収入金額が850万円を超えるかどうかが明らかではない場合であっても，年末調整において，所得金額調整控除（子ども等）の適用を受けようとするときは，「所得金額調整控除申告書」に必要事項を記載し，給与等の支払者に提出してください。

解説

「所得金額調整控除申告書」は，所得金額調整控除（子ども等）の適用を受けようとする旨等を記載するものであるため，給与等の収入金額が850万円を超えるかどうかが明らかではない場合であっても，年末調整において，所得金額調整控除（子ども等）の適用を受けようとするときは，「所得金額調整控除申告書」に必要事項を記載し，給与等の支払者に提出してください。

なお，その年の年末調整の対象となる給与等の収入金額が850万円を超えなかった場合は，「所得金額調整控除申告書」の提出をしたとしても，年末調整において所得金額調整控除（子ども等）が適用されることはありません。

関係法令等

措法41の３の３，41の３の４，措令26の５，措通41の３の３－１

Q171 共働き世帯における所得金額調整控除（子ども等）の適用

いわゆる共働きの世帯で，扶養親族に該当する20歳の子がいる場合，扶養控除の適用については夫婦のいずれかで受けることとなりますが，所得金額調整控除（子ども等）の適用についても夫婦のいずれかで受けることとなりますか。

A

夫婦の双方で所得金額調整控除（子ども等）の適用を受けることができます。

解説　同じ世帯に所得者が２人以上いる場合，これらの者の扶養親族に該当する人については，これらの者のうちいずれか一の者の扶養親族にのみ該当するものとみなされるため，いわゆる共働きの世帯の場合，一の扶養親族に係る扶養控除の適用については，夫婦のいずれかで受けることとなります。

他方，所得金額調整控除（子ども等）の適用については，扶養控除と異なり，いずれか一の者の扶養親族にのみ該当するものとみなされませんので，これらの者はいずれも扶養親族を有することとなります。そのため，いわゆる共働きの世帯で，扶養親族に該当する年齢23歳未満の子がいる場合，夫婦の双方で所得金額調整控除（子ども等）の適用を受けることができます。

関係法令等

措法41の３の３，41の３の４，措令26の５，措通41の３の３－１

Q172　年末調整における所得金額調整控除（子ども等）の適用要件の判定時期

年末調整において，所得金額調整控除（子ども等）の適用を受けようとする場合，各要件に該当するかはどの時点で判定するのですか。

A　**年齢23歳未満の扶養親族を有するかどうかなどの判定は，「所得金額調整控除申告書」を提出する日の現況により判定することとなり，その年齢については，その年12月31日（その申告書を提出する時までに死亡した者については，その死亡の時）の現況によることとなります。**

解説　年末調整において，所得金額調整控除（子ども等）の適用を受けようとする場合は，その年最後に給与等の支払を受ける日の前日までに「所得金額調整控除申告書」を給与等の支払者に提出する必要があります。

この場合，年齢23歳未満の扶養親族を有するかどうかなどの判定は，「所得金額調整控除申告書」を提出する日の現況により判定することとなります。

なお，その判定の要素となる所得金額については，その申告書を提出する日の現況により見積もったその年の合計所得金額によることとなり，その判定の要素となる年齢については，その年12月31日（その申告書を提出する時までに死亡した者については，その死亡の時）の現況によることとなります。

㈱　確定申告において，所得金額調整控除（子ども等）の適用を受ける場合，年齢23歳未満の扶養親族を有するかどうかなどの判定は，その年12月31日（その居住者がその年の中途において死亡し，又は出国をする場合には，その死亡又は出国の時）の現況によることとされています。ただし，その判定に係る者がその当時死亡している場合は，その死亡の時の現況によることとされています。

関係法令等

措法41の３の３，41の３の４，措令26の５，措通41の３の３－１

Q173 年末調整後に子が生まれた場合の所得金額調整控除の申告

年末調整を終えた後に，従業員Ａから12月31日に子が生まれたとの申し出がありました。この生まれた子については，扶養控除の対象にはならないと聞きましたが，Ａの給与の収入金額が850万円を超える場合，所得金額調整控除の要件の対象とし，年末調整をやり直してもよいのでしょうか。

A　翌年１月の「給与所得の源泉徴収票」を交付する時まで年末調整の再計算を行うことができます。なお，年末調整の再計算によらず，Ａさんが確定申告によって，その減少することとなる税額の還付を受

けることもできます。

解説

年齢16歳未満の扶養親族は扶養控除の対象とはなりませんが，所得金額調整控除においては，年齢23歳未満の扶養親族を有することが要件の一つとされているため，年末に子が生まれた場合，この要件を満たすこととなります。

年末調整において所得金額調整控除の適用を受けようとする場合，年齢23歳未満の扶養親族を有するかどうかなどの判定は，「所得金額調整控除申告書」を提出する日の現況により判定することとなりますが，年末調整後，その年の12月31日までの間に従業員等に子が生まれ，所得金額調整控除の適用要件を満たし年末調整による年税額が減少することとなる場合，その年分の源泉徴収票を給与の支払者が作成するまでに，その異動があったことについてＡさんからその異動に関する申出があったときは，翌年１月の「給与所得の源泉徴収票」の交付時まで年末調整の再計算を行うことができます。この場合においても「所得金額調整控除申告書」の提出は必要ですので，ご注意ください。

なお，年末調整の再計算によらず，Ａさんが確定申告によって，その減少することとなる税額の還付を受けることもできます。

関係法令等

措法41の３の３，41の３の４，措令26の５，措通41の３の３－１

Q174　「所得金額調整控除申告書」の提出省略の可否

「給与所得者の扶養控除等申告書」の「控除対象扶養親族」欄等に，扶養親族の氏名等を記載して給与等の支払者に提出していれば，「所得金額調整控除申告書」を提出しなくても，年末調整において所得金額調整控除（子ども等）の適用を受けることができますか。

A　**「所得金額調整控除申告書」の提出がなければ，所得金額調整控除（子ども等）の適用を受けることはできません。**

解説　年末調整において，所得金額調整控除（子ども等）の適用を受けるためには，「所得金額調整控除申告書」をその年最後に給与等の支払を受ける日の前日までに給与等の支払者に提出する必要があります。そのため，「給与所得者の扶養控除等申告書」の「控除対象扶養親族」欄等への記載の有無にかかわらず，「所得金額調整控除申告書」の提出がなければ，所得金額調整控除（子ども等）の適用を受けることはできません。

㈱ 国税庁ホームページに掲載している「所得金額調整控除申告書」は，「給与所得者の基礎控除申告書」及び「給与所得者の配偶者控除等申告書」との３様式の兼用様式となっています。これらの申告書は，それぞれ基礎控除や配偶者控除等の適用を受けるために提出する必要がありますので，これらの控除の適用を受けようとする場合は，兼用様式に必要事項を記載し，給与等の支払者に提出してください。

関係法令等

措法41の３の３，41の３の４，措令26の５，措通41の３の３－１

4-8. その他の所得控除等

Q175 アルバイト大学生の勤労学生控除

当社では，本年中に，アルバイトAに対して120万円の給与を支給しました。年末調整に当たって，Aから「私は大学生で，今年はこのアルバイト収入以外に収入がないため，『勤労学生控除』を受けることができるのではないか。」との問合せがありました。勤労学生控除とは，どのようなものなのでしょうか。

A　**勤労学生控除を受けることができます。**

解説　勤労による所得を有する一定の学生又は生徒等のうち，合計所得金額が75万円以下（給与所得だけの場合は，給与の収入金額が130万円以下）で，かつ，合計所得金額のうち給与所得等以外の所得金額が10万円以下の人（以下「勤労学生」といいます。）は，「勤労学生控除」（控除額27万円）を受けることができます。

Aさんは，アルバイト収入しかなく，収入金額が120万円ということですから，勤労学生控除を受けることができます。この場合には，Aさんから，勤労学生に該当する旨等を記載（一定の専修学校等の生徒等の場合は証明書類を添付）した扶養控除等（異動）申告書の提出を受けることが必要ですので，注意してください。

関係法令等

所法2，82，85，120，194，所令11の3，262，316の2，所規47の2，73の2

Q176 同一生計配偶者

「給与所得者の扶養控除等申告書」の記載欄にある「同一生計配偶者」とは，どのような人をいうのですか。

「同一生計配偶者」とは，給与所得者と生計を一にする配偶者（青色事業専従者として給与の支払を受ける人及び白色事業専従者を除きます。）で，合計所得金額が38万円（給与所得だけの場合は給与等の収入金額が

103万円）以下の人をいいます。

解 説　「控除対象配偶者」とは，平成30年分以後，同一生計配偶者のうち，合計所得金額が1,000万円以下である給与所得者の配偶者とされたことから，「同一生計配偶者」が定義されたものです。

したがって，「同一生計配偶者」であっても，控除対象配偶者に該当しない場合があるほか，同一生計配偶者である障害者に該当する場合には，障害者控除を受けることができますので注意が必要です。

関係法令等

所法２，79，所令10，所基通２－39

4-9. 給与所得者の申告書

Q177 源泉控除対象配偶者とは

「給与所得者の扶養控除等申告書」に記載する「源泉控除対象配偶者」とは，どのような人をいうのですか。

A　**「源泉控除対象配偶者」とは，給与所得者（合計所得金額が900万円（給与所得だけの場合は給与等の収入金額が1,120万円）以下の人に限ります。）と生計を一にする配偶者（青色事業専従者として給与の支払を受ける人及び白色事業専従者を除きます。）で，合計所得金額が85万円（給与所得だけの場合は給与等の収入金額が150万円）以下の人をいいます。**

解 説　夫婦の双方がお互いに源泉徴収における源泉控除対象配偶者に係る控除の適用を受けることはできませんので，ご注意ください。

関係法令等

所法2①三十三の四

Q178 配偶者が源泉控除対象配偶者に該当しない場合の申告書への記載

配偶者が源泉控除対象配偶者に該当しない場合には,「給与所得者の扶養控除等申告書」の「源泉控除対象配偶者」欄への記載は不要となるのですか。

A

配偶者が源泉控除対象配偶者に該当しないときは,「源泉控除対象配偶者」欄への記載は不要です。

解説

「給与所得者の扶養控除等申告書」の「源泉控除対象配偶者」欄には,配偶者が源泉控除対象配偶者に該当する場合に,その氏名,個人番号,生年月日,住所,その年の合計所得金額の見積額などを記載することとされています。

したがって,配偶者がいる場合であっても,その配偶者が源泉控除対象配偶者に該当しないときは,「源泉控除対象配偶者」欄への記載は不要となります。

関係法令等

所法2①三十三の四

Q179 源泉控除対象配偶者に該当するかどうかの判定時期

「給与所得者の扶養控除等申告書」を提出するに当たり，配偶者が源泉控除対象配偶者に該当するかどうかは，どの時点で判定するのですか。

A 「給与所得者の扶養控除等申告書」を提出する日の現況により判定します。

解説 「給与所得者の扶養控除等申告書」を提出する際に，配偶者が源泉控除対象配偶者に該当するかどうかは，「給与所得者の扶養控除等申告書」を提出する日の現況により判定します。この場合，その判定の要素となるその年の合計所得金額の見積額については，例えば，直近の源泉徴収票や給与明細書を参考にして見積もった合計所得金額により判定することとなります。

関係法令等

所法２①三十三の四

Q180 源泉控除対象配偶者に該当しない配偶者が配偶者控除又は配偶者特別控除の対象となる場合

合計所得金額が900万円（給与所得だけの場合は給与等の収入金額が1,120万円）超の給与所得者と生計を一にする配偶者であるため，源泉控除対象配偶者に該当しませんが，年末調整において，配偶者控除又は配偶者特別控除の対象となる配偶者となりますか。

A

源泉控除対象配偶者に該当しない配偶者であっても，一定の場合には，配偶者控除又は配偶者特別控除の対象となります。

解説

源泉控除対象配偶者とは，合計所得金額が900万円（給与所得だけの場合は給与等の収入金額が1,120万円）以下の給与所得者と生計を一にする配偶者（青色事業専従者として給与の支払を受ける人及び白色事業専従者を除きます。以下この問において同じです。）で合計所得金額が85万円（給与所得だけの場合は給与等の収入金額が150万円）以下の人をいいます。

一方，年末調整において配偶者控除又は配偶者特別控除の対象となる配偶者は，合計所得金額が1,000万円（給与所得だけの場合は給与等の収入金額が1,220万円）以下の給与所得者と生計を一にする配偶者で，合計所得金額が123万円以下（給与所得だけの場合は給与等の収入金額が201万６千円未満）の人となります。

したがって，例えば，合計所得金額が900万円超1,000万円以下（給与所得だけの場合は給与等の収入金額が1,120万円超1,220万円以下）の給与所得者と生計を一にする配偶者で，合計所得金額が123万円以下（給与所得だけの場合は給与等の収入金額が201万６千円未満）の人は，源泉控除対象配偶者には該当しませんが，配偶者の合計所得金額が38万円（給与所得だけの場合は給与等の収入金額が103万円）以下の場合は配偶者控除の対象となる配偶者となり，配偶者の合計所得金額が38万円（給与所得だけの場合は給与等の収入金額が103万円）超の場合は配偶者特別控除の対象となる配偶者となります。

関係法令等

所法２①三十三の四，195の２，所令318の３，所規47の２，74の４

Q181 源泉控除対象配偶者に該当しない配偶者が配偶者控除又は配偶者特別控除を受けるための手続

源泉控除対象配偶者に該当しない配偶者が配偶者控除又は配偶者特別控除の対象となる配偶者に該当する場合，どのようにすればこれらの控除の適用を受けることができますか。

A　**「給与所得者の配偶者控除等申告書」を給与等の支払者に提出することにより控除の適用を受けることができます。**

解説　源泉控除対象配偶者に該当しない配偶者が配偶者控除又は配偶者特別控除の対象となる配偶者に該当する場合のこれらの控除については，毎月（毎日）の源泉徴収税額の計算では考慮されませんが，年末調整により適用を受けることができます。

具体的には，その年の最後に給与等の支払を受ける日の前日までに，「給与所得者の配偶者控除等申告書」を給与等の支払者に提出することにより控除の適用を受けることができます。

関係法令等

所法２①三十三の四，195の２，所令318の３，所規47の２，74の４

Q182 申告書に記載した収入が誤っていた場合

年末調整時に従業員から提出された「給与所得者の配偶者控除等申告書」の「あなたの合計所得金額（見積額）」欄に記載された給与所得の収入金額よりも，本年中にその従業員に支払った給与等の金額の方が多かったため，その従業員に「給与所得者の配偶者控除等申告書」の記載内容の再確認を依頼したところ，その給与所得の収入金額や「配偶者控除の額

(配偶者特別控除の額)」欄の金額に誤りがあることが判明しました。どのように処理すればよろしいですか。

A

適正な配偶者控除額又は配偶者特別控除額により，年末調整を行う必要があります。

解説

従業員から提出された「給与所得者の配偶者控除等申告書」の「あなたの合計所得金額（見積額）」欄に記載された給与所得の収入金額などに誤りがある場合，給与等の支払者は，その従業員の方に「給与所得者の配偶者控除等申告書」の記載内容の訂正を依頼するなどして，適正な配偶者控除額又は配偶者特別控除額により，年末調整を行う必要があります。

関係法令等

所法195の２，所令318の３，所規47の２，74の４

Q183　「給与所得者の配偶者控除等申告書」に記載した配偶者の合計所得金額の見積額とその確定額に差が生じた場合

年末調整を終えた後に，従業員から，当初提出していた「給与所得者の配偶者控除等申告書」に記載した配偶者の合計所得金額の見積額とその確定額に差が生じたため，適用を受ける配偶者特別控除額が増加するとの申出があったのですが，いつまで年末調整をやり直すことができますか。

A

翌年１月の「給与所得の源泉徴収票」を交付する時まで年末調整の再調整を行うことができます。

解説

年末調整後，その年の12月31日までの間において，配偶者の合計所得金額の見積額に異動が生じ，配偶者特別控除額が増加し年末調整による年税額が減少することとなる場合，その年分の源泉徴収票を給与等の支払者が作成するまでに，その異動があったことについて給与所得者からその異動に関する申出があったときは，年末調整の再計算の方法でその減少することとなる税額を還付してもよいこととされています。

したがって，翌年１月の「給与所得の源泉徴収票」を交付する時まで年末調整の再調整を行うことができます。

なお，年末調整の再調整によらず，従業員が確定申告をすることによって，その減少することとなる税額の還付を受けることもできます。

※　年末調整後，その年の12月31日までの間において，配偶者の合計所得金額の見積額に異動が生じ，配偶者特別控除額が減少し年末調整による年税額が増加することとなる場合も同様に，翌年１月の「給与所得の源泉徴収票」を交付する時まで年末調整の再調整を行うことができます。

関係法令等

所法195の２，所令318の３，所規47の２，74の４

Q184 年末調整後に扶養親族の申し出があった場合

当社では，12月分の給与を12月16日に支給し，その際に年末調整を終えました。その後，12月24日に従業員Ａから，Ａの父親が控除対象扶養親族に該当することになった旨の申し出がありました。この場合，Ａは扶養控除を本年分の所得税について受けることができますか。

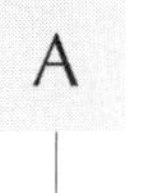

扶養控除の適用を受けることができます。

解説

控除対象扶養親族に該当するかどうかは，その年の12月31日の現況で判定することになりますので，質問の場合には，Ａさんは本年分の所得税についてＡさんの父親に係る扶養控除の適用を受けることができます。

質問の場合，年末調整が終わっているとのことですが，Ａさんから「給与所得者の扶養控除等異動申告書」を提出してもらえば，翌年１月の「給与所得の源泉徴収票」を交付する時まで年末調整の再計算を行うことができます。

なお，年末調整の再計算によらず，Ａさんが確定申告によって，その減少することとなる税額の還付を受けることもできます。

関係法令等

所法194

4-10. 保険料控除

Q185 妻名義の生命保険料控除証明書に基づく生命保険料控除

当社の従業員Ａは，妻Ｂが契約者となっている生命保険の保険料を支払ったとして，妻Ｂ名義の生命保険料控除証明書を添付した保険料控除申告書を提出してきました。当社で年末調整を行う際に，その保険料を生命保険料控除の対象としてよいでしょうか。

なお，その生命保険の被保険者及び満期保険金の受取人はＢ，死亡保険金の受取人はＡとなっています。

A

Ａがその保険料を支払ったことを明らかにした場合は，生命保険料控除の対象として差し支えありません。

解説　生命保険料控除は，居住者が一定の生命保険契約等に係る保険料又は掛金を支払った場合に総所得金額等から控除することができます（所法76条１項）。この生命保険契約等については，その保険金等の受取人の全てがその保険料等の払込みをする者又はその配偶者その他の親族（個人年金保険契約等である場合は，払込みをする者又はその配偶者）でなければなりませんが，必ずしも払込みをする者が保険契約者である必要はありません（所法76条５項，６項）。

したがって，保険契約者が保険料を支払うのが通例ですが，契約者の夫であるＡが支払ったことを明らかにした場合には，Ａの生命保険料控除の対象となります。

なお，保険料を誰が負担するかによって，将来受け取る保険金の課税関係が異なる（贈与税又は一時所得として課税が生じる）ことに注意が必要です。

関係法令等

所法76①⑤⑥

Q186　親族が契約者の場合の保険料控除

親族等が契約者となっている生命保険契約等の保険料又は掛金について，生命保険料控除の対象とすることができますか。

A　**給与の支払を受ける人がその生命保険料を支払ったことが明らかである場合には，控除の対象とすることができます。**

解説　控除の対象となる生命保険料は，給与の支払を受けている人自身が締結した生命保険契約等の保険料又は掛金だけに限らず，給与の支払を受ける人以外の人が締結したものの保険料又は掛金であっても，給与の支払を受ける人がその生命保険料を支払ったことが明らかであれば，控除の対象とすることができます。

例えば，妻や子が契約者となっている生命保険契約等であっても，その妻や子に所得がなく，給与の支払を受ける夫がその保険料又は掛金を支払っている場合には，その保険料又は掛金は夫の生命保険料控除の対象となります。ただし，この場合にも，その生命保険契約等の保険金の受取人の全てが給与の支払を受ける人又はその配偶者その他の親族（個人年金保険契約等である場合は，年金の受取人の全てが給与の支払を受ける人又はその配偶者）でなければなりません。

(注)　保険料を負担していない人が，満期や解約又は被保険者の死亡により，その生命保険金を受け取った場合，贈与税や相続税の対象となります。

関係法令等

所法76

Q187 親の社会保険料を従業員が口座振替で支払った場合

従業員が，生計を一にする親の後期高齢者医療制度の保険料を口座振替により支払った場合，年末調整で，その保険料を社会保険料控除の対象とすることができますか。

A　**保険料を支払った従業員に社会保険料控除が適用されます。**

解説　従業員が口座振替により支払った，生計を一にする親の負担すべき後期高齢者医療制度の保険料については，保険料を支払った従業員に社会保険料控除が適用されます。

なお，年金から特別徴収された保険料については，その保険料を支払った者は年金の受給者自身であるため，年金の受給者に社会保険料控除が適用されます。

関係法令等

所法76

Q188 非居住者であった期間内の社会保険料，生命保険料

海外勤務のため出国し非居住者となった者の留守宅渡しの給与から控除している社会保険料がありますが，この者が帰国し，年末調整時に居住者となった場合には，当該社会保険料は，年末調整の際に社会保険料控除の対象としてよいですか。

また，この者が，その年中の非居住者であった期間内に支払った生命保険料は年末調整の際に生命保険料控除の対象とすることができますか。更に，年払いの場合は按分しますか。

A **非居住者であった期間内の給与から控除した社会保険料は社会保険料控除の対象とはなりません。**

解説 社会保険料控除，生命保険料控除は，居住者がその年に支払ったものが控除の対象となり（所法74条１項，76条１項），非居住者であった期間内の給与から控除した社会保険料は社会保険料控除の対象とはなりません（所令258条３項３号，４号）。

また，生命保険料についても同様です。

なお，生命保険料が居住者期間内に支払われたものか，非居住者期間中に支払われたものかにより，その支払の時点で判定することとなりますから，年払いの場合には，その支払の時点で居住者であれば支払額の全額が生命保

険料控除の対象となります。

(注)　前納保険料の場合には，按分計算をすることとなっていることから，非居住者期間内に支払期日が到来する部分については生命保険料控除等の対象とはなりません。

関係法令等

所法74①，76①，102，所令258③三，四

4-11. 住宅借入金等特別控除

Q189 借入金等を借り換えた場合

次のとおり，敷地の購入に係る借入金を有していましたが，家屋の新築に係る借入金を借り入れる際に，敷地の購入に係る借入金の借換えを行った場合，住宅借入金等特別控除の適用はどのようになりますか。

前年10月2日　敷地の購入に係る借入金（A銀行）3,000万円

本年8月1日　敷地の購入に係る借入金の借換え及び家屋の新築に係る借入金（B銀行）5,000万円
（敷地の購入に係る借入金の返済（A銀行））

A　**その新たな借入金を住宅借入金等特別控除の対象として取扱います。**

解説　借入金等を借り換えた場合には，新たな借入金が当初の借入金等を消滅させるためのものであることが明らかであり，かつ，その新たな借入金を家屋の新築若しくは購入（一定の敷地の購入を含みます。）又は増改築等のための資金に充てるものとしたならば措法41条1項1号又は4

号《住宅借入金等を有する場合の所得税額の特別控除》に規定する要件を満たしているときに限り，その新たな借入金を住宅借入金等特別控除の対象として取扱うこととされています。

したがって，質問の場合には，Ｂ銀行からの借入金によりＡ銀行の借入金の残高の返済を行っており，かつ，Ｂ銀行からの借入金が家屋の新築又は購入（一定の敷地の購入を含みます。）のための資金に充てるものであることから，その借入金が措法41条１項１号に規定する要件を満たしていれば，その借入金は住宅借入金等特別控除の対象となります。

関係法令等

措法41①，措通41－16

Q190 借換えをした住宅借入金について再度借換えをした場合

私は，２年前にＡ銀行から2,000万円を借り入れ（償還期間20年），居住用家屋を新築して住宅借入金等特別控除の適用を受けていました。

昨年，Ｂ銀行から1,800万円を借り入れ（償還期間15年），Ａ銀行からの借入金を返済し，引き続き住宅借入金等特別控除の適用を受けていました。

今回，新たにＣ銀行から1,500万円を借り入れ（償還期間12年），Ｂ銀行からの借入金を返済する予定です。この場合，引き続き住宅借入金等特別控除の適用を受けることができるでしょうか。

なお，いずれの借換えについても，借り換えた金額は借換え直前の借入金残高を下回っています。

A 引き続き住宅借入金等特別控除の適用を受けることができます。

解説　住宅借入金等特別控除の対象となる借入金等は，その適用対象となる家屋の新築若しくは購入（一定の敷地の購入も含みます。）又は増改築等に要するものであることが必要とされており（措法41条1項），それ以外の借入金等は該当しないことになります。ただし，借入金等を借り換えた場合には，新たな借入金が当初の借入金等を消滅させるためのものであることが明らかであり，かつ，その新たな借入金を家屋の新築若しくは購入又は増改築等の資金に充てるものとしたならば措法41条1項1号又は4号《住宅借入金等を有する場合の所得税額の特別控除》の要件を満たしているときに限り，その新たな借入金は住宅借入金等特別控除の対象となる借入金に該当するものとして取扱われています。

この取扱いは，新たな借入金が，本制度の適用要件の一つである10年以上の割賦償還の方法で返済することとされているような場合に，本制度の適用対象外とすることは適当ではないという考えによるもので，その趣旨からすれば一度目の借換えのみに限るべきものではないと考えられます。

したがって，質問の場合には，C銀行からの借入金が措法41条1項1号の要件を満たしていれば，引き続き住宅借入金等特別控除の適用を受けることができます。

関係法令等

措法41①，措通41－16

4-12. マイナンバー

Q191 「給与所得者の配偶者控除等申告書」に記載すべきマイナンバー（個人番号）について

「給与所得者の配偶者控除等申告書」の余白に「給与支払者に提供済みの

マイナンバー（個人番号）と相違ない」旨の記載をすることで，マイナンバー（個人番号）の記載に代えることはできますか。

A　マイナンバー（個人番号）の記載に代えることはできます。

解説　平成29年度税制改正により新設された「給与所得者の配偶者控除等申告書」には，控除対象となる配偶者のマイナンバー（個人番号）を記載する必要がありますので，原則として，マイナンバー（個人番号）の記載を省略することはできません。

しかしながら，給与等の支払者と従業員との間での合意に基づき，従業員が「給与所得者の配偶者控除等申告書」の余白に「マイナンバー（個人番号）については給与支払者に提供済みのマイナンバー（個人番号）と相違ない」旨を記載した上で，給与等の支払者において，既に提供を受けている控除対象となる配偶者のマイナンバー（個人番号）を確認し，確認した旨を「給与所得者の配偶者控除等申告書」に表示するのであれば，「給与所得者の配偶者控除等申告書」の提出時に控除対象となる配偶者のマイナンバー（個人番号）を記載しなくても差し支えありません。

なお，給与等の支払者において保有しているマイナンバー（個人番号）とマイナンバー（個人番号）の記載が省略された者に係る「給与所得者の配偶者控除等申告書」については，適切かつ容易に紐付けられるよう管理しておく必要があります。

㈱1　マイナンバー（個人番号）が記載された申告書の提出を受けた場合，給与の支払者は，給与所得者本人のマイナンバー（個人番号）については，本人確認（番号確認＋身元確認）を行う必要があります（本人確認については，次のQ192「マイナンバー（個人番号）の提供を受ける場合の本人確認」を参照してください。)。

2　受理した「給与所得者の配偶者控除等申告書」は，税務署長から提出を求められるまでの間，受理した給与の支払者が保存するものとされています。

関係法令等

通則法124

Q192 マイナンバー（個人番号）の提供を受ける場合の本人確認

マイナンバー（個人番号）の提供を受ける場合の本人確認を行う必要がありますか。

A

給与の支払者が，給与所得者からマイナンバー（個人番号）の提供を受ける場合は，本人確認として，提供を受ける番号が正しいことの確認（番号確認）と，番号の提供をする者が真にその番号の持ち主であることの確認（身元確認）を行う必要があります。

㊟1　番号確認については，書類等で確認するほか，一度本人確認を実施の上作成した特定個人情報ファイル（マイナンバー（個人番号）をその内容に含む個人情報データベース）を参照することにより確認することも認められています。

2　身元確認については，マイナンバー（個人番号）の提供をする者が従業員であり，採用時等に一度本人確認を行っている場合には，本人を対面で確認することにより身元確認書類の提示を受けることは不要です。

解説

本人確認を行う場合に使用する書類の例は，次のとおりです。

1　マイナンバーカード（番号確認と身元確認）

2　通知カード（番号確認）＋運転免許証，公的医療保険の被保険者証など（身元確認）

※　給与の支払者が，写真表示のない身分証明書等により身元確認を行う場合には，２種類必要です。

なお，給与の支払者が本人確認を行う必要があるのは，マイナンバー（個人番号）の提供を行う給与所得者本人のみとなります（源泉控除対象配偶者や控除対象扶養親族等の本人確認は，給与所得者が行うこととなります。）。

㈟１　通知カードを番号確認書類として使用するためには，通知カードの記載事項が住民票の氏名，住所等と一致している必要があります。また，令和２年５月25日以後交付されている「個人番号通知書」については，番号確認書類として使用できませんのでご注意ください。

２　扶養親族等の本人確認のうち，身元確認については，給与所得者がその扶養親族等を対面で確認することにより，身元確認書類の提示を受けることは不要です。

関係法令等

通則法124

Q193　マイナンバーに関するFAQ

マイナンバーに関する源泉所得税関係のFAQはありますか。

A　**国税庁ホームページに掲載されていますので，参考にしてください。**

解説　社会保障・税番号制度〈マイナンバー〉の源泉所得税関係に関するFAQとして，次の内容が掲載されています。

⑴　扶養控除等申告書関係

Q1-1　扶養控除等申告書には，いつから従業員等のマイナンバー（個人番号）を記載してもらう必要がありますか。

Q1-2　（平成31年１月４日削除）

Q1-3-1　税務関係書類について，マイナンバー（個人番号）の記載を不要とする見直しが行われたとのことですが，扶養控除等申告書には，従業員等のマイナンバー（個人番号）の記載が必要ですか。

Q1-3-2　扶養控除等申告書については，どのような場合にマイナンバー（個人番号）を記載しなくてもよいのですか。

Q1-3-3　扶養控除等申告書へのマイナンバー（個人番号）の記載を不要とするために備える「帳簿」には，氏名とマイナンバー（個人番号）の他に何が記載されている必要がありますか。

Q1-3-4　扶養控除等申告書へのマイナンバー（個人番号）の記載を不要とするために備える「帳簿」について，電磁的記録で備えることもできますか。

Q1-3-5　扶養控除等申告書などの一定の書類の提出を受けて作成した帳簿を備えている場合には，扶養控除等申告書への従業員等のマイナンバー（個人番号）の記載を不要とすることができるとされていますが，給与支払者が扶養控除等申告書以外の方法で従業員等のマイナンバー（個人番号）を収集し，システム上で管理している場合などにも，最初は必ずマイナンバー（個人番号）を記載した扶養控除等申告書の提出をしなければならないのですか。

Q1-3-6　一定の帳簿を備えているため扶養控除等申告書へのマイナンバー（個人番号）の記載を不要とする場合に，マイナンバー（個人番号）が記載されないように，例えば，個人番号欄のない扶養控除等申告書を使用してもよいですか。また，個人番号欄に斜線等を引いてもよいですか。

Q1-3-7　一定の帳簿を備えていれば扶養控除等申告書へのマイナンバー（個人番号）の記載を不要とできる取扱いについて，給与支払者が作成し備えている帳簿はいつまで保存する必要がありますか。

Q1-3-8　一定の帳簿を備えていれば扶養控除等申告書へのマイナンバー（個人番号）の記載を不要とできる取扱いを受けるための帳簿に記

載された従業員等の氏名，住所，マイナンバー（個人番号）に異動があった場合は何か手続を行う必要がありますか。

Q1-3-9　従業員の氏名や住所に異動があった場合に，異動に関する扶養控除等申告書を提出している場合にも，Q1-3-8の届出書を提出しなければならないのですか。

Q1-4　平成28年分の扶養控除等申告書に従業員等のマイナンバー（個人番号）が記載されていれば，平成29年分以降の扶養控除等申告書には，記載内容に変更がない限りマイナンバー（個人番号）の記載を省略してもよいですか。

Q1-5-1　扶養控除等申告書の個人番号欄に「給与支払者に提供済みのマイナンバー（個人番号）と相違ない」旨の記載をすることで，マイナンバー（個人番号）の記載に代えることはできますか。

Q1-5-2　扶養控除等申告書以外にQ1-5-1と同様の取扱いをとることができる書類はありますか。

Q1-6　従業員本人が海外勤務（単身赴任）をしていますが，扶養控除等申告書にマイナンバー（個人番号）の記載が必要ですか。

Q1-7　扶養控除等申告書には海外に在住する扶養親族等のマイナンバー（個人番号）も記載する必要がありますか。

Q1-8　給与支払者が従業員等のマイナンバー（個人番号）を印字した扶養控除等申告書を従業員に交付して，従業員がその内容を確認した上で給与支払者に提出するという方法は可能ですか。

Q1-9　扶養控除等申告書に記載された扶養親族が年の中途で扶養親族に該当しなくなった場合（結婚，就職等）は，当初提出を受けた申告書を二重線などで補正させてもよいですか。また，補正する際には，マイナンバー（個人番号）を復元できない程度にマスキングする必要はありますか。

Q1-10-1　扶養控除等申告書の提出を受けた後，給与支払者のマイナンバー（個人番号）又は法人番号はいつまでに申告書に付記すればよいですか。

Q1-10-2　平成28年４月１日から「給与所得者の保険料控除申告書」等について個人番号の記載が不要になったとのことですが，給与支払者のマイナンバー（個人番号）も付記しなくてもよいのですか。

Q1-11　扶養控除等申告書に給与支払者の法人番号をプレ印字して従業員に交付してもよいですか。

Q1-12　扶養控除等申告書を２枚（マイナンバー（個人番号）の記載のないものと，マイナンバー（個人番号）のみ記載したもの）に分けて提出を受けてもよいですか。

Q1-13　従業員からマイナンバー（個人番号）の提供を拒否された場合，どのように対応すればよいですか。

Q1-14　扶養控除等申告書に従業員等のマイナンバー（個人番号）の記載がない場合，扶養控除等申告書の提出がないものとして税額を計算しなければならないですか。

Q1-15　扶養控除等申告書に従業員等のマイナンバー（個人番号）を記載させなかった場合，罰則はありますか。

Q1-16　扶養控除等申告書はいつまで保管する必要がありますか。

Q1-17　扶養控除等申告書のマイナンバー（個人番号）部分をマスキングした上で保存してもよいですか。

Q1-18　扶養控除等申告書の保管を外部業者に委託することはできますか。

Q1-19　退社した従業員等のマイナンバー（個人番号）は，退社後すぐに廃棄しなければならないのですか。

⑵　源泉所得税関係（本人確認）

Q2-1　扶養控除等申告書に記載された扶養親族等の本人確認も給与の支払者が行う必要がありますか。

Q2-2　従業員からマイナンバー（個人番号）の提供を受ける際にも本人確認書類は毎回必要ですか。

Q2-3　従業員が扶養親族等の本人確認を行う際には本人確認書類が必要ですか。

Q2-4　扶養親族等からは毎年マイナンバー（個人番号）の提供を受け，

その都度本人確認を行わなければならないのですか。

Q2-5　あらかじめ従業員の氏名や住所等を印字した扶養控除等申告書を交付しておき，従業員がその扶養控除等申告書を用いて扶養控除等の申告をした場合には，本人確認のうち身元確認は完了したものとして考えてよいですか。

Q2-6　給与支払事務は，本社で一括して行っていますが，支店等の従業員が扶養控除等申告書を提出する際の本人確認は誰が行えばよいですか。

Q2-7　扶養控除等申告書の提出を受ける際に従業員からマイナンバーカード（個人番号カード）の提示があった場合，その写しを作成して保管する必要はありますか。

⑶　源泉所得税関係（その他）

Q3-1　所得税徴収高計算書にはマイナンバー（個人番号）又は法人番号の記載が必要ですか。

Q3-2　源泉徴収簿にはマイナンバー（個人番号）の記載が必要ですか。

Q3-3　租税条約に関する届出書など，非居住者が提出する書類にもマイナンバー（個人番号）の記載が必要ですか。

Q3-4　社会保障・税番号〈マイナンバー〉制度導入後には，マル優の適用を受けるのに金融機関へマイナンバー（個人番号）を届け出る必要がありますか。

Q3-5　平成27年以前からマル優の適用を受けているのですが，平成28年１月以後も引き続きマル優の適用を受けるためにはマイナンバー（個人番号）を届け出る必要はありますか。

Q3-6　財産形成非課税住宅（年金）貯蓄を行っているのですが，平成31年４月１日以後，「財産形成非課税住宅（年金）貯蓄に関する異動申告書」及び「財産形成非課税住宅（年金）貯蓄の勤務先異動申告書」（以下「申告書等」といいます。）を提出する場合に，申告書等にマイナンバー（個人番号）を記載する必要はありますか。

関係法令等

通則法124

第5章

退職給与

5-1. 退職給与の範囲

Q194 退職所得とされるものと給与所得とされるもの

退職所得とされるものと給与所得とされるものとは，どのように分けられますか。

退職所得とされるものの概要を教えてください。

A

退職所得とは，給与のうち退職により一時に受けるものや，これらの性質を有する給与に係る所得になります。

退職所得には，引き続き勤務する人に支払われる給与で退職手当とされるもののほか，法律の規定により退職所得とみなされるものもあります。

解説

退職所得とは，「退職手当，一時恩給その他の退職により一時に受ける給与及びこれらの性質を有する給与に係る所得」と規定されています（所法30①）ので，①「給与のうち退職により一時に受けるもの」と，②「これらの性質を有する給与」に係る所得になります。

このうち，①「給与のうち退職により一時に受けるもの」とは，退職しなかったとしたならば支払われなかったもので，退職したことに基因して一時に支払われることとなった給与ということができます。したがって，退職に際し，あるいは退職後に使用者等から支払われる給与で，その支払金額の計算基準等からみて，他の引き続き勤務している人に支払われる賞与等と同性質であるものは，退職所得ではなく給与所得とされます。

次に，②「これらの性質を有する給与」については，判例は「勤務関係の性質，内容，労働条件等において重大な変動があって，形式的には継続している勤務関係が実質的には単なる従前の勤務関係の延長とはみられないなどの特別の事実関係があることを要するものと解すべき」（昭和58年12月６日最高裁第三小法廷判決）としており，例えば，使用人から役員になった人に対し使用人であった勤続期間に対する退職手当として支払われる給与などについて，一定の要件の下に「引き続き勤務する人に支払われる給与で退職手当とされるもの」として取扱われています。

また，次に掲げる一時金については，給与の支払者から支払われるものではありませんが，法律の規定により退職手当等とみなされ，退職所得の収入になります（所法31①）。

○　国民年金法，厚生年金保険法，国家公務員共済組合法，地方公務員等共済組合法，私立学校教職員共済法及び独立行政法人農業者年金基金法の規定に基づいて支給される一時金など

なお，死亡退職により支払う死亡した者への退職手当等は，通常その遺族の相続税の課税対象となりますので，所得税は課税されません（所基通９－17）。

関係法令等

所法30①，31①，所基通９－17，30-1～30－５，31－１

Q195　パートタイマーに支払う退職金の取扱い

当社では，パートタイマーの賃金のうち，年間103万円を超える部分については，会社名義の積立定期としておき，退職時に一時金として支払いますが，課税上の取扱いはどうなりますか。

1　積立金制度に加入するかどうかは任意です。

2　年間の支給額が103万円を超えると，配偶者控除が受けられなくなりますので，１か月当たりの超過額を算出して積み立てます。

3　その超過額を会社名義の積立定期とします。

4　パートごとの明細については，会社で管理しています。

5　平均勤続年数は２年であり，退職時に平均15万円程度退職金として，

利息相当額も含めて支払います。

6　当該積立金は，退職するしないにかかわらず，会社に請求して受領する権利があります。

A

退職所得とならず，支払確定時の給与所得として取扱われます。

解説

次の理由から，退職所得とならず，支払確定時の給与所得として取扱われます。

①　退職金の資金源は，毎月受領すべき賃金を積み立てたものです。

②　当該積立金は，退職するしないにかかわらず，会社に請求して受領する権利があります。

③　積立金制度に加入するかどうかは任意であることから，加入したものとしないものとで，所得の種類が違う取扱いをすることはできません。

なお，利息相当額は，雑所得となります。

関係法令等

所法28，30

Q196 個人事業主から息子に支給する退職給与

個人事業主の親子間での給与と退職金の件なのですが，アパレル業を営んでいる事業主である父親AがA店とA’店，その息子BがB店を店長として運営しております。会計は店舗ごとに処理しておりますが，決算の時は合計を合算し，A氏が申告しております。

B氏はB店舗の運営を任されているので，給料はその父親が経営しているアパレル店から貰っておりますが，別の会社の取締役にもなっていて，また生計を一にしていない為，青色専従者給与の届出書は提出しておりません。

この度，Ｂ店舗はＡ氏から切り離され，Ｂ氏がＢ店舗を譲り受け，独立と言う形になり，事業主として経営していく事になりました。

そして，譲り受けた際にＡ氏から退職金を支給されました。

上記の場合，親子であっても専従者に該当せず，通常の給与と処理しても問題ないですか。また，個人事業主である父親が息子に対して退職金を支払っても問題ないですか。

A　この給与及び退職金は必要経費に算入されるとともに，給与及び退職給与の収入金額に算入されることになるものと考えられます。

解説　所得税法56条《事業から対価を受ける親族がある場合の必要経費の特例》及び57条《事業に専従する親族がある場合の必要経費の特例等》では，事業から対価を受ける親族がある場合の必要経費の特例を規定していますが，これらの特例の対象となる親族は，「居住者と生計を一にする配偶者その他の親族」に限られています。

これらの規定からすれば，居住者と生計を一にしていない親族については，必要経費の特例の適用対象とはされないことになります。

質問は，父親Ａが息子Ｂに給与及び退職金の支給をした場合の取扱いとのことですが，息子Ｂは父親と生計を一にしていないとのことですので，同法56条の適用はなく，この給与及び退職金は父親Ａの必要経費に算入されるとともに，息子Ｂの給与及び退職給与の収入金額に算入されることになるものと考えられます。

なお，父親Ａが息子Ｂに退職金として支払われる金員が，退職金としての性質を有するものであるか否かは，それまでの勤務関係など事実関係に基づき判断されるべき事柄となります。

関係法令等

所法28，30，56，57

Q197 定年退職者に対する海外慰安旅行についての課税関係

定年退職者に対する海外慰安旅行の供与は，課税されますか。

A

定年退職者に対する海外慰安旅行の供与については，それが永年勤続者表彰制度と同様の内容に基づくものであり，社会通念上相当と認められるものについては非課税として取扱い，それを上回るものについては，退職所得に該当するものとして課税されることとなります。

解説

定年退職者に対する旅行の供与については，次の理由から，永年勤続者表彰制度と同様の内容に基づくものであり，社会通念上相当と認められるものであれば，課税しなくて差し支えないと考えられます。

1　永年勤続者表彰制度に基づき永年勤続者を旅行に招待した場合の当該永年勤続者の受ける経済的利益については，その永年勤続者の地位，勤続期間等に照らし社会通念上相当であると認められるものであれば課税しないこととしている取扱いの趣旨からすれば，定年退職者旅行がたまたま定年退職を機会として行われるからといって退職所得として課税することは必ずしも相当でないこと。

2　永年勤続者表彰旅行については，同一人が数回旅行をすることもあり得るのに対し，定年退職者旅行については，定年退職という通常は生涯に1回しかない機会をとらえて旅行をするものであることを考慮すると，前者を非課税とし，後者を退職所得として課税するということは権衡を失するといえること。

関係法令等

所基通36－21

Q198 役員退職金制度の廃止に伴い親会社から発行される新株予約権

Ａ社及びその子会社３社では，本年６月開催の株主総会において，役員に対する退職慰労金制度を廃止し，それぞれの固定報酬とは別枠で翌年の株主総会までの１年分の職務執行の対価としてＡ社の新株予約権を付与することが決議されました。

具体的には，Ａ社，子会社及び子会社の役員の三者間による報酬債務の債務引受契約により，Ａ社が子会社の役員に対する報酬債務について重畳的債務引受を行い（Ａ社は，その報酬債務について対外的には連帯債務者となりますが，子会社との内部関係においてＡ社の負担部分は０円とし，Ａ社がその報酬債務を負担することにより取得した求償権に基づき，その報酬債務相当額が子会社からＡ社に弁済されます。），役員はその報酬債権との相殺によりＡ社から新株予約権の割当てを受けることとなります。

なお，この新株予約権については，権利行使価額を１円とし，譲渡制限が付されるほか，役員を退任した日の翌日以降10日間以内に一括して行使することが条件となっています。

子会社の役員が，この新株予約権の権利行使をしたときの課税関係はどのようになりますか。

A

権利行使益（権利行使時における株価から権利行使価額１円を控除した金額）は，退職所得として課税対象となります。また，その退職所得については，子会社が源泉徴収義務者として源泉徴収をする必要があります。

解説

(1) 所得区分

質問の新株予約権は，親会社であるＡ社から割り当てられるものですが，子会社の役員の地位に基づき，その役務提供の対価（報酬）として与えられ，その権利行使益については，その職務遂行に対する対価としての性質を有しますので，給与等に該当します。

また，質問の制度は，従前の退職慰労金制度の代替として設けられ，翌年の株主総会までの期間に係る役員の職務執行の対価として割り当てられるものであるとともに，その権利行使は役員を退任した日後10日間以内に限り一括して行うことが条件とされています。

したがって，質問の新株予約権に係る権利行使益は，役員が退職したことに基因して一時に支払われることとなった給与等と認められますので，退職所得に該当します。

(2) 源泉徴収義務

居住者に対し国内において退職手当等の支払をする者は，その支払の際に所得税を徴収しこれを納付しなければなりません。

質問の場合，子会社は，単に新株予約権の発行に係る費用負担をするだけでなく，役員に対してその退任後にストックオプションに係る経済的利益を与えることを目的として，新株予約権に関する報酬を株主総会で決議するとともに，債務引受契約等を通じ，A社から新株予約権が発行され，その権利行使によって株式が交付されることとなっています。これらのことからすると，新株予約権に係る経済的利益（権利行使益）については，子会社からその役員に与えられた給付に当たり，A社は子会社の指図に基づき株式の交付を行っているにすぎず，子会社が権利行使益（退職所得）について，その支払者として源泉徴収義務を負うことになります。

関係法令等

所法30，199，所基通30－1

Q199 役員退職慰労金制度の廃止による打切支給の退職手当等

当社は，経営状況等の事情から役員退職慰労金制度を廃止することとしています。役員退職慰労金制度の廃止に当たっては，株主総会の決議を経たのち，引き続き在職する取締役及び監査役に対してその就任日から本件制度廃止日までの期間に係る職務執行の対価を役員退職慰労金として支払います。

この場合，引き続き在職する役員に対して支払われる役員退職慰労金は，退職所得として取扱われますか。

A　**在職中の取締役及び監査役に対して支払われる役員退職慰労金は，給与所得となります。**

解説　役員退職慰労金について法律上の定義はありませんが，一般的には取締役又は監査役が任期満了又は辞任等の理由によって退任した場合に支払われる金銭をいうものとされます。したがって，役員退職慰労金が退職所得とされるためには，通常，役員に「退職の事実」が必要となります。ただし，「退職の事実」がない場合であっても，分掌変更等その役員に退職に準ずる一定の事実がある場合には退職所得と取扱われます（所基通30－2⑶）。

質問の場合は，役員退職慰労金の打切支給について株主総会の決議を経ることとしていますが，役員に退職の事実や分掌変更等その役員に退職に準ずる一定の事実も認められませんので，このような事実関係の下に支払われる役員退職慰労金は，その役員の就任日から本件制度廃止日までの期間に係る職務執行の対価として，賞与の支給があったものと取扱われます（所法28条１項）。

㈴　所基通30－2⑴《引き続き勤務する者に支払われる給与で退職手当等とするもの》の取扱いは，使用人に対する打切支給の退職手当等の取扱いですので，役員についてはその適用はありません。

関係法令等

所法28①，30①，所基通30－2(1)(3)

Q200 譲渡制限期間の満了日を退任日とする場合の特定譲渡制限付株式

当社は，当社の取締役を対象として，譲渡制限付株式報酬制度を導入することを予定しています。

この制度に基づき，当社は，取締役等に譲渡制限及び譲渡制限に係る期間を設けた当社の普通株式を交付しますが，設定する本件譲渡制限期間の満了日については，〇月〇日といった確定した日付ではなく，取締役等の退任日とする予定です。

取締役等がこの株式の交付を受け，その譲渡制限が解除されたことにより生ずる所得は，所得税法上，退職所得に該当すると解してよろしいでしょうか。

A **退職所得に該当すると考えられます。**

解説 所得税法上，特定譲渡制限付株式の譲渡制限が当該特定譲渡制限付株式を交付された者の退職に基因して解除されたと認められる場合の所得に係る所得区分は，退職所得に該当するとされているところ，本件株式は，本件取締役等の退任日に譲渡制限が解除され，また，退任と同時に再任する場合には譲渡制限は解除されないことから，本件取締役等の退職に基因して解除されるものと考えられます。

したがって，本件取締役等において本件株式の譲渡制限が解除されたことにより生ずる所得は，退職所得に該当すると考えられます。

関係法令等

所基通23～35共5の2

Q201 合併に伴い被合併法人の従業員に支給する一時金

当社及びA社は，どちらもB社にその発行済株式の全てを保有されている法人ですが，グループ内の再編の一環として，A社を合併法人，当社を被合併法人とする吸収合併（以下「本件合併」といいます。）を実施し，当社の従業員（以下「本件従業員」といいます。）の雇用関係をA社に引き継ぎます。

B社グループでは，退職時の退職金の支給に代えて確定拠出年金制度を軸とした給与制度を採用しており，グループ全体の退職金等に係る制度の統一的な運営を図るためグループ各社に対しB社グループ確定拠出企業型年金規約の採用を推奨しています。

これまで，当社は，社内退職金規程に基づき従業員の退職時に退職金を支給しているのに対し，A社では，従業員の退職時には退職金を支給せず，B社グループ確定拠出企業型年金規約に基づく確定拠出年金又は給与の割増支給のいずれか選択したものを支給することとしています。

本件合併に際し，当社とA社の退職金等の支給制度が異なるため，本件従業員に対し，当社の社内退職金規程に基づき算出された一時金（以下「本件一時金」といいます。）を支給しますが，本件一時金は退職所得に該当することになりますか。

なお，本件従業員は，本件合併後は上記の確定拠出年金又は割増支給のいずれかの制度を選択することとなり，実際にA社を退職する際にA社から退職金は支払われません。また，本件従業員が確定拠出年金において一時金として受け取ることを選択した場合，本件一時金の計算の基礎となった勤続期間は確定拠出年金の一時金の計算上考慮されません。

A　**本件一時金は，退職所得に該当します。**

解説　退職所得とは，退職手当，一時恩給その他の退職により一時に受ける給与及びこれらの性質を有する給与（退職手当等）に係る所得をいい，本来退職しなかったとしたならば支払われなかったもので，退職したことに基因して一時に支払われることとなった給与に係る所得がこれに該当するとされています（所得税法30条１項，所基通30－１）が，引き続き勤務する者に対し使用者から退職手当等として一時に支払われる給与のうち，一定のもので，その給与が支払われた後，その者が実際に退職するときの退職手当等の計算上，その給与の計算の基礎となった勤続期間を一切加味しない条件の下に支払われるものは，退職所得として取扱われています（所基通30－２）。

この一定のものとして，新たに退職給与規程を制定し，又は中小企業退職金共済制度若しくは確定拠出年金制度への移行等相当の理由により従来の退職給与規程を改正した場合において，使用人に対し当該制定又は改正前の勤続期間に係る退職手当等として支払われる給与が掲げられていますが，この給与は，合理的な理由による退職金制度の実質的改変により精算の必要から支払われるものに限られ，例えば，使用人の選択によって支払われるものはこれに当たらない旨明らかにされています（所基通30－２（１））。

本件従業員の退職の事実の有無についてみますと，①合併会社は被合併会社のすべての権利義務を法律上当然に承継（包括承継）すること（会社法750条１項）や，②本件合併により本件従業員に係る雇用関係が当社からＡ社へ引き継がれることからすれば，合併に伴う本件従業員の退職の事実はないものと考えられますが，本件一時金は，次の理由から，いわゆる打切支給の退職手当等として退職所得に該当すると解されます。

⑴　B社グループではB社グループ確定拠出企業型年金規約の採用を推奨していることから，当社からみれば，本件合併を契機として，合理的な理由により退職金制度の変更が行われたものと認められること。

⑵　本件一時金は，本件合併を契機とした退職金制度の変更に伴い，従来の制度の精算を要することから支払われるものであり，特段の事情が認められること。

⑶　本件従業員は，本件合併後，確定拠出年金又は給与の割増支給のいずれかの制度を選択することとなるところ，いずれの制度も給与規程に定める給与の額を基礎に拠出額や割増額が算定されるものであって，合併前の勤続期間を加味するものではなく，また，本件従業員に対して，実際にA社を退職する際にA社から退職金も支払われず，確定拠出年金における一時金についても，合併前の勤続期間は加味されていないこと。

関係法令等

所法30，所基通30－1，30－2

Q202　子会社転籍者に退職時に支払う一時金の所得区分

当社の専務役員が退任し，子会社に社長として転籍しましたが，当社では役員の退職金支給規程がなく，退任時には退職金を支給しておりません。

当社在籍時の役員報酬は月100万円でしたが，転籍先での役員報酬は月50万円となります。

このように，転籍先での処遇が当社処遇を下回る場合においては，当社処遇を保証するため，「(100万円 － 50万円) × 子会社勤続期間」に相当する金額を一時金として，子会社退任時に当社から当該役員に直接支給することとしています。

また一時金による補塡を行うことについて，転籍時に当社より当該役員に対し予め文書で通知しています。

この場合，子会社退任時に当社から当該役員に対して支給する一時金は，一時所得・給与所得・退職所得のいずれとすべきでしょうか。

A

子会社社長への転籍後，親会社との間に雇用契約又はこれに類する関係がないのであれば，質問の一時金は雑所得に該当するものと考えられます。

解説

質問の子会社社長退任時に貴社（以下「親会社」といいます。）から子会社社長に対して支給する一時金の所得区分については，雇用契約又はこれに類する原因に基づき支給されたものである場合には，給与所得，ただしその場合であっても，退職により一時に受けるものであるときは，退職所得と考えられます。

また，雇用契約又はこれに類する原因に基づき支給されたものでない場合につきましては，一時所得は「労務その他の役務又は資産の譲渡の対価としての性質を有しないもの」とされており，質問の場合，子会社社長は親会社の元役員であった地位，立場に基づいて支給を受けることからすればこの要件を満たさず，いわゆる対価性を有するものとして一時所得には該当しないものと考えられます。この場合には，「就職に伴う転居のための旅行の費用として支払を受ける金銭等のうち，その旅行に通常必要であると認められる範囲を超えるもの」や「役員又は使用人が自己の職務に関連して使用者の取引先等からの贈与等により取得する金品」（所基通35－1⑽，⑾）と同様に，一定の関係のある者から受ける金品として，一時に受けるものであっても雑所得に該当するものと考えられます。

なお，質問の一時金は，親会社の退職後に親会社から受けるものではありますが，親会社の退職により受けるものではなく，子会社での報酬の減額を補塡するものとして子会社の退職時に支給するものであることからすれば，親会社の退職を基因とするものとはいえず，退職所得には該当しないものと考えられます。

したがって，質問の場合，子会社社長が親会社との間の雇用契約又はこれに類する原因に基づき退職により一時に受ける給与である場合には退職所得，雇用契約又はこれに類する原因に基づき支給されたものでない場合には雑所得と考えられます。

質問の内容のみでは必ずしも明らかではありませんが，子会社社長への転籍後，親会社との間に雇用契約又はこれに類する関係がないのであれば，質問の一時金は雑所得に該当するものと考えられます。

関係法令等

所法28，30，34，35，所基通35－1⑽，⑾

5-2．企業年金からの一時金

Q203　確定給付企業年金の給付減額に伴い支給される一時金

当社の企業年金基金（確定給付企業年金）では，今般，年金の給付減額を内容とする規約の変更を行うこととしました。規約の変更に当たり，希望する年金の受給権者に対して最低積立基準額の全部を一時金として支給する予定です。

この給付減額に伴い支給される一時金について，所得税の取扱いはどのようになりますか。

A　**退職所得として取扱われます。**

解説　確定給付企業年金法の規定に基づいて支払われる一時金で加入者の退職により支払われるものは退職所得とみなすこととされています（所法31条３号)。この「加入者の退職により支払われるもの」には，年金の受給資格者に対しその年金に代えて支払われる一時金のうち，退職の日以後その年金の受給開始日までの間に支払われるもの（年金の受給開始日後に支払われる一時金のうち，将来の年金給付の総額に代えて支払われるものを含みます。）も含まれます（所基通31－1⑴)。

所基通31－1⑴《確定給付企業年金法等の規定に基づいて支払われる一時金》の取扱いは，いわゆる選択一時金（残存保証期間に係る年金現価相当額）に関するものですが，質問の確定給付企業年金の給付減額に伴う一時金についても，次の理由から選択一時金と同様にこの取扱いに準じて判断するのが相当と考えられます。

⑴　給付減額に伴う一時金は，選択一時金とは異なるものの，受給権者の選択により支給されるものであり，本来給付を受けるべき年金に代えてその現価相当額の支払を受けるものであること。

⑵　厚生年金基金の解散や適格退職年金契約の解除による一時金は，契約の解除等に基因して残余財産が分配されるものであるのに対し，給付減額に伴う一時金は，変更後の規約に定める給付の一形態として受給権者に対し減少する受給権の部分に対応する老齢給付金等が支給されるものであって，契約の解除等による一時金のように加入者に支給されるものではないこと。

質問の一時金は，将来の年金給付の総額に代えて支払われるものと認められますので，退職所得として取扱われます。

なお，受給権者が退職時に退職所得の支払を既に受けている場合には，その退職した日の属する年分の退職所得として，既に支払を受けた退職所得の上積み計算を行うこととなり，それまで退職所得の支払を受けていない場合には，その一時金を受領した日の属する年分の退職所得として取扱われます(所令77条，所基通30－４，31－1⑴注書)。

関係法令等

所法31，所令77，所基通30－4，31－1(1)

Q204 企業内退職金制度の廃止による打切支給の退職手当等（企業の財務状況の悪化等により廃止）

当社は，連年赤字決算が続いており，今後数年間に業績が回復する見込みがありません。このような状況下では，将来において使用人の退職金資金の確保も危ぶまれることから，労使合意に基づいて企業内退職金制度を廃止し，移行日前の過去勤務期間に係る退職金相当額について打切支給を実施することになりました。この場合，引き続き勤務する使用人に対して支払われる一時金は，所得税法上どのように取扱われますか。

A　**企業の財務状況の悪化等のやむを得ない事情によって企業内退職金制度を廃止して退職手当等として支給する給与は，退職所得として取扱って差し支えありません。**

解説　単なる企業内退職金制度の廃止による打切支給の退職手当等として支給する給与は，合理的な理由による退職金制度の実質的改変により精算の必要から支給されるものとは認められません。

しかしながら，企業の経営状態が悪化しており，かつ，将来においても回復する見込みがないと認められる場合には，企業において退職金資産を管理・運用できる状況になく，更に，今後とも退職金制度を維持していく場合には，将来の退職金債務を抱え込むことになり，その企業の存続問題にも影響しかねません。また，企業内退職金制度は，企業の内部資産をその原資としていますが，他の事業資産と明確に区分することが義務付けられていないため，企業が倒産した場合には，退職金が支払われないことも想定されます。

したがって，このような企業の財務状況の悪化等のやむを得ない事情によって企業内退職金制度を廃止する場合は，合理的な理由による退職金制度の実質的改変により精算の必要があると認められ，引き続き勤務する使用人に対して退職手当等として支払われる一時金は，退職所得として取扱って差し支えないと考えられます。

関係法令等

所法30①，所基通30－2(1)

Q205 確定給付企業年金の制度終了により支払われる一時金

当社では，確定給付企業年金制度（規約型）を実施していましたが，今般，同制度を廃止することとしました。同制度の終了に伴い引き続き勤務する従業員に対して支払われる一時金は，所得税法上どのように取扱われますか。

A

一時所得となります。

解説

確定給付企業年金法の規定に基づいて支給を受ける一時金で，加入者の退職により支払われるものは，退職所得とみなされます（所法31条3号）。

ところで，確定給付企業年金の制度終了に伴う一時金のように，契約関係の変更（終了）のみで何ら従業員（加入者）の勤務形態又は身分関係に変更がない（退職の事実又はそれに準じた事実等がない）状況において支払われる一時金を，「加入者の退職により支払われるもの」と解することはできません。

また，当該一時金は外部拠出型の退職金制度から支払われるものであるため給与としての性質を有しておらず，所法30条１項《退職所得》に規定する「これらの性質を有する給与」にも当たりません。

したがって，引き続き勤務する従業員に対して支払われる一時金は，「一時所得」となります。

関係法令等

所法30①，31①三，34①，所基通34－１⑷

5-3. 執行役員

Q206 使用人から執行役員への就任に伴い退職手当等として支給される一時金

所基通30－２の２《使用人から執行役員への就任に伴い退職手当等として支給される一時金》の取扱いでは，一定のものを退職手当等に該当するとしていますが，この取扱いの趣旨はどのようなことですか。

A

執行役員には，役員に該当しない者も含まれますが，使用人から執行役員への就任に伴い退職手当等として支給される一時金について，「特別の事実関係」があると認められる場合に打切支給される退職給与については，税務上も退職所得として取扱う旨をこの通達は明らかにしたものです。

解説

所得税法上，退職所得とは，「退職手当，一時恩給その他の退職により一時に受ける給与及びこれらの性質を有する給与に係る所得をいう」とされています（所法30①）。ここでいう「これらの性質を有する給与」について，判例は，「勤務関係の性質，内容，労働条件等において重大な変動があって，形式的には継続している勤務関係が実質的には単なる従前の勤務関係の延長とはみられないなどの特別の事実関係があることを要するものと解すべき」（昭和58年12月６日最高裁第三小法廷判決）としています。

ところで，執行役員制度とは，取締役会の担う①業務執行の意思決定と②取締役の職務執行の監督，及び代表取締役等の担う③業務の執行のうち，この③業務の執行を「執行役員」が担当するというものです。この導入の趣旨は，取締役会の活性化と意思決定の迅速化という経営の効率化，あるいは監督機能の強化を図るというもので，取締役会の改革の一環とされています。もっとも，執行役員には，会社法の「執行役」とは異なり法令上にその設置の根拠がなく導入企業によって任意に制度設計ができることから，当該執行役員の位置付けは，役員に準じたものとされているものや使用人の最上級職とされるものなど区々となっています。

そこで，使用人から執行役員への就任時に退職手当等として支給される一時金が退職所得に該当するか否かは，個々の執行役員制度に応じて，その使用人から執行役員への就任について，最高裁判決でいう「特別の事実関係」があるか否かによって判断することとなりますが，本通達に定める条件のいずれにも合致する場合には，

① 雇用契約を終了させ，新たに委任契約が締結される場合には，法律関係が明確に異なること
② 執行役員の任期は通常１年ないし２年とされており，使用人としての再雇用が保障されていない場合には，任期満了時には執行役員等として再任されない限り，会社を去らざるを得ず重大な地位の変動があったと考えられること
③ 法律関係を委任契約とし，報酬，福利厚生，服務規律等を役員に準じたものとする場合には，使用人の立場が継続しているとはいえないこと
④ 損害賠償責任について，使用人は，労働法上，故意又は重過失の場合に限られているのに対し，取締役は，過失責任とされており，執行役員についても，役員と同様のレベルまでは求めないとしても，役員に準ずる責任を有している場合には，重大な地位の変動等が認められること

から，単なる従前の勤務関係の延長ではなく，その使用人から執行役員への就任について「特別の事実関係」があると考えられます。

したがって，このような「特別の事実関係」があると認められる場合に打切支給される退職給与については，税務上も退職所得として取扱う旨をこの通達は明らかにしたものです。

なお，この通達は退職所得として取扱うものを明らかにしたものであって，この通達に合致しないものが，その合致しないことをもって直ちにその退職所得性を否定されるものでないことに留意する必要があります。

関係法令等

所法30①，所基通30－２の２

Q207　執行役員との契約関係が雇用契約の場合

当社の執行役員制度では，使用人から執行役員に就任する場合，雇用契約をいったん解除し，新たに雇用契約を締結することとし，執行役員に対する報酬，福利厚生，服務規律等は役員に準じたものとしています。

この場合，執行役員就任時に退職手当として打切支給する一時金は，退職所得と取扱われますか。

A

原則として，給与所得（賞与）と取扱われます。

解説

執行役員との契約関係が雇用契約の場合，会社との契約関係に変動がありません（雇用契約が継続している）。また，報酬，福利厚生，服務規律等は役員に準じたものであるとしても，労働法上も労働者に該当することに変わりはなく，労働者として保護を受けることから，一般には勤務関係の性質，内容，労働条件等において重大な変動があるとは認められないと考えられます。

したがって，その執行役員就任時に支払われる退職手当は，原則として，給与所得（賞与）と取扱われます。

関係法令等

所法30①，所基通30－２の２

Q208 取締役から執行役員へ就任させた場合

当社では所基通30－２の２に定める要件を満たす執行役員制度を採用していますが，今般，Ａを取締役から執行役員（使用人兼務役員又はみなし役員には該当しません。）に就任させ，Ａに対して取締役就任期間に係る退職手当を打切支給した場合，その退職手当は退職所得として取扱われますか。

また，執行役員から取締役に就任させ，執行役員就任期間に係る退職手当を打切支給した場合はどうですか。

A

原則として，退職所得と取扱われます。

解説

執行役員は，通常，会社法，法人税法及び所得税法上はあくまでも使用人であって役員ではないことから，①執行役員から取締役への就任，あるいは②取締役から執行役員への就任については，その者の法令上の地位に明確な変動があってその責任についても変動があると認められます。したがって，それぞれの就任時に退職手当等として支給される一時金の所得区分については，執行役員と取締役との間の就任・退任を繰り返して一時金を退職手当等として支給する場合などを除き，所基通30－２により，「打切支給」を要件に，原則として退職所得と取扱われます。

関係法令等

所法30①，所基通30－２の２

Q209 使用人としての職制上の地位を有する執行役員に就任させた場合

当社では，使用人Ａとの雇用契約をいったん解除し，新たに委任契約を締結して執行役員に就任させますが，当社の執行役員制度では，執行役員の業務執行範囲を明確にするため，「執行役員営業部長」といった使用人としての職制上の地位も付与します。

このような使用人としての職制上の地位を有する場合であっても，所基通30－２の２に定める要件を満たす執行役員制度の下での執行役員であれば，打切支給する執行役員就任前の勤続期間に係る退職手当は，退職所得と取扱ってよいですか。

A　**原則として，退職所得と取扱われます。**

解説　執行役員が使用人としての職制上の地位を有する場合であっても，所基通30－２の２に定める要件を満たす執行役員制度の下での執行役員であれば，会社との法律関係，労働条件等及び会社に対する責任の違いから，一般の使用人とは労働条件等に重大な変動があって特別の事実関係があるといえますので，打切支給される執行役員就任前の勤続期間に係る退職手当等は，原則として退職所得と取扱われます。

関係法令等

所法30①，所基通30－２の２

Q210 執行役員の任期満了後，使用人として再雇用した場合

当社では，所基通30－２の２に定める要件を満たす執行役員制度を導入し，使用人から執行役員に就任したＡに対しては，その就任前の勤続期間に係る退職手当を打切支給していました（退職所得として課税済み）。

今般，Ａは任期満了により執行役員を退任することとなりましたが，Ａは社内業務にも精通していることから，引き続き使用人として再雇用することとしました。この場合，過去に支給した退職手当は給与所得として是正しなければなりませんか。

A

原則として，過去に支給した退職手当を給与所得として是正する必要はありません。

解説

所基通30－２の２でいう「執行役員退任後の使用人として再雇用が保障されているものではないこと」とは，労使慣行や当事者間の契約において再雇用を前提としていなければよいものであり，結果的に再雇用するに至ったとしても，同通達に定める要件を満たす執行役員制度の下で支払われる退職手当は「退職所得」と取扱われます。

関係法令等

所法30①，所基通30－２の２

5-4. 勤続年数

Q211 個人事業当時の期間を通算して退職給与を支給する場合の勤続年数

Aは，従来個人経営であった事業をそのままの事業内容と規模で法人組織としました。従業員のうちには，個人事業当時から引き続き勤務している者が数人いますが，その従業員が退職した場合に支払う退職手当についての退職所得控除額の計算の基礎となる勤続年数は，個人事業当時からの勤続年数を通算してもよいでしょうか。

A

個人事業当時の勤続期間を含めて退職金の額を計算することが退職給与規程等において明らかとなっている場合には，勤続期間の通算が認められます。

解説

退職給与規程等に個人事業当時からの期間を含めた勤続期間を基礎として退職金を計算する旨が定められており，それに従って計算した退職金を支払うのであれば，原則として，個人事業当時の勤続期間を含めて勤続年数を計算することができます。

ただし，青色事業専従者であった者の場合は，あくまでも法人設立の日から退職するまでの期間が勤続年数となりますので，個人事業当時の勤続期間を通算することはできません。

また，退職給与規程等により，退職金の支払額の計算の基礎とする期間が，法人成りしてからの期間によるものとされている場合には，個人事業当時の勤続期間との通算は認められません。

関係法令等

所法30①，所令69①，所基通30－10

Q212　非常勤役員であった期間の勤続年数

当社の役員が退任し，株主総会において退職金の支給が決議されました。

この役員は，平成15年11月に非常勤役員として就任し，平成17年11月に常勤役員となったものです。

この場合，この役員に支給することとなった退職金は，常勤役員となった平成17年11月からの期間を支給計算の基礎としていますが，退職所得控除額の勤続年数は役員に就任した平成15年11月から計算して差し支えないですか。

A

役員に就任した平成15年11月から退職所得控除額の勤続年数を計算します。

解説

勤続年数は退職手当等の支払者のもとにおいて，退職の日まで引き続き勤務した期間により計算することとなっています。

したがって，役員として引き続き勤務した期間のうち，退職手当等の支給計算の基礎に含まれなかった期間があったとしても，その期間実際に勤務していれば，これを勤続年数に算入します。

関係法令等

所法30①，所令69①一，所基通30－6

Q213　将来の退任時に支給する役員退職慰労金の勤続期間の終期

当社では，経営環境の変化に迅速かつ的確に対応できる機動的な経営体制を構築するため，執行役員制度の導入，取締役数の減員，取締役任期の変更を行うとともに，役員退職慰労金制度を廃止することとしました。

この役員退職慰労金制度の廃止に伴い，株主総会においては，役員のこれまでの労に報いるため，それぞれの就任時から総会終結のときまでの在任期間に対応する退職慰労金を打ち切り支給することとし，支給の時期については，各役員の退任のときとすることが決議されました。

この決議により各役員が受ける退職慰労金は，退職所得として扱われますか。また，退職所得と扱われる場合，退職所得控除額を計算する勤続期間の終期は，退職慰労金の計算の基礎とされた総会終結のときでしょうか，あるいは各役員の退任のときでしょうか。

A　**退職所得に該当するほか，役員退任時まで引き続き勤務した期間とし，この期間により勤続年数を計算すべきものと考えます。**

解説

(1)　所得種類

役員退職慰労金制度の廃止に伴い，役員のそれまでの労に報いるため，それぞれの就任時から総会終結のときまでの在任期間に対応する退職慰労金を打ち切り支給するとのことであり，その支給の時期は各役員の退任のときとのことですので，役員退職慰労金制度の廃止に伴うものであって各役員の退任に基づきその際に支給されるものであることからすれば，いわゆる打ち切り支給の一時金として支給されるものである限り，所基通30－2(1)又は(3)の趣旨により，退職手当等として扱われるものと考えます。

(2)　収入すべき時期

所基通30－2の(1)の注書きには，「使用者が上記の給与を未払金等として計上した場合には，当該給与は現に支払われる時の退職手当等とする」とされていますが，この(1)は，「使用人に対し」と規定されており，使用人についての取扱いであるため，質問の役員の場合には該当しません。

また，質問の場合，各役員の退任前に株主総会の決議が行われており，収入すべき時期の取扱いは，「その役員の退職後その決議があった日」とされていることから，この取扱いの対象でもありません。

しかしながら，質問の退職慰労金の収入すべき時期については，①株主総会において支給の時期につき各役員の退任のときとすることが決議されていること，かつ，②その各役員の退任の時期が未確定であることを踏まえると，役員の退任により一時に受ける給与として，各役員の退任のときとみるのが相当と考えます。

(3) 勤続期間の終期

退職所得控除額を計算する際の勤続年数については，「その退職手当等の支払の基因となった退職の日まで引き続き勤務した期間により勤続年数を計算する」（所令69①一）とされていることからすれば，質問の場合は，退職慰労金の計算の基礎とされた総会終結のときまでではなく，役員退任時まで引き続き勤務した期間とし，この期間により勤続年数を計算すべきものと考えます。

関係法令等

所法30，所基通30－2

5-5. 特定役員退職手当等

Q214 特定役員退職手当等の課税方法

役員等の勤続年数が５年以下の場合は，課税方法が異なるとのことですが，どうですか。

A　役員等としての勤続年数（「役員等勤続年数」といいます。）が５年以下の者（「特定役員等」といいます。）が，その役員等勤続年数に対応する退職手当等として支払を受けるもの（「特定役員退職手当等」といい

ます。）については，退職所得控除額を控除した残額の2分の1とする措置の適用はありません。

なお，特定役員等の「役員等」とは，次に掲げる人をいいます。

1　法人の取締役，執行役，会計参与，監査役，理事，監事，清算人や法人の経営に従事している者で一定の者

2　国会議員や地方公共団体の議会の議員

3　国家公務員や地方公務員

解説

1　退職所得の計算の概要

退職所得の金額は，その年中に支払を受ける退職手当等の収入金額から，その者の勤続年数に応じて計算した退職所得控除額を控除した残額の２分の１に相当する金額とされていますが，役員等勤続年数が５年以下の者（特定役員等）が，その役員等勤続年数に対応する退職手当等として支払を受けるもの（特定役員退職手当等）については，この残額の２分の１とする措置はありません。

また，役員等勤続年数とは，役員等に支払われる退職手当等の勤続期間のうち，役員等として勤務した期間の年数（１年未満の端数がある場合には，その端数を１年に切り上げたもの）をいいます。

㈲　役員等として勤務した期間が４年11月の場合は，役員等勤続年数が５年となることから，特定役員等に該当することになります。また，役員等として勤務した期間が５年１月の場合は役員等勤続年数が６年に該当することから特定役員等には該当しません。

2　具体的な計算方法

特定役員退職手当等についての退職所得の金額の計算方法は，原則として次のとおり行います。

(1)　その年中に支払われる退職手当等が，特定役員退職手当等のみの場合
　特定役員退職手当等の収入金額 － 退職所得控除額

(2)　その年中に支払われる退職手当等が，特定役員退職手当等と特定役員退

職手当等以外の退職手当等の場合

次の(イ)と(ロ)の合計額となります。

(イ)　特定役員退職手当等の収入金額 － 特定役員退職所得控除額(注)

(ロ)　{退職手当等の収入金額 －（退職所得控除額 － 特定役員退職所得控除額)} × 1/2

(注)　特定役員退職所得控除額は，次の算式により求めます。

なお，特定役員等の勤続期間と特定役員等でない勤続期間の両方があり，その２つの期間が重複している場合には，その重複する勤続年数（重複している期間に１年未満の端数がある場合には，これを１年として計算します。）部分について調整計算を行う必要があります。

①　重複期間がない場合

40万円 × 特定役員等勤続年数

②　重複期間がある場合

40万円 ×（特定役員等勤続年数 － 重複勤続年数）

＋ 20万円 × 重複勤続年数

○退職所得控除額（太枠）のうち特定役員退職所得控除額（網掛け部分）の概要図

・勤続期間（設例）

	（使用人のみ）	（使用人兼務役員）	（役員のみ）
役員として勤務		2年	2年
使用人として勤務	22年	2年	

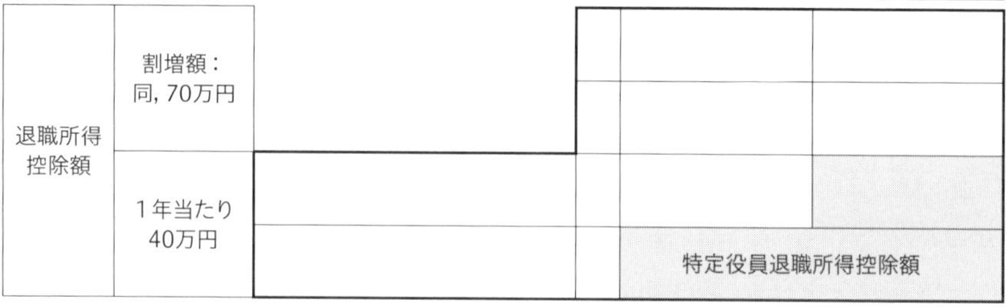

退職所得控除額		
	割増額：同，70万円	
	1年当たり40万円	特定役員退職所得控除額

（例1）役員としての勤続期間：4年9か月

役員退職金　500万円

勤続年数5年（うち役員勤続年数5年……特定役員に該当）

退職所得金額：500万円 －（40万円×5年）＝ 300万円

このケースでの退職所得金額は300万円となります。

（例2）使用人として10年勤務し，その後役員に就任して3年間勤務した後，退職したケース

使用人退職金　800万円，役員退職金500万円

勤続年数：13年（うち役員勤続年数3年……特定役員に該当）

退職所得控除額：40万円 × 13年 ＝ 520万円

特定役員退職所得控除額：40万円 × 3年 ＝ 120万円

退職所得金額：（500万円 － 120万円）＋ {800万円 －（520万円 － 120万円）} × 1/2 ＝ 580万円

このケースでの退職所得金額は580万円になります。

（例3）使用人として10年勤務し，その後使用人兼務役員に就任して3年間勤務，その後使用人の地位を喪失し，2年間役員専任として勤務して退職したケース

使用人退職金（使用人兼務役員期間の使用人部分を含む）：800万円

役員退職金（使用人兼務役員期間の役員部分を含む）：500万円

勤続年数15年（うち役員等勤続年数は，使用人兼務役員の期間3年と役員専任の期間2年の合計5年……特定役員に該当）

退職所得控除額：40万円 × 15年 ＝ 600万円

特定役員退職所得控除額

この例では，使用人兼務役員としての勤務期間に，使用人期間と役員期間が3年間重複していますので，上記(2)の注書きの調整計算を行います。

40万円 ×（5年 － 3年）＋ 20万円 × 3年 ＝ 140万円

退職所得金額：（500万円 － 140万円）＋ {800万円 －（600万円 － 140万円）} × 1/2 ＝ 530万円

このケースでの退職所得金額は530万円になります。

関係法令等

所法30，201，所令69，69の２，71の２，319の３

Q215 役員等勤続年数が５年以下かどうかの判定

役員等勤続年数が５年以下かどうかはどのように判定するのですか。

A

原則として，退職手当等の支払者の下においてその退職手当等の支払の基因となった退職の日まで引き続き勤務した期間のうち，役員等として勤務した期間により計算した年数が５年以下かどうかにより判定します。

解説

役員等勤続年数は，所令69条１項１号の規定に基づき算出した退職手当等に係る勤続期間（調整後勤続期間）のうち，役員等として勤務した期間により計算した年数（役員等として勤務した期間に１年未満の端数がある場合は，これを１年に切り上げ）とされています。

したがって，原則として，退職手当等の支払者の下においてその退職手当等の支払の基因となった退職の日まで引き続き勤務した期間のうち，役員等として勤務した期間により計算した年数が５年以下かどうかにより判定します。

関係法令等

所法30，201，所令69，69の２，71の２，319の３

Q216 同一年中に異なる会社から それぞれ退職手当等の支給を受ける場合

同一年中に，異なる会社からそれぞれ退職手当等の支給を受ける場合，特定役員退職手当等の判定はどのように行うのでしょうか。

A **それぞれの退職手当等ごとに判定します。**

解説 同一年中に，異なる会社からそれぞれ退職手当等の支給を受ける場合は，それぞれの退職手当等ごとに，役員等勤続年数が５年以下かどうかにより特定役員退職手当等に該当するかどうかを判定します。

関係法令等

所法30，201，所令69，69の２，71の２，319の３

Q217 支給金額を勤務期間の２倍の ６年として算出する場合

役員として３年間勤務した者に役員退職金を支給する予定ですが，その支給金額は勤務期間を６年（実際の勤務期間の200%）として算出することとしています。

この役員退職金は特定役員退職手当等に該当しないと考えてよろしいですか。

A **実際の勤続期間により計算するため，特定役員退職手当等に該当します。**

解説　役員等勤続年数は，所令69条１項１号に規定する期間を基礎として計算することとされていますが，この勤続年数は，退職手当等の支給金額の計算の基礎となった期間により計算するのではなく，あくまでも，実際の勤続期間により計算することとなります（所基通30－６）。

したがって，質問の役員退職金は，役員として実際に勤務した３年間が役員等勤続期間であり，役員等勤続年数は５年以下となるため，特定役員退職手当等に該当することとなります。

関係法令等

所法30，201，所令69，69の２，71の２，319の３，所基通30－６

Q218 使用人としての退職金と役員退職金を支給する場合

一の勤務先が，同じ年に，使用人としての退職金と役員退職金を支給する場合の退職所得の金額はどのように計算すればよいのでしょうか。

役員退職金　1,000万円

使用人退職金　2,500万円

勤続期間

役員として勤務		2020.4.1～2023.3.31
使用人として勤務	2000.4.1～2020.3.31	

A　**退職所得の金額は，次のとおりとなります。**

(1,000万円 － 120万円)＋[(2,500万円 － 890万円) × 1/2]＝1,685万円

解説　① **特定役員退職所得控除額の計算**

40万円 × ３年 ＝ 120万円

40万円に特定役員等勤続年数３年を乗じた120万円が特定役員退職所得控除額となります。

② **一般退職所得控除額の計算**

[800万円 ＋ 70万円 ×（23年 − 20年）] − 120万円 ＝ 890万円

1　退職手当等の支払者の下においてその退職手当等の支払の基因となった退職の日まで引き続き勤務した期間は2000.４.１～2023.３.31ですから，勤続年数は23年となります。

2　勤続年数23年に対応する退職所得控除額（勤続年数20年以下の部分は年 40万円，20年を超える部分は年70万円）から上記①で算出した特定役員退職所得控除額（120万円）を差し引いた残額が，一般退職所得控除額となります。

③ **退職所得の金額の計算**

（1,000万円 − 120万円）＋ [（2,500万円 − 890万円）× 1/2] ＝ 1,685万円

特定役員退職手当等（1,000万円）から上記①で算出した特定役員退職所得控除額（120万円）を差し引いた残額には1/2を乗じないよう注意してください。

（ポイント）

・役員として勤務した期間は2020.４.１～2023.３.31までの３年間であるため，役員等勤続年数は５年以下となります。したがって，この期間に対応する役員退職金（1,000万円）は特定役員退職手当等に該当します。

・使用人退職金（2,500万円）は一般退職手当等です。

関係法令等

所法30，201，所令69，69の２，71の２，319の３

Q219 使用人としての勤続期間と役員としての勤続期間に重複がある場合

一の勤務先が，同じ年に，使用人としての退職金と役員退職金を支給する場合で，使用人としての勤続期間と役員としての勤続期間に重複する期間がある場合の退職所得の金額はどのように計算すればよいのでしょうか。

役員退職金　　1,000万円

使用人退職金　2,500万円

勤続期間

	（使用人のみ）	（使用人兼務役員）	（役員のみ）
役員として勤務		2020.4.1～2022.3.31	2022.4.1～2024.3.31
使用人として勤務	2000.4.1～2020.3.31	2020.4.1～2022.3.31	

A

退職所得の金額は，次のとおりとなります。

（1,000万円 － 120万円）＋［(2,500万円 － 960万円)×1/2］＝1,650万円

解説

①　特定役員退職所得控除額の計算

40万円 ×（４年 － ２年）＋ 20万円 × ２年 ＝ 120万円

特定役員退職所得控除額は，40万円に特定役員等勤続年数から重複勤続年数を差し引いた年数を乗じた金額と，20万円に重複勤続年数を乗じた金額の合計額となります。

②　一般退職所得控除額の計算

［800万円 ＋ 70万円 ×（24年 － 20年）］－ 120万円 ＝ 960万円

1　退職手当等の支払者の下においてその退職手当等の支払の基因となった退職の日まで引き続き勤務した期間は2000.４.１～2024.３.31ですから，勤続年数は24年となります。

2　勤続年数24年に対応する退職所得控除額（勤続年数20年以下の部分は年 40万円，20年を超える部分は年70万円）から上記①で算出した特定役員退職所得控除額（120万円）を差し引いた残額が，一般退職所得控除額となります。

③　退職所得の金額の計算

（1,000万円 － 120万円）＋［（2,500万円 － 960万円）× 1/2］＝ 1,650万円

特定役員退職手当等（1,000万円）から上記①で算出した特定役員退職所得控除額（120万円）を差し引いた残額には1/2を乗じないよう注意してください。

（ポイント）

・役員として勤務した期間は2020. 4. 1 ～2024. 3 .31までの４年間であるため，役員等勤続年数は５年以下となります。したがって，この期間に対応する役員退職金（1,000万円）は特定役員退職手当等に該当します。

・2020. 4. 1 に使用人兼務役員に就任しましたが，2022.3.31 に使用人としての地位を喪失し，2022. 4. 1 から専任の役員となっていますので，特定役員等勤続期間（2020.4.1～2024.3.31）と一般勤続期間（2000.4.1～2022.3.31）とが重複している期間は，使用人兼務役員期間であった2020.4.1～2022.3.31までの期間となり，重複勤続年数は２年となります。

・使用人退職金（2,500万円）は一般退職手当等です。

関係法令等

所法30，201，所令69，69の２，71の２，319の３

Q220 他社で既に使用人としての退職金と役員退職金の支給を受けている場合

Ａ社から使用人としての退職金と役員退職金の支給を受けた者が，同じ年に，Ｂ社からも役員退職金の支給を受ける場合，Ｂ社における退職所得の金額はどのように計算すればよいのでしょうか。

Ａ社　役員退職金　1,000万円
　　　使用人退職金　2,500万円
Ｂ社　役員退職金　2,000万円

勤続期間

A社	使用人勤務期間20年 2000.4.1～2020.3.31	役員勤務期間３年 2020.4.1～2023.3.31	
B社		役員勤務期間10年 2013.8.1～2023.7.31	

A

退職所得の金額は，次のとおりとなります。

(1,000万円 − 60万円) + [(2,500万円 + 2,000万円 − 1,020万円) × 1/2] = 2,680万円

解説

①　特定役員退職所得控除額の計算

40万円 ×（３年 − ３年）+ 20万円 × ３年 = 60万円

特定役員退職所得控除額は，40万円に特定役員等勤続年数から重複勤続年数を差し引いた年数を乗じた金額と，20万円に重複勤続年数を乗じた金額の合計額となります。本件では，Ａ社において役員として勤務した期間の全てがＢ社の勤務期間と重複していますので，20万円にＡ社において役員として勤務した年数（３年）を乗じた金額（60万円）が特定役員退職所得控除額となります。

②　一般退職所得控除額の計算

[800万円 ＋ 70万円 × (24年 － 20年)] － 60万円 ＝ 1,020万円

勤続年数24年に対応する退職所得控除額（勤続年数20年以下の部分は年40万円，20年を超える部分は年70万円）から上記①で算出した特定役員退職所得控除額（60万円）を差し引いた残額が，一般退職所得控除額となります。

③　退職所得の金額の計算

(1,000万円 － 60万円) ＋ [(2,500万円 ＋ 2,000万円 － 1,020万円) × 1/2] ＝ 2,680万円

特定役員退職手当等（1,000万円）から上記①で算出した特定役員退職所得控除額（60万円）を差し引いた残額には１/２を乗じないよう注意してください。

（ポイント）

・Ｂ社から支給を受ける役員退職金の役員等勤続年数は５年超であるため，この役員退職金 2,000万円は一般退職手当等に該当します（Ａ社から支給を受ける使用人退職金（2,500万円）と合わせて4,500万円が一般退職手当等となります。）。

・一般勤続期間は，Ａ社における使用人として勤務した期間とＢ社における勤続期間のうち，最も長い期間により計算しますが，この最も長い期間と重複していない期間は，この最も長い期間に加算します。したがって，最も長い期間であるＡ社における使用人として勤務した期間（2000.４.１～2020.３.31）に，この期間と重複していない2020.４.１～2023.７.31までの期間を加算すると一般勤続期間は2000.４.１～2023.７.31までとなります。

・特定役員等勤続期間は2020.４.１～2023.３.31までですので，一般勤続期間（2000.４.1～2023.７.31）と重複している期間は2020.４.１～2023.３.31までとなり，重複勤続年数は３年となります。

・退職所得控除額の計算の基となる勤続年数は24年（2000.４.１～2023.７.31⇒23 年４ヶ月⇒24年）です。

関係法令等

所法30，201，所令69，69の２，71の２，319の３

Q221 取締役を４年務めた後 監査役として２年間務めた場合

取締役を４年間務めた後，引き続き，監査役として２年間務めた者が退職することとなったことから，役員退職金を支給します。

この役員退職金は，役員期間（６年間）に対するものですから，特定役員退職手当等に該当しないと考えますがよろしいでしょうか。

A 一般退職手当等に該当します。

解説 この役員退職金は，役員として勤務した６年間（取締役４年と監査役２年）に対応するものですから，特定役員退職手当等ではなく，一般退職手当等に該当します。

関係法令等

所法30，201，所令69，69の２，71の２，319の３

5-6. 短期退職手当等（令和４年分以後の所得税について適用）

Q222 短期退職手当等

短期退職手当等とは，どのようなものですか。

A

「短期退職手当等」とは，退職手当等のうち，退職手当等の支払をする者から短期勤続年数（勤続年数のうち，役員等以外の者としての勤続年数が5年以下であるもの）に対応する退職手当等として支払を受けるものであって，特定役員退職手当等に該当しないものをいいます。

これは，令和3年度税制改正で退職所得課税が見直され，令和4年分以後の所得税について適用されるもので，短期退職手当等の収入金額から，退職所得控除額を控除した残額のうち，300万円超の部分について「2分の1課税」が適用されないというものです。

この短期退職手当等に係る退職所得の金額は，次に掲げる場合の区分に応じそれぞれ次の金額とされています。

①　当該短期退職手当等の収入金額から退職所得控除額を控除した残額が300万円以下である場合
当該残額の２分の１に相当する金額

②　当該短期退職手当等の収入金額から退職所得控除額を控除した残額が300万円超である場合
150万円 + {収入金額 − (300万円 + 退職所得控除額)}

㈿　この短期退職手当等については，令和４年分以後の所得税について適用されます。

解説

上記の「役員等以外の者としての勤続年数」とは，「役員等以外の者として勤務した期間により計算した勤続年数」であるものの，短期退職手当等に係る勤続年数は，役員等の勤続期間も含めてカウントすることに注意する必要があります。

次に，短期退職手当等に係る退職所得の金額の計算方法は，次のとおりです。

1　短期退職手当等の収入金額から退職所得控除額を控除した残額が300万円以下の場合
その残額の２分の１が退職所得の金額となります。

2　短期退職手当等の収入金額から退職所得控除額を控除した残額が300万

円超の場合

次の①と②の合計額が退職所得の金額となります。すなわち，300万円超の部分については，「２分の１課税」が適用されません。

① 残額が300万円以下の部分に対応する退職所得の金額

300万円 × 1/2 ＝ 150万円

② 残額が300万円超の部分に対応する退職所得の金額

短期退職手当等の収入金額 －（退職所得控除額 ＋ 300万円）

○短期退職手当等の収入金額（太枠部分）と退職所得の金額

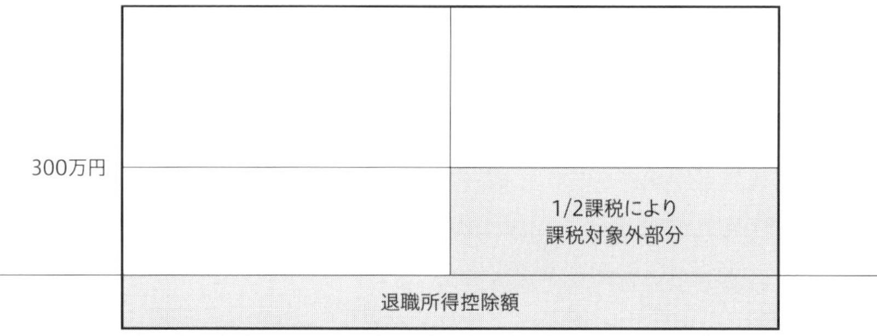

㈱ 高さは金額を示し，網掛け部分は課税対象外の部分を示しており，太枠内のうち，網掛け以外の部分が課税対象となる退職所得の金額を示しています。

関係法令等

所法30，所令69，70

Q223 同一年中に短期退職手当等と一般退職手当等を受け取った場合

同一年中に短期退職手当等と一般退職手当等を受け取った場合の退職所得の計算は，どのようにするのですか。

A

２社で働く従業員が同じ年に両社とも退職したことで受給する退職手当等について，一方が短期退職手当等で，もう一方が一般退職手当等である場合，退職所得の計算は，両社で重複している勤続年数を基に，短期退職所得控除額と一般退職所得控除額を算定して退職所得の金額を計算します。

解説

1　短期退職手当等についての退職所得の計算の概要

退職所得の金額は，その年中に支払を受ける退職手当等の収入金額から，その者の勤続年数に応じて計算した退職所得控除額を控除した残額の２分の１に相当する金額とされていますが，短期退職手当等の収入金額から，退職所得控除額を控除した残額のうち，300万円超の部分については，この残額の２分の１とする措置はありません。

2　２社同時退職の調整計算

２社で働く従業員が同じ年に両社とも退職したことで受給する退職手当等について，一方が短期退職手当等で，もう一方が一般退職手当等である場合，退職所得の計算は両社で重複している勤続年数を算定して計算し，次の区分に応じた金額となります。

この場合，短期退職所得控除額の計算では，退職所得控除額の上限が1年あたり40万円であることから，重複勤続年数に係る控除額は一般退職手当等に対応する控除額と平等に振り分けて計算します。

①　当該短期退職手当等の収入金額から退職所得控除額を控除した残額が300万円以下である場合

{(短期退職手当等の収入金額 － 短期退職所得控除額) × 1/2} ＋ {(一般退職手当等の収入金額 － 一般退職所得控除額) × 1/2}

②　当該短期退職手当等の収入金額から退職所得控除額を控除した残額が300 万円超である場合

{150万円 ＋ 短期退職手当等の収入金額 －（300万円＋短期退職所得控除額)} ＋ {(一般退職手当等の収入金額 － 一般退職所得控除額) × 1/2}

「短期退職所得控除額」

＝ 40万円 ×（短期勤続年数 － 重複勤続年数）＋ 20万円 × 重複勤続年数

「一般退職所得控除額」

＝ 退職所得控除額 － 短期退職所得控除額

(注) この短期退職手当等については，令和４年分以後の所得税について適用されます。

関係法令等

所法30，所令69，70

Q224　５年内に使用人兼務役員や役員に就任した場合

従業員が勤続年数５年以下の間に使用人兼務役員や役員に就任した後に退職する場合の退職所得の計算は，どのようにするのでしょうか。

具体的には，従業員として１年間勤務した後の２年間は使用人兼務役員の勤続期間，その後の２年間は役員の勤続期間を含めて５年となります。

そして，従業員の退職手当等として500万円，役員の退職手当等として1,000万円を支給するものです。

役員退職金　　1,000万円

使用人退職金　　500万円

勤続期間

	（使用人のみ）	（使用人兼務役員）	（役員のみ）
役員として勤務		2022.1.1～2023.12.31	2024.1.1～2025.12.31
使用人として勤務	2021.1.1～2021.12.31	同上	

A

短期退職手当等と特定役員退職手当等のいずれにも該当し，退職所得の金額は，次のとおりとなります。

(1,000万円 − 120万円) + [150万円 + 500万円 − (300万円 + 80万円)] = 1,150万円

㊟　この短期退職手当等については，令和4年分以後の所得税について適用されます。

解説

①　特定役員退職所得控除額の計算

40万円 ×（4年 − 2年）+ 20万円 × 2年 = 120万円

特定役員退職所得控除額は，40万円に特定役員等勤続年数から重複勤続年数を差し引いた年数を乗じた金額と，20万円に重複勤続年数を乗じた金額の合計額となります。

②　短期退職所得控除額の計算

（40万円 × 5年）− 120万円 = 80万円

勤続年数5年に対応する退職所得控除額から上記①で算出した特定役員退職所得控除額（120万円）を差し引いた残額となります。

③　退職所得の金額の計算

（1,000万円 − 120万円）+［150万円 + 500万円 −（300万円 + 80万円)］= 1,150万円

短期退職手当等と特定役員退職手当等のいずれについても1/2課税はありません。

（参考）

短期退職手当等とは，役員等以外の者としての勤続年数が5年以下の者に支給される退職手当等のことであり，退職所得控除額控除後300万円超部分は2分の1の額ではなく，全額が課税されます（所法30②④）。

この場合，短期退職手当等に係る勤続年数は，役員等の勤続期間も含めてカウントしますので，質問の場合はこれに該当します（所令69の2①③）。

また，勤続年数が5年以下の役員等に支給される退職手当等は，「特定役員退職手当等」に該当し，２分の１課税が適用されません（所法30②⑤）が，ここでの勤続年数には，いわゆる使用人兼務役員として勤務した期間も含めて計算しますので，質問の場合は特定役員退職手当等にも該当することになります。

この場合，特定役員退職所得控除額の計算で用いる重複勤続年数とは，通常，特定役員等としての勤続期間と，従業員としての勤続期間が重複する期間のことをいいます。

質問の事例では，いずれにも，使用人兼務役員としての期間が含まれていますので，重複勤続年数は，使用人兼務役員としての勤続期間である2022.１.１～2023.12.31までの２年間となります。

この場合における退職所得の金額は，短期退職所得控除額が退職所得控除額から役員退職所得控除額を控除した残額とされていますので，短期退職手当等の500万円から短期退職所得控除額80万円を控除した残額が420万円（>300万円）となりますので，残額のうち300万円超となる120万円に２分の１課税が適用できません。

関係法令等

所法30，所令69，70

5-7.　源泉徴収税額の計算

Q225　２社同時に退職する場合の退職所得の受給に関する申告書

親会社から当社に出向している執行役員Aは，本年３月末で当社及び親会社を退職することから，両者から退職金が支給されます。

この場合，退職所得の受給に関する申告書は，どのように提出すればよいでしょうか。

A　**それぞれの支払者に提出する申告書にその提出の順序を記載した上で，その順序に従い，支払済みの他の退職手当等を記載します。**

解 説　同一年中に２以上の支払者から退職手当等の支払を受ける場合で，退職所得の受給に関する申告書をその２以上の支払者に同時に提出しようとするときは，それぞれの支払者に提出する申告書にその提出の順序を記載することとされています。

そして，その記載された順序が先順位である支払者から支払を受ける退職手当等について，その順序が後順位である支払者に提出する申告書に「支払済みの他の退職手当等」として記載します。

関係法令等

所法203，所基通203－１

Q226　２回以後の退職手当等に係る税額が赤字となる場合

子会社出向中であった社員Ａが本年中に既に支払を受けていた退職手当等が特定役員退職手当等であったため，親会社である当社が支給する退職手当等に対する税額は，赤字となります。

この場合，当社は，赤字分の源泉所得税を還付するのでしょうか。

A　**赤字の金額はその支払者からは還付しません。**

社員Aが，その年分の退職手当等について確定申告書を提出して還付を受ける必要があります。

解説　同一年中に２以上の支払者から退職手当等が支払われる場合において，その２回目以後に支払われる退職手当等の額について計算した税額が赤字になるときは，その退職手当等から徴収する税額はないことになり，その赤字の金額はその支払者からは還付しません。

この赤字の金額の還付を受けるためには，社員Aが，その年分の退職手当等について確定申告書を提出することが必要です（所法122《還付等を受けるための申告》参照）。

関係法令等

所法122，201，所基通201－2

Q227 退職金を分割支給した場合

本年３月に勤続38年で退任した取締役Ａについて，株主総会において5,000万円の退職金を支給することが決議されましたが，資金繰りの都合から7月に3,000万円，12月に2,000万円と２回に分割して支給することとしました。

この場合の源泉徴収税額はどのように計算すればよいのでしょうか。

㈱　上記退職金は特定役員退職手当等には該当しません。

A　**まず，退職金総額5,000万円について源泉徴収すべき税額を計算し，その税額を各回の支給金額で案分して計算することとなります。**

解説　質問の場合，具体的には次のようになります。

⑴　勤続38年に対する退職所得控除額

……800万円 ＋ 70万円 ×（38年 － 20年）＝ 2,060万円

⑵　退職所得金額の計算

……（5,000万円 － 2,060万円）× 1/2 ＝ 1,470万円

⑶　源泉徴収すべき所得税及び復興特別所得税の額

……（1,470万円 × 33% － 153.6万円）× 102.1% ＝ 3,384,615円

⑷　７月に徴収する所得税及び復興特別所得税の額

……3,384,615円 × 3,000万円 / 5,000万円 ＝ 2,030,769円

⑸　12月に徴収する所得税の額

……3,384,615円 × 2,000万円 / 5,000万円 ＝ 1,353,846円

関係法令等

所法30，89，所基通183～193共－1，201－3

第6章

報酬料金

6-1. 原稿料など

Q228 校閲の報酬

講演を依頼した者に講演料を支払いましたが，その講演内容の要旨を印刷物とするため，当方で作成した要約文の校閲を依頼し，その報酬を別途支払います。

この校閲の報酬は，源泉徴収の対象となりますか。

なお，講演内容の要旨を印刷物とすることについては，あらかじめその者の了解を得ています。

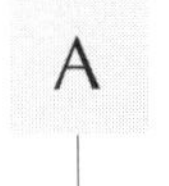

原稿の報酬として源泉徴収を要します。

解説

本件の校閲の報酬は，一種の監修料に該当し，所得税法204条1項1号《源泉徴収義務》に掲げる原稿の報酬として源泉徴収を要します。

関係法令等

所法204①一，所基通204－6

Q229 社内の写真コンテストの賞金

当社は機械工具メーカーです。この度，当社従業員を対象に，当社製品（機械）を使用しているユーザーの写真を撮らせ，その写真の社内コンテストを行うこととしました。優秀者には賞金10万円を贈り，その作品を社内報に掲載することとしていますが，この場合，この賞金については源泉徴収をする必要がありますか。

なお，写真撮影は本来の勤務時間外に行うこととしています。

A

優秀者への賞金は，雑誌・広告その他の印刷物に掲載するための写真の報酬・料金に該当し，源泉徴収を要します。

解説

社内の写真コンテストの賞金が雇用契約に基づく給与に該当する場合には，給与として源泉徴収を要し，報酬料金としての源泉徴収は要しないこととなりますが，質問の写真撮影については，本来の勤務時間外に行うこととされていることからすれば，給与には該当しないものと考えられます。

そうしますと，優秀者への賞金は，雑誌・広告その他の印刷物に掲載するための写真の報酬料金に該当し，報酬料金としての源泉徴収を要することになります。

関係法令等

所法204①一，所令320①，所基通204－10

Q230　動画の仕上げ効果に対する報酬

当社は，テレビ漫画映画のセル画制作を行う法人です。線画，トレースの済んだセル画を絵コンテ（台本）に従って染色制作しますが，仕上げの段階でスプレー等による背景のぼかし，光線，雲の光等のいわゆる「効果」作業を個人の事業者に外注に出しています。

この対価の支払いについて原画，デザイン料又は演出家の役務提供に対する報酬として源泉徴収する必要がありますか。

A　**源泉徴収をする必要はありません。**

解説　効果の作業は，絵コンテを参考に，演出家の指示に基づいて行われることから，独創性が薄く，原画，デザイン料又は演出家の報酬には該当しないものと認められますので，源泉徴収の必要はありません。

関係法令等

所法204①一，五，所基通204－6

Q231 スタイリスト料及びヘアメイク料

写真撮影の際，イメージに応じたファッションのアドバイスをする者又はメーキャップを施す者に対して，スタイリスト料又はヘアメイク料を支払いますが，この支払については源泉徴収の対象となりますか。

A　**スタイリスト料又はヘアメイク料については，源泉徴収を要しません。**

ただし，源泉徴収を要する場合もありますので注意してください。

解説　ポスターやジャケット用の写真撮影に際して支払うスタイリスト料又はヘアメイク料は，所得税法204条１項１号《源泉徴収義務》及び所得税法施行令320条１項《報酬，料金，契約金又は賞金に係る源泉徴収》に規定する写真の報酬には該当しません。

したがって，スタイリスト又はヘアメイクをする者に支払うものについては源泉徴収を要しません。

ただし，スタイリスト料又はヘアメイク料相当額を写真の報酬に含めて，カメラマンに支払う場合には源泉徴収を要することとなります。

また，映画，演劇その他芸能又はテレビジョン放送に係る美粧の報酬として，スタイリスト料又はヘアメイク料をその者に支払う場合には源泉徴収を要することとなります。

関係法令等

所法204①，所令320①④

Q232 動画撮影の際のヘアメイク料

当社は広告制作を営む株式会社です。

広告の一つに「商品の取扱いを説明する動画制作」があり，動画撮影に係るモデルにヘアメイクをする者への支払いは源泉徴収の対象となりますか。

ポスターやジャケット用の写真撮影に際して支払うヘアメイク料は源泉徴収を要しないということですが，動画撮影となる当社の場合も同様に考えてよろしいのでしょうか。

A

源泉徴収を要しません。

解説

質問の動画撮影に係るモデルにヘアメイクをする者への支払いが，「映画，演劇その他芸能又はテレビジョン放送に係る美粧の報酬」に該当する場合には源泉徴収を要し，該当しない場合には報酬料金としての源泉徴収を要しないことになります。

質問の場合，商品の取扱いを説明する動画制作とのことですので，「映画，演劇その他芸能又はテレビジョン放送に係る美粧の報酬」には該当しないものと思われます。

関係法令等

所法204①，所令320①④

Q233 原稿料と一緒に支払う材料費などの実費

当社は，婦人向けの雑誌出版を業とする法人です。この度，料理学校の教師Aに対して料理雑誌に掲載する原稿の作成を依頼し，その費用として220,000円を支払うこととしましたが，この支払は，全額を原稿料として源泉徴収する必要がありますか。

なお，請求書の内訳は次のとおりです。

1	原稿料	60,000円
2	料理制作費	120,000円
3	材料費	40,000円

A

原稿料のほか料理制作費及び材料費を含めた全額に対し源泉徴収する必要があります。

解説

所基通204－2において，報酬・料金又は契約金の性質を有するものについては，たとえ謝礼，賞金，研究費，材料費，車賃，記念品代，酒こう料等の名目で支払うものであっても，源泉徴収の対象とされています。

質問の場合，Aは原稿の作成のために，料理をするものであり，料理制作費，材料費は原稿料の対価を構成するものですから，名目の如何にかかわらず報酬・料金等の性質を有すると解されます。したがって，全額を原稿料の報酬として源泉徴収をする必要があります。

関係法令等

所法204①一，所基通204－2

6-2. 講演料

Q234　オンラインにより国外から行う講演の報酬

当社では，在宅勤務者も増加する中，職員研修の一環として，オンラインによる講演会を企画しており，講師には国外からPCを利用して講演をしていただき報酬を支払う予定ですが，オンラインにより国外から行う講演の場合でも，源泉徴収は必要でしょうか。

A　**居住者に支払う講演の報酬の場合，講演が国外において行われるものであっても，講演料として源泉徴収の必要があります。**

解説　居住者に対し国内において所得税法に定める報酬料金の支払をする者は，その支払の際，源泉徴収を要することとされており，この報酬料金には，講演料が含まれています。

そして，この講演料については，特に定義されていませんので，社会一般において用いられている概念と考えられます。そうしますと，講演とは，多数の者に対してある題目について話をすることということができ，リアルタイム（同時）にオンラインを通じて映像と音声が配信されて多数の者が視聴するものである限り，特に，講演に該当しないとする理由は見当たりません。

以上からすれば，講演がオンラインを通じて行われる場合であっても，その報酬は講演料に該当し，その報酬料金についての源泉徴収を要するものと考えます。

以上は，講師が居住者の場合の課税関係であり，居住者に該当する講師が国外滞在中に講演を行う場合であっても，居住者は全世界で生ずる所得が課税対象とされますので，国内で講演を行う場合と同様の課税関係となります。

これに対し，講師が非居住者に該当する場合には，「国内において行う人的役務の提供に基因する報酬」（所法161①十二イ）が国内源泉所得として所得税の課税対象になりますので，非居住者に該当する講師が国外において講演をする場合には，相手国との租税条約において異なる定めがない限り，日本での課税関係は生じないことになります。

なお，非居住者に該当する者が国内で行う講演の報酬については，「Q259　米国の大学教授に支払う講演料」を参考にしてください。

関係法令等

所法204①一，212

Q235 トークショーへの出演料

当社は，広告宣伝活動の一環として「○○○○○について考える」と題してトークショーを開催し，数人の歌手に出席してもらいます。報酬・料金は，本人へ直接支払いますが，源泉徴収は必要でしょうか。

また，所属するプロダクション（内国法人）へ支払う場合はどうでしょうか。

A

講演料として源泉徴収の必要があります。
内国法人へ支払う場合は必要ありません。

解説

この事例の場合，業務の内容がトークショーということであるため，歌手が出席していても，歌を歌うわけでもなく，また，テレビ・ラジオ・映画・音楽ショーに出演するわけでないため，「芸能への出演」には該当しないこととなります。

したがって，本人に直接報酬を支払う場合は，講演のための出席に対する報酬と考えられます。

また，内国法人であるプロダクションへ支払う場合については，源泉徴収をする必要はありません。

関係法令等

所法174，204，所令32

Q236 手話通訳の報酬

講演会を開催するに当たって，外部から手話通訳者を呼んで講話内容を手話通訳させることとしました。

この場合の手話通訳者に対する報酬・料金については，源泉徴収の対象となりますか。

A

源泉徴収の必要はありません。

解説

手話通訳に係る報酬・料金については，翻訳，通訳の報酬・料金のいずれにも該当しませんので，源泉徴収の対象とはなりません。

なお，質問の報酬は，手話通訳のみの委託に対するものですから給与にも該当しません。

関係法令等

所法204①1号，所令320①，所基通204－6

Q237 サークル活動の際に支払う講師謝金

当社は，従業員の要望により，いくつかのサークル活動を行っています。

サークル活動は，生け花，茶の湯，囲碁，スポーツクラブなどで講師は，会社が委嘱し，講師謝金の支払いも当社が行っています。

この場合，それぞれの講師に支払う謝金について，源泉徴収する必要はあるでしょうか。

所法204条１項１号の「技芸の教授」に該当し源泉徴収の必要があります。

解 説

技芸，スポーツその他これらに類するものの教授若しくは指導又は知識の教授に係る講師謝金については，所法204条１項１号の報酬・料金に該当し，源泉徴収を要することとなっています。

技芸，スポーツ，知識等の教授・指導料に含まれるものとしては，次のものがあります。

① 生け花，茶の湯，舞踊，囲碁，将棋等の遊芸師匠に対する実技指導の対価

② 編物，ペン習字，着付，料理，ダンス，カラオケ，民謡，語学，単価，俳句等の教授又は指導及び各種資格取得講座に係る講師謝金等

したがって，質問の場合，技芸及び知識の教授に該当することから，その講師謝金を支払う際に所得税を源泉徴収する必要があります。

なお，これらの講師謝金であっても雇用契約に基づく給与等に該当する場合には，給与所得として源泉徴収を行うこととなります。

関係法令等

所法204，所令320，所基通204－６

Q238 講師料とアシスタント料の支払い

当社は，社内活動の一環として，料理研究家Ａを迎えてクッキングセミナーを行うこととしました。

Ａはアシスタントを同行させセミナーを実施したことから，アシスタントの出張費を含めた講師料を講師に支払ました。

この場合，源泉徴収はどのようになりますか。また，支払いを講師とアシスタントの両方に区分して支払った場合はどうですか。

A

源泉徴収が必要となります。

解説

1　アシスタントに対する出張費も含めて講師に対して一括で支払った場合は，その全額について「技芸・スポーツ，知識等の教授・指導料」として源泉徴収する必要があります。

2　講師とアシスタントに対して，別々に直接支払った場合においても，それぞれに対し，1と同様に源泉徴収する必要があります。

ただし，講師との契約内容及び業務内容によっては，アルバイト賃金として給与の源泉徴収が必要となる場合もあります（給与になるものは，報酬料金の範囲から除かれています。）。

関係法令等

所法204，所令320

6-3.　外交員報酬

Q239　特約店の従業員に支給する販売奨励金

当社は精密機器の卸売を業としており，全国に5支店を有していますが，営業政策上，各支店の管轄下にある特約店の従業員に対し，当社製品を販売した場合には，次のような方法で販売奨励金を支給することとしています。

この場合，販売奨励金に対する源泉徴収は必要ですか。

1　支給金額は販売高に応じ一定割合とする。
2　販売高の確認は，各特約店が一定の書式により各支店に報告することによって行う。
3　各支店は，各販売店からの報告に基づき，１か月分の販売奨励金を販売員に直接支払う。
4　販売業務に要する諸費用（旅費，交際費，値引等）は，すべて販売員の負担とする。

A　**外交員報酬として源泉徴収を要します。**

解説　製品は各販売店に販売されたものですから，通常は販売店に対して販売奨励金を支払うものです。

しかし，営業政策によって製品のユーザー拡大を目的に，販売店に所属する販売員に対して，その売上高に応じた奨励金を支払う場合があります。この場合の販売員は，販売奨励金の支給基準等からみて，販売店の従業員と，貴社の外交員とを兼務していると考えられます。

したがって，販売店の販売員に支払う販売奨励金は外交員の業務に関する報酬・料金に該当します。

なお，所令322条に規定する支払金額から控除する金額は，販売店の販売員に対する給与の支給がないため12万円となります。

関係法令等

所法204①四

Q240　自転車便メッセンジャーへの報酬

当社は，自転車便メッセンジャーと業務委託・請負契約を結び，書類などの小荷物を緊急配達するサービスを営んでいます。

自転車便メッセンジャーへの報酬は，請負契約として外注費で処理していますが，源泉徴収は不要でしょうか。

なお，報酬は売上げの50%，平日７時から24時の時間帯で希望での稼働が可能，曜日は週１日から自己申告によるシフト制，報酬支払は月末締め翌月15日支払，配送に係る仕事の指示は当社の指示に従い，事故等の責任を当社は負わない契約となっています。

A

自転車便メッセンジャーとの契約は請負契約としているとのことですが，配送業務の業務日と時間，勤務場所が管理・拘束され，会社の指示・命令に従って配送業務を遂行し，その労務の対価として報酬を受けることとされており，これらを総合勘案すれば雇用契約に準ずる契約に基づき，使用者の指揮命令に服して提供した労務の対価として使用者から受ける給付として，給与所得に該当すると考えられます。

したがって，貴社はその報酬の支払いの際に，給与として源泉徴収する必要があると考えます。

解説

1　事業所得と給与所得

事業所得とは，自己の計算と危険において独立して営まれ，営利性，有償性を有し，かつ反復継続して遂行する意思と社会的地位とが客観的に認められる業務から生ずる所得をいうとされ，給与所得とは，雇用契約又はこれに類する原因に基づき，使用者の指揮命令に服して提供した労務の対価として使用者から受ける給付をいうとされています。

2　自転車便メッセンジャーの事業性の実態

自転車便メッセンジャーは，貨物の輸送または信書の送達を行う事業者と運送請負（委託）契約を結び個人事業主として働いている場合であっても，その業務の実態は，自転車等の装備品の自己負担や事故責任を負う契約となっているものの，勤務日・勤務時間が指定され，時間的・場所的な拘束，業務遂行にあたり指揮監督を受け，他の者への業務委託や独自の商号の使用は認められていないケースが多いといわれています。

事業者から自転車便メッセンジャーに支払われる報酬が事業所得となるか給与所得となるかについては，当事者の契約と業務の実態から判断する必要がありますが，自転車便メッセンジャーの業務の実態が上記のようなケースであれば，給与所得に該当すると考えられます。

関係法令等

所法27, 28, 183，平21課個５－５，消基通１－１－１

Q241 外交員に支払う通勤費用

健康飲料等の販売を行っている当社では，外交員に対し自宅から所属営業所までの通勤費用を支給しています。支給金額は，月5,000円を限度として実費を現金払いしています。

この通勤費用は，外交員報酬の性質を有するものとして源泉徴収すべきか，また，定期乗車券で支給した場合はどうでしょうか。

なお，この外交員に対する本来の報酬には固定給的なものはなく，歩合報酬のみを全額外交員報酬として源泉徴収しています。

A

現金または定期乗車券による支給のいずれについても外交員報酬の性質を有するものとして源泉徴収を要します。

解説

所得税法９条１項５号により非課税となる通勤手当は，「給与所得を有する者」が受けるものに限られており，質問のように給与所得を有しない外交員については適用されません。

なお，所基通204－４において「報酬・料金の支払者が負担する旅費」で源泉徴収をしなくて差し支えないものを定めていますが，同通達にいう旅費は「当該役務を提供するために行う旅行の費用」をいい，この旅行は「業務を遂行するために必要な旅行」を指しているものであり，「出勤に要する費用」はこれに該当しません。

したがって，質問のように通勤費として支払を受けるものは，金銭支給，定期乗車券の現物支給いずれの場合についても，報酬・料金の性質を有するものとして源泉徴収を要することとなります。

関係法令等

所法9①五，204①四，所基通204－4，204－22

Q242 販売員の旅費を会社が負担した場合の経済的利益

商品の訪問販売を行っている当社では，販売活動を自家用車で行っている販売員に対して，当社指定のガソリンスタンドを利用させ，その代金は当社が直接ガソリンスタンドに支払っています。

このガソリン代は，外交員報酬として課税すべきですか。

なお，販売員には，固定給と歩合報酬を支払っており，固定給は給与として，また歩合報酬は外交員報酬としてそれぞれ源泉徴収しています。

A

源泉徴収を要しません。

解説

事業所得者である外交員の業務に係る費用は自己の計算において負担するものであり，セールスのための旅費等の費用もこれらの業務遂行に係る費用といえます。

しかし，質問の場合は現金を支給するのではなく，直接ガソリンスタンドに支払っていることから，その金額が通常必要と認められる範囲内のものであれば源泉徴収を要しません。

関係法令等

所法204①四，所基通204－２～204－４

6-4. 弁護士等

Q243 税理士顧問報酬と別に請求する会計ソフト使用料等

当税理士事務所では，顧問先に対して次の請求をしています。

1　顧問報酬……………………50,000円

2　会計ソフト使用料………5,000円

3　会計帳簿……………………1,000円

この場合に，会計ソフトの使用料について源泉徴収の対象になりますか。

また同様に，会計帳簿の代金が源泉徴収の対象になりますか。

会計ソフトの使用料は，当事務所が，会計ソフト会社から3,000円で仕入れたものを5,000円で顧問先に使用して頂くものです。

また，会計帳簿も800円で仕入れたものを1,000円で販売しています。

A

源泉徴収の対象にならないものと考えられます。

なお，会計ソフト使用料や会計帳簿の代金が区分されず，これらの使用料や代金を含めて総額で顧問報酬として請求が行われるような場合には，その総額が源泉徴収の対象とされます。

解説

所得税法204条１項２号では，税理士に支払う報酬料金について，次のように源泉徴収義務を規定しています。

○　居住者に対し国内において次に掲げる報酬若しくは料金，契約金又は賞金の支払をする者は，その支払の際，その報酬若しくは料金，契約金又は賞金について所得税を徴収し，その徴収の日の属する月の翌月十日までに，これを国に納付しなければならない。

二　弁護士（外国法事務弁護士を含む。），司法書士，土地家屋調査士，公認会計士，税理士，社会保険労務士，弁理士，海事代理士，測量士，建築士，不動産鑑定士，技術士その他これらに類する者で政令で定めるものの業務に関する報酬又は料金

この規定によれば，「税理士の業務に関する報酬又は料金」について，源泉徴収が必要とされています。

そして，税理士の業務については，税理士法２条《税理士の業務》１項に規定されているところです。

質問の会計ソフトの使用料や会計帳簿の代金は，会計ソフトを他の者から仕入れたものを顧問先に使用していただくことや，会計帳簿を仕入れて顧問先に販売するものとのことですので，上記税理士法に規定する税理士の業務には該当しないものと解されます。

したがって，税理士の業務に関する報酬又は料金には該当しないことから，源泉徴収の対象にならないものと考えられます。

なお，会計ソフト使用料や会計帳簿の代金が区分されず，これらの使用料や代金を含めて総額で顧問報酬として請求が行われるような場合には，その総額が源泉徴収の対象とされます。

関係法令等

所法204①二，所基通204－２

Q244 顧問弁護士に貸与した借上マンションに係る経済的利益

当社は，今回，訴訟当事者となったことなどから，今後顧問弁護士に依頼する業務の増加が見込まれるため，近隣のマンションを他から借り受け，これを顧問弁護士に貸与することとしました。

1　月額30万円のマンションの賃貸料は，半額を弁護士から徴収し，残額を当社が負担しています。

2　弁護士に貸与する期間について特に制限を付していません。

3　顧問弁護士は当該マンションに居住し，事務所もマンションに移転して弁護士業務を行っています。

この場合に，顧問弁護士の受ける経済的利益については源泉徴収の必要がありますか。

A　**弁護士報酬として源泉徴収をする必要があります。**

解説　所基通204－3において「一定の者に専属して役務を提供する者」については，その受ける経済的利益につき給与所得者と同様に取扱うこととされていますが，この「一定の者に専属して役務を提供する者」とは，その者の役務の全部若しくは大部分が一定の者に専属している者をいい，独立した事務所等を設置して業務を行う者は，これには含まれません。

質問の場合，顧問弁護士は，独立した事務所等を設置して業務を行う者であることから，その受ける経済的利益は，給与所得者と同様に取扱うことはできず，弁護士業務の報酬に該当します。

関係法令等

所基通204－3

6-5. 経営コンサルタント等

Q245 経営コンサルタントへの経営指導料

当社は，この度，経営コンサルタントのＡに当社の経営状況について調査を依頼し，経営指導料として30万円を支払いました。

また，そのコンサルタントＡの指示により，販売部門の強化を図る目的でセールスマンの指導のために指導員（この指導員は他社とも契約しています。）と契約し，その対価として指導手当を支払いました。

この経営指導料及びセールスマン指導手当の支払いについては，源泉徴収の必要がありますか。

A

双方とも企業診断士としてその報酬に対して源泉徴収を行う必要があります。

解説

1　所基通204－15によりますと，経営コンサルタントは企業診断員の範囲に含まれることとなっており，企業診断員に支払う報酬又は料金は所法204条１項２号の報酬・料金に該当し源泉徴収が必要となります。

（企業診断員の範囲）

所令320条２項に規定する企業診断員には，中小企業支援法に基づく中小企業診断士登録規則により登録された中小企業診断士だけでなく，直接企業の求めに応じ，その企業の状況について調査及び診断を行い，又は企業経営の改善及び向上のための指導を行う者，例えば，経営士，経営コンサルタント，労務管理士等と称するような者も含まれる。

2　セールスマンの指導のための指導員は，いわば経営改善及び向上のための指導を行っているものと考えられます。

したがって，そのセールスマンの指導を業務とする指導員が受ける指導手当は，企業診断員の業務に関する報酬に該当するものと考えられるため，源泉徴収が必要となります。

関係法令等

所法204，所令320，所基通204−15

Q246 消費生活アドバイザーに支払う報酬

当社は，小売業を営む法人ですが，消費者からの苦情処理及び相談等のために消費生活アドバイザーと次のような契約を行い，その報酬を支払うこととしています。

この場合，当社が支払う報酬は，企業診断員の報酬として源泉徴収を行う必要がありますか。

1　週２回は必ず出社することとしているほか，必要に応じ臨時出社させることができます。

2　消費者の苦情処理等をした都度，レポートを提出させます。また，消費者の立場から調査した当社の営業面等のアドバイスをします。

3　報酬は，月額15万円です。調査のための旅費等は当社規定に基づき別途支給します。

4　契約期間は明示していません。

5　他社と同様の契約をすることについて制約はしません。

A　**給与所得として源泉徴収を要します。**

解説　消費生活アドバイザー資格制度は，消費者と企業や行政の架け橋として，消費者からの提案や意見を企業経営ならびに行政等への提言に効果的に反映させるとともに，消費者の苦情相談等に対して迅速かつ適切なアドバイスが実施できるなど，幅広い分野で社会貢献を果たす人材を養成することを目的としているものです。

この消費生活アドバイザー資格は，内閣総理大臣及び経済産業大臣の事業認定資格となっており，企業内において消費者相談の受付等を行いその処理を中心に製品開発等への助言，消費者向け資料の作成並びに製品のチェック等を行います。

これらの業務は消費者の保護のためのものであり，企業の状況を調査，診断等を行う企業診断員の業務とは異なるため，企業診断員の報酬には該当しないと考えられます。

ただし，質問の場合，

① 勤務状況は，週２回の出勤が制約されるほか，レポート等の調査報告の作成が義務付けられていること

② 費用については，貴社が負担することなど

を考慮すると雇用関係があるとして給与所得に該当すると考えられるため，給与として源泉徴収する必要があります。

関係法令等

所基通204－15

6-6. 契約金

Q247 販売員に対し引き抜き防止のために支給した慰留金

Ａ社（販売業）では，優秀な販売員から，同業他社からの招きによりＡ社を退職したい旨の申出があったので，同人に対し引き続きＡ社で勤務することを条件として慰留金300万円を支給することにより，その引き抜き

を防止することとしました。
　この慰留金について，源泉徴収の対象となりますか。
　なお，この販売員には，通常の月においては，固定給10万円（給与所得として課税）のほか，販売高に応じた歩合給（外交員報酬として課税）を支給しています。

A

本件のように他社へ引き抜かれるのを防止し，引き続きＡ社に勤務することを約するために支払われる慰留金は契約金として源泉徴収の対象となります。

解説

いわゆる契約金とは，一定の者に専属して役務の提供をする者で，その一定の者のために役務を提供し，又はそれ以外の者のために役務を提供しないことを約することにより一時に受ける契約金をいい，その契約金には役務提供による対価が給与とされる場合にその役務の提供契約を締結するに際して支払われるものも含まれることとされています。

関係法令等

所法204①七，所令320⑥，所基通204－29，204－30

第7章

非居住者等所得

7-1. 給与

Q248 租税条約の定めのある状況下での国内法適用上の留意点

非居住者等の居住地国と我が国との間で租税条約が締結されている場合，国内法である所得税法の適用に当たり留意すべき点を教えてください。

A

所得税法では，所得源泉地（所得の発生源泉があるとされる地）に関して所得税法161条《国内源泉所得》と異なる定めを租税条約が規定している場合には，その租税条約の定めるところに従って，国内源泉所得の範囲を判定することとされていますので，非居住者等の居住地国と我が国との間で租税条約が締結されている場合には，その租税条約において，所得源泉地に関して所得税法と異なる定めを規定しているかどうかを確認する必要があることに留意が必要です。

解説

非居住者等は，所得税法上，その所得の発生源泉が国内にあるとされる国内源泉所得について所得税を納める義務があるとされており（所法5②），非居住者等に対して国内において源泉徴収の対象となる国内源泉所得の支払をする者は，その支払の際，所得税を源泉徴収しなければなりません（所法212①）。

なお，その支払が国外で行われる場合であっても，その支払者が国内に事務所等を有するときは，国内で支払われたものとみなされ源泉徴収しなければなりません（所法212②）。

次に，非居住者等の居住地国と我が国との間で租税条約が締結されている場合には，その租税条約の定めるところにより，その非居住者等が支払を受ける国内源泉所得に対する課税が軽減又は免除される場合があり，この課税の軽減又は免除を受けようとするときは，所定の事項を記載した届出書（添付書類が必要な場合にはその添付書類も含みます。）をその国内源泉所得の源泉徴収義務者を経由して税務署に提出することとされています。

一方，この租税条約に基づく課税の軽減又は免除とは別に，所得税法には租税条約に関する特例が規定されています。

すなわち，所得税法上，源泉徴収の対象となる国内源泉所得については，所得税法161条で定められていますが，租税条約において，所得源泉地（所得の発生源泉があるとされる地）に関して国内法である所得税法161条と異なる定めを規定している場合には，その租税条約の定めるところに従って，国内源泉所得の範囲を判定することとされています（所法162①)。

例えば，日印租税条約に規定する「技術上の役務に対する料金」については，国内法では「国内において行う勤務その他の人的役務の提供に基因するもの」が国内で生じた所得と規定されているのに対し，日印租税条約では，その支払者が日本企業である場合には，その役務提供地にかかわらず日本国内において生じたものとされる旨規定されており，この規定による国内源泉所得の範囲について所得税法が適用されることとなることから，日本企業がインド法人等に支払う「技術上の役務に対する料金」についてはその役務提供地にかかわらず国内源泉所得に該当し，源泉徴収を要することになります。

このことは，支払先である非居住者等が，租税条約の規定に基づき課税の軽減又は免除を受けるかどうかとは別の事柄であることに留意が必要です。なお，日印租税条約上の「技術上の役務に対する料金」に関しては，租税条約に関する届出書を提出した場合の源泉徴収の税率は，国内法の20.42％から租税条約に規定する10％に軽減されます。

したがって，非居住者等の居住地国と我が国との間で租税条約が締結されている場合には，その租税条約において，所得源泉地に関して国内法と異なる定めを規定しているかどうかを確認する必要があることに留意が必要です。

関係法令等

所法５②，161，162，212①②，実特省令１の２，２～３の２，３の４～９，９の５～９の８，９の10，９の11

Q249 給与の計算期間の中途で非居住者となった者に支給する超過勤務手当（基本給との計算期間が異なる場合）

基本給の計算期間と超過勤務手当の計算期間が異なっており，超過勤務手当はその全額が国内勤務に対応したものですが，基本給には国内，国外双方の勤務期間に対応するものが含まれています。基本給と超過勤務手当は一括して同一の日に国内において支給されますが，超過勤務手当分については，全額を国内源泉所得として源泉徴収の対象となりますか。

㈲　本件の給与は，給与の計算期間の中途で海外勤務になったことにより非居住者となった者に対して支払うものです。

A

基本給，超過勤務手当の両方とも国内源泉所得に該当しないものとして源泉徴収を要しません。

解説

原則的には，給与所得者が給与又は賞与の計算期間の中途に，海外出向等の理由で居住者から非居住者になった場合には，非居住者になった日以後に支払われた給与又は賞与については，按分計算により国内源泉所得部分を算出することとなります（所基通161－41）。

しかしながら，例外として，非居住者になった日以後支給期の到来する給与のうち，当該計算期間が１か月以下であるものについては，その給与の全額がその者の国内において行った勤務に対応するものである場合を除き，その総額を国内源泉所得に該当しないものとして取扱って差し支えないこととされています（所基通212－５）。

質問の事例では，基本給は，支給金額の全額が国内勤務部分である場合には該当しないことから，その総額が国内源泉所得でないものとされることに疑義は生じません。

一方，超過勤務手当については，全て国内勤務に対応することから，この部分だけを取り出して国内源泉所得であるとする考え方もありますが，超過勤務手当は勤務時間に対応して計算される手当であり，基本給の追加支給的な給付であることから，たとえその計算期間が基本給の計算期間と異なっていたとしても，基本給と切り離して国内源泉所得の判定を行う必要はないと考えられます。

したがって，質問のような場合には，支給される基本給と超過勤務手当の合計額につき，その全額が国内勤務に基因しているかどうかにより判定して差し支えありません。

関係法令等

所基通161－41，212－５

Q250 退職して帰国した外国人の住民税の負担

内国法人Ａ社の従業員である英国人Ｂは，本年２月に退職し帰国しました。Ｂの給与に対する所得税については，既に年末調整も終わっていますが，帰国後Ｂに対し住民税が賦課されました。

この住民税については，Ｂとの契約によりＡ社が負担することになっていますが，Ａ社が負担する住民税相当額について，源泉徴収の対象となりますか。

A

国内源泉所得として源泉徴収を要します。

解説

会社が負担する住民税相当額は，過去における国内勤務の対価と認められますので，所法161条１項12号イ《国内源泉所得》に掲げる給与に該当します。

具体的には，その負担額を税引後の手取金額として源泉徴収税額を算出し，源泉徴収を行うこととなります。

関係法令等

所法161①12号イ，所基通181～223共－4

Q251 ストックオプションに係る国内源泉所得の範囲

米国人Aは，5年間の予定で米国法人B社の日本支店で勤務していましたが，今般期間満了とともに帰国しました。

ところで，Aは，日本支店に勤務して1年後にB社からストックオプションを付与されており，帰国して1年後に権利行使しています。この場合の課税関係（国内源泉所得の範囲及び源泉徴収の要否）はどうなるでしょうか。

（事例）

6年前の7月1日	入国（日本支店勤務）
5年前の7月1日	権利付与
昨年6月30日	出国
本年6月30日	権利行使

A

ストックオプションの付与時から行使時までの期間（5年）のうち日本での勤務期間（4年）に関連する部分の経済的利益を国内源泉所得（給与所得）として取扱うのが相当と考えられます。

解説

米国の居住者が受けるストックオプション制度に基づく利益で，権利の付与から行使までの期間中，日米両国内で勤務が行われているものについては，日本での勤務期間に関連する部分のみ日本で課税することとされています（日米租税条約議定書10項）。

質問の場合，ストックオプションの付与時から行使時までの期間（5年）のうち日本での勤務期間（4年）に関連する部分の経済的利益を国内源泉所得（給与所得）として取扱うのが相当と考えられます。

なお，Aは，帰国後，非居住者に該当し，国外において国内源泉所得の支払が行われることとなりますが，米国法人は日本支店を有していますので，所法212条２項《源泉徴収義務》の規定により，日本支店は，その国内源泉所得に係る源泉徴収税額をその翌月末日までに納付しなければなりません。

関係法令等

所法161①12号，212②，日米租税条約議定書10項

7-2. 役員

Q252 国外において常時使用人として勤務する役員に支払われる役員賞与

内国法人の役員が国外において，その内国法人の使用人として常時勤務する場合には，その役員に支払われる報酬については国外源泉所得として取扱われることとなっていますが，この使用人として常時勤務する役員に支払われるいわゆる役員賞与（役員給与のうち損金の額に算入されないもの）についても国外源泉所得として取扱われますか。

A　**質問の役員賞与については，国外源泉所得として取扱われます。**

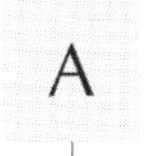

解説　所令285条１項１号かっこ書《国内に源泉がある給与，報酬又は年金の範囲》に規定する「使用人として常時勤務」する役員に支払われる賞与については，次のような理由により国外源泉所得として取扱って差し支えありません。

1　所法161条１項12号イ《国内源泉所得》において人的役務提供の対価として掲げられている賞与は，損金に算入されるものかどうかによる区別

はないこと（法人の経理処理及び支払態様に影響されない。）。

2　所令285条１項１号かっこ書は，「役員としての勤務を行う者が同時にその内国法人の使用人として常時勤務を行う場合の当該役員としての勤務を除く」となっているが，ここでいう「役員としての勤務」には使用人としての勤務のほか本来の役員としての勤務も含まれるものと解されること。

関係法令等

所法161①12号イ，所令285①一

7-3.　退職手当等

Q253　みなし退職所得に対する租税条約の適用関係

非居住者に対して厚生年金保険法附則29条《日本国籍を有しない者に対する脱退一時金の支給》に基づく脱退一時金を支給することになりました。

この一時金は「みなし退職所得」に該当することとなりますが，租税条約の適用に当たっては，一般の退職金と同様に，給与所得条項を適用することとなりますか。

A　**給与所得条項が適用されます。**

解説　厚生年金保険の脱退一時金は，厚生年金保険が使用人（役員を含みます。）を被保険者としていることから，一般の退職一時金と同様に，居住者期間に行った人的役務の提供に基因するものとして所法161条１項12号ハ《国内源泉所得》に規定する国内源泉所得に該当します。

また，租税条約の適用に当たっては，給与所得条項が適用され，原則として役務提供地である我が国でも課税されます。

関係法令等

所法31，161①十二ハ

Q254 既に退職所得の選択課税の申告書を提出している非居住者が退職手当等の追加支給を受けた場合

当社は，退職金制度として，社内退職金制度及び確定給付企業年金制度を有しています。社内退職金は退職手当等として退職時に一時に支給され，確定給付企業年金に係る老齢給付金は，年金のほか退職手当等とみなされる一時金（以下「本件一時金」といいます。）として支給され，その全部又は一部の額の支給を65歳まで繰り下げることもできます。

当社の社員のうち，海外勤務に伴い非居住者となったまま退職した社員Ａが，退職時に支給を受けた社内退職金に係る所法173条《退職所得の選択課税による還付》に規定する申告書（以下「選択課税の申告書」といいます。）を提出した後に，本件一時金の支給を受ける場合，本件一時金に係る同法171条《退職所得についての選択課税》の適用に当たっては，社内退職金に係る選択課税の申告書を提出した日から５年以内に限り，更正の請求を行うことができるでしょうか。

A　**社内退職金に係る選択課税の申告書を提出した日から５年以内に限り，更正の請求を行うことができるものと考えられます。**

解説

1　本件一時金に係る退職所得の選択課税について

非居住者が居住者であった期間に行った勤務等に基因して支払われる退職手当等の支払を受ける場合，原則として，その退職手当等の金額に一定の税率を乗じて計算された所得税が課されます（所法169，170）が，「その年」中に支払を受ける退職手当等の総額を居住者として受けたものとみなして居住者と同様の課税を受けることを選択できることとされています（所法171）。この選択課税の特例上，「退職手当等の支払を受ける場合」とは，実際に退職手当等が支払われた場合ではなく，退職手当等の支払を受けるべき権利が確定した場合と考えられますので，「その年」とは，「その退職所得の課税年分（収入すべき時期）」をいうものと考えられます。

また，非居住者がこの選択課税の特例の適用を受ける場合，「その年」の翌年１月１日（同日前に退職手当等の総額が確定した場合には，その確定した日。以下同じです。）以後に，税務署長に対し選択課税の申告書を提出することにより，既に源泉徴収された税額の一部又は全部について還付を受けることができることとされていますので（所法173），選択課税の申告書の提出開始時期は，「退職所得の課税年分（収入すべき時期）」の翌年１月１日以後と考えられます。

ところで，一の勤務先を退職することにより二以上の退職手当等の支払を受ける権利を有することとなる場合の「退職所得の課税年分（収入すべき時期）」については，これらの退職手当等のうち最初に支払を受けるべきものの支払を受けるべき日の属する年分の収入金額とすることとされています（所令77）。社員Ａは，退職により社内退職金及び本件一時金の支払を受けることとなりますので，本件一時金は，これらの退職手当等のうち最初に支払を受けた社内退職金と同じ年分の退職所得となります。

以上のことから，本件一時金に係る所法171条の適用上，本件一時金は，社内退職金に係る選択課税の申告書の内容に含めて所得税額を計算することになると考えられます。

２　選択課税の申告書に係る更正の請求について

国税に関する法律の規定による国税の還付金の還付を受けるための申告書で課税標準など一定の事項を記載したものは「納税申告書」に含まれる（通則法２六）ところ，選択課税の申告書は退職手当等の総額及び所得税の額などを記載した申告書であることから「納税申告書」に当たります。

そして，納税申告書を提出した者が，その申告書に記載した課税標準等若しくは税額等の計算が国税に関する法律の規定に従っていなかったこと又は当該計算に誤りがあったことにより，その申告書の提出により納付すべき税額が過大である等一定の事由に該当する場合には，その申告書に係る国税の法定申告期限から５年以内に限り，税務署長に対し，その申告に係る課税標準等又は税額等につき更正をすべき旨の請求をすることができるとされています（通則法23①）。

この通則法23条《更正の請求》１項の適用上，法定申告期限の定めのない所法122条《還付等を受けるための申告》に規定する申告書については，更正の請求の期限の起算日となる「法定申告期限」を「当該申告書を提出した日」と読み替えるものとされていますので（所基通122－１），同様に法定申告期限の定めのない選択課税の申告書に係る更正の請求の期限の起算日も「当該申告書を提出した日」と取扱うのが相当と考えられます。

したがって，社員Ａが社内退職金に係る選択課税の申告書を提出後に本件一時金の支給を受ける場合，本件一時金に係る所法171条の適用に当たっては，社内退職金に係る選択課税の申告書を提出した日から５年以内に限り，更正の請求を行うことができるものと考えられます。

関係法令等

所法169，170，171，173，所令77，所基通122－１，通則法２①六，23①

7-4. 退職年金

Q255 退職年金に係る租税条約の適用関係

日本の確定給付企業年金（以下「本件退職年金」といいます。）の受給者が，我が国と租税条約を締結している1ドイツ，2韓国，3カナダにそれぞれ永住することとなりました（受給者はこれらの国の居住者，我が国の非居住者となります。）。

これらの受給者に対して支給する本件退職年金について，源泉徴収をする必要はありますか。

A

ドイツとカナダの居住者については，源泉徴収が必要です。
韓国の居住者については，源泉徴収を要しません。

解説

1 ドイツの居住者については，源泉徴収が必要です。

日独租税協定17条1項によれば，退職年金については，その源泉地国においても課税することができるとされていますので，ドイツの居住者に支払う日本に源泉のある本件退職年金については，国内法の規定により，源泉徴収が必要です（所法161条1項12号ロ，212条1項）。

2 韓国の居住者については，源泉徴収を要しません。

日韓租税条約18条によれば，退職年金については，一定の場合㈱を除き，その支払を受ける者の居住地国においてのみ課税することができるとされていますので，韓国の居住者に支払う本件退職年金については，源泉徴収を要しません。

ただし，韓国の居住者が租税条約に関する届出を行うことが必要です。

㈱ 「一定の場合」とは，一方の国又は地方公共団体に対して提供した役務につきその国若しくは地方公共団体又はこれらが拠出した基金から退職年金が支払われる場合をいいます（日韓租税条約19条２項）。

3　カナダの居住者については，源泉徴収が必要です。

日加租税条約においては，いわゆる年金条項が設けられていませんので，同条約20条の「その他所得条項」に基づき課税関係を判断することとなります。同条３項によれば，日本に源泉のある所得については，同条１項の居住地国課税の特例として，源泉地国においても課税することができるとされていますので，カナダの居住者に支払う日本に源泉のある本件退職年金については，国内法の規定により源泉徴収が必要です（所法161条１項12号ロ，212条１項）。

関係法令等

所法161①十二ロ，212①，日独租税協定17，日韓租税条約18，日加租税条約20

7-5.　その他の報酬や対価

Q256　非居住者に支払う職務発明の対価

Ａ社では，使用人の職務発明について特許を受ける権利を承継し，特許法35条《職務発明》の規定に基づく相当の利益として，その権利の実施後の実績に応じて補償金を支払っています。

この補償金を非居住者に支払う場合には，所法161条１項11号イ《国内源泉所得》に規定する工業所有権等の「使用料」又は「譲渡による対価」のいずれにも該当せず，源泉徴収の対象にならないと考えてよろしいですか。

A

非居住者が「相当の利益」として支払を受ける補償金は，所法161条１項11号イに規定する工業所有権等の「譲渡による対価」に該当し，源泉徴収の対象となります。

解説

職務発明に係る特許を受ける権利を使用者に承継させた場合，使用人はその代償として「相当の利益」の支払を受ける権利（対価請求権）を有することとなります（特許法35条４項）。

この場合の「相当の利益」については，権利承継時に具体的な金額を算定することは極めて困難であることから，実績に応じて支払われる場合がありますが，そのような場合であっても，特許を受ける権利の承継の代償として与えられた「対価請求権」に基づくものであることに変わりはありません。

したがって，非居住者である使用人が特許法35条に規定する「相当の利益」として支払を受けるものは，権利の承継の対価，すなわち所法161条１項11号イに規定する工業所有権等の「譲渡による対価」として源泉徴収の対象となります。

関係法令等

所法161①十一イ，212①，特許法35④

Q257 非居住者に支払う翻訳料

Ａ社では，韓国居住の大学教授に対して日本語で書かれた論文の韓国語訳を依頼しています。

その対価を支払うに当たり所得税の源泉徴収の対象となりますか。

なお，翻訳文は，買取りの契約になっています。また，翻訳文による論文は，出版し，各図書館に無料配布します。

A　**当該対価の支払に当たっては，所得税の源泉徴収を要します。**

解説　論文（原著作物）を翻訳した場合には，その翻訳文は二次的著作物とされます（著作権法2条1項11号）。

本件の翻訳に係る対価は，翻訳が買取契約になっていることから，その著作物の権利の譲渡の対価であり，所法161条1項11号ロ《国内源泉所得》及び日韓租税条約12条に掲げる使用料に該当します。

関係法令等

所法161①十一ロ，日韓租税条約12⑤

Q258　海外における情報収集への嘱託料

内国法人A社は，パリ在住の個人B（日本人）との間で，①パリ市を中心とするファッション産業に関する写真，雑誌等をA社に対して毎月2回以上提供すること，②A社が欧州各国に派遣する出張社員に対して協力援助すること等を内容とする委嘱契約を締結し，嘱託料及び必要経費をBに支払うこととしています。

これらについて，源泉徴収をする必要がありますか。

A　**質問の嘱託料及び必要経費については，源泉徴収を要しません。**

解説　本件の支払の対価は，フランスのファッション産業に関する情報の提供及びフランス国内における役務提供の対価と考えられますので，海外における技術の動向等の情報に該当し，所基通161－34《工業所有権》の取扱い等に照らせば，源泉徴収の必要はないと認められます。

関係法令等

所基通161－34

7-6. 租税条約：自由職業者

Q259 米国の大学教授に支払う講演料

内国法人Ａ社では，２週間の予定で来日した米国の著名なＢ博士（米国のＣ大学教授）に講演を依頼し，講演料を支払うこととしました。

Ｂ博士は，Ｃ大学とは関係なく個人の資格で来日したものですが，この場合，Ａ社が講演料を支払うときには，所得税を源泉徴収しなければならないでしょうか。

なお，Ｂ博士は，日本に恒久的施設を有しません。

A

源泉徴収の必要はありません。

解説

Ｂ博士は，個人の資格で来日しており，日本での講演は独立の資格で行う人的役務の提供と考えられますので，自由職業者に関する規定が適用されることとなります。

日米租税条約では，芸能人又は運動家以外の自由職業者について直接規定しているものはありませんが，同条約にいう「者」には法人のほか個人も含まれ（同条約３条１項(e)），また「企業」はあらゆる事業の遂行について用いられますので（同条約３条１項(g)），芸能人又は運動家以外の自由職業者に係る所得については同条約７条が適用されることになります。

同条約７条では，米国の企業は日本にある恒久的施設を通じて日本国内で事業を行わない限り，米国においてのみ課税することとしています。

したがって，質問の場合には，日本では免税とされますので，源泉徴収の必要はありません。

ただし，租税条約に関する届出を行うことが必要となります。

関係法令等

所法161①12号イ，日米租税条約３①(e)，(g)，７

7-7.　租税条約：芸能人

Q260　専業モデルは芸能人に該当するか

日本に事務所等の恒久的施設を有していない米国法人Ａ社は，内国法人Ｂ社との間で，日本において専業モデルの役務を提供する契約を締結することを予定しています。

この場合，専業モデルは日米租税条約16条にいう「芸能人」に該当し，その役務提供の対価は，恒久的施設の有無にかかわらず，日本で課税されることになるのですか。

なお，Ｂ社はその専業モデルを雑誌，ポスター等の印刷物に容姿（写真）を掲載させることとしています。

A

Ｂ社が支払う役務提供の対価は，日本で課税されません。

解説

雑誌，ポスター等のみにその容姿を掲載させる専業モデルは，次の理由から日米租税条約16条の「芸能人」には該当しないと考えられます。

したがって，米国法人Ａ社が国内に恒久的施設を有しない場合，その役務提供事業の対価は，同条約７条の規定により日本で課税されません。

1　モデルは，日米租税条約16条に規定する芸能人（entertainer）に含まれないと解されること。

2　国内法上もモデル（所法204条１項４号）と芸能人（所法204条１項５号）とでは規定を異にしており，モデルは芸能人に含まれないこと。

関係法令等

日米租税条約７，16

7-8. 租税条約：短期滞在者

Q261 短期滞在者免税の要件である滞在日数の計算

日韓租税条約15条２項の短期滞在者免税の適用要件である滞在期間が合計183日を超えない期間であるかどうかの判定をするに当たっては，入出国の日を共に加えて計算するのでしょうか。

A

短期滞在者免税における滞在期間は物理的な滞在日数の合計によるべきものと解されており，その滞在期間の合計が183日を超えるかどうかは，入出国の日のいずれも加えて判定することとなります。

解説

短期滞在者免税の適用要件である滞在期間について，OECDモデル条約15条関係のコメンタリーパラグラフ５では，次のように説明されています。

1　滞在期間に含まれるもの

１日のうちの一部，到着日，出国日，役務提供地国での土曜日・日曜日・

国民的祝日・休日（役務提供前，期間中及び終了後），役務提供地国での短期間の休暇，病気（当人が出国することができない場合を除く。）の日数，家族の病気や死亡，研修，ストライキ，ロックアウト，供給の遅延により役務提供地国で過ごした日数

２　滞在期間に含まれないもの

活動地国の外にある二地点間のトランジット，役務提供地国外で費やされた休暇（短期間の休暇（理由を問わない。）を含む。）

関係法令等

日韓租税条約15②，各国との租税条約

Q262　入出国日や２週間の待機期間についての滞在日数の計算

日韓租税条約15条２項の短期滞在者免税の適用要件である滞在期間が合計183日を超えない期間であるかどうかの判定をするに当たっては，入出国の日を共に加えて計算するのでしょうか。

また，新型コロナ感染症対策として，入国の次の日から起算して14日間は，自宅等で待機することが要請されていますが，この２週間の待機期間は，どのように扱われますか。

A

短期滞在者免税における滞在期間は物理的な滞在日数の合計によるべきものと解されており，その滞在期間の合計が183日を超えるかどうかは，入出国の日のいずれも加えて判定することとなります。

また，２週間の待機期間についても，滞在日数に含まれます。

解説　短期滞在者免税の適用要件である滞在期間について，OECDモデル条約15条関係のコメンタリーパラグラフ５では，次のように説明されています。

1　滞在期間に含まれるもの

１日のうちの一部，到着日，出国日，役務提供地国での土曜日・日曜日・国民的祝日・休日（役務提供前，期間中及び終了後），役務提供地国での短期間の休暇，病気（当人が出国することができない場合を除く。）の日数，家族の病気や死亡，研修，ストライキ，ロックアウト，供給の遅延により役務提供地国で過ごした日数

2　滞在期間に含まれないもの

活動地国の外にある二地点間のトランジット，役務提供地国外で費やされた休暇（短期間の休暇（理由を問わない。）を含む。）

したがって，入出国日のほか，新型コロナ感染症対策として入国時に行われる２週間の待機期間についても，滞在日数に含めて計算することになります。

関係法令等

日韓租税条約15②，各国との租税条約

Q263　日米租税条約における短期滞在者免税を適用する場合の183日以下の判定

内国法人Ａ社の米国子会社の社員（米国の居住者）が来日し，本年９月１日から翌年４月末までの８か月間，Ａ社の国内工場で研修を受けることとなりました。

この間の給与は，米国子会社から支給されますが，その給与については，

日本で課税されますか。

A　**質問の場合，日米租税条約の短期滞在者免税の適用はなく，日本で課税されることになります。**

解 説　日米租税条約の短期滞在者免税の適用を受けるためには，その課税年度において開始又は終了するいずれの12か月間においても給与等の受領者による勤務地の滞在期間が合計183日以内である必要があります（日米租税条約14条２項(a)）。

質問の場合には，本年９月１日からの12か月間における日本の滞在日数が合計183日を超えますので，その期間の給与については，短期滞在者免税の適用は受けられないこととなります。

関係法令等

日米租税条約14②(a)

Q264　短期滞在者免税の適用を受けていた者の滞在日数が事後的に183日を超えた場合

英国法人Ａ社の社員Ｂ（英国の居住者）は，前年中に４か月間日本支店で勤務し，日英租税条約14条２項に規定する短期滞在者免税に係る租税条約に関する届出書を提出していました。ところで，Ｂは，本年に再来日し，連続する12か月間における滞在日数の合計が183日を超えることとなりました。

この場合の短期滞在者免税の適用関係はどのようになりますか。

短期滞在者免税の適用を受けられないため，前年の滞在分の給与等も含めて源泉徴収の対象となります。

解説　日英租税条約における短期滞在者免税の要件の一つに，「当該課税年度又は賦課年度において開始し，又は終了するいずれの12箇月の期間においても，報酬の受領者が当該他方の締約国内に滞在する期間が合計183日を超えないこと」があります（日英租税条約14条２項）。

また，非居住者に対して国内源泉所得の支払が国外において行われる場合であっても，その支払をする者が国内に事務所等を有するときは，その者がその国内源泉所得を国内において支払うものとみなして，源泉徴収をすることとなっています（所法212条２項）。

したがって，質問の場合には，前年８月１日からの12か月間において，滞在日数が183日を超えるため，前年中の滞在期間に係る給与等についても短期滞在者免税の適用を受けられないことになり，前年の滞在分の給与等も含めて源泉徴収の対象となります。

関係法令等

所法212②，日英租税条約14②

Q265 国内での滞在日数が183日を超えた場合の納付に対する不納付加算税

海外赴任者が日本に一時帰国した際には，183日以内に赴任地国に戻るつもりで，短期滞在者免税の適用を受けるために租税条約に関する届出書（様式７，自由職業者・芸能人・運動家・短期滞在者の報酬・給与に対する所得税及び復興特別所得税の免除）を提出していました。

しかし，日本での滞在が長期化し，国内での滞在日数が183日を超えることが明らかとなったことから，既に支払済みの給与を含め，国内源泉所得に該当する給与について，所得税を源泉徴収し納付することになりました。

この場合，期限後納付としてペナルティがあるのでしょうか。

A

非居住者から提出された短期滞在者免税に関する租税条約に関する届出書に基づき免税の扱いをしたものであれば，正当な理由があると認められるとして取扱われ，不納付加算税は賦課されないものと考えます。

解説

1　不納付加算税

源泉所得税が法定納期限後に納付された場合については，国税通則法67条１項及び２項《不納付加算税》に，要旨次のとおり規定されています。

○　源泉徴収等による国税がその法定納期限までに完納されなかつた場合には，税務署長は，当該源泉徴収義務者から，その法定納期限後に納税の告知を受けることなく納付された税額に10％（いわゆる自主納付の場合には５％）の割合を乗じて計算した金額に相当する不納付加算税を徴収する。ただし，納付に係る国税を法定納期限までに納付しなかつたことについて正当な理由があると認められる場合は，この限りでない。

この不納付加算税の取扱いに関しては，国税庁の事務運営指針（平成12年７月３日付課法７－９ほか「源泉所得税及び復興特別所得税の不納付加算税の取扱いについて」）において，例えば，源泉徴収義務者の責めに帰すべき事由のない次のような場合は，国税通則法67条１項ただし書きに規定する正当な理由があると認められる場合として取扱うとして，「給与所得者の扶養控除等申告書等に基づいてした控除が過大であった等の場合において，これらの申告書に基づき控除したことにつき源泉徴収義務者の責めに帰すべき事由があると認められないとき」が掲げられています。

この例示は給与所得者の扶養控除等申告書等の提出であり，租税条約に関する届出書の提出とは提出者本人への法的効果に異なる面が考えられるものの，両者はいずれも，最初に支払を受ける日の前日までに支払者を経由して支払者の所轄税務署長に提出しなければならない旨規定されているものであり（所法194①，実特省令４⑤），源泉徴収義務の適正な履行の観点から支払者を経由するものと考えられることからすれば，租税条約に関する届出書の経由を受けた源泉徴収義務者について申告書の場合と取扱いを異にすべき理由は特にないものと考えられます。

したがって，法定納期限までに納付しなかった理由が，非居住者から提出された短期滞在者免税に関する租税条約に関する届出書に基づき免税の扱いをしたものであって，そのことにつき源泉徴収義務者の責めに帰すべき事由があると認められない場合には，上記申告書等の場合の取扱いに準じて，正当な理由があると認められるものと考えます。

2　納付書への記載要領

所得税法212条２項に基づき源泉所得税を納付する際に作成する「非居住者・外国法人の所得についての所得税徴収高計算書（兼納付書）」（所得税施行規則別表第三（四），以下「納付書」といいます。）は，納期限が異なる他の納付書と別に作成し，その「摘要」欄に「所得税法212条２項該当分」と記載することとされています（同別表の備考26）。また，「令和　年　月分」の空欄，すなわち納付書の「納期等の区分」欄には，非居住者に対して国内源泉所得の支払をした年月を記載することとされています（同別表の備考１）。

そして，これらの要領により納付が行われた場合には，所轄税務署では，源泉徴収義務者から特に申し出等のあった場合を除き，不納付加算税の賦課決定処分を行い，正当な理由の有無については，処分後の源泉徴収義務者側からの申し出と根拠資料の提出等を基に判断するものと思われます。

このようなことからすれば，法定納期限までに納付しなかった理由が短期滞在者免税の租税条約に関する届出書に基づき免税扱いをしたものであった場合には，源泉徴収義務者側から税務署側に対し，正当理由に該当し得る根拠事実に関する情報との趣旨で，納付書の「摘要」欄に「短期滞在者免税届出書○.○.○日付提出分」と記載することが大切と考えます。

関係法令等

通則法67，平成12年７月３日付課法７－９ほか「源泉所得税及び復興特別所得税の不納付加算税の取扱いについて」

7-9.　租税条約：事業修習者等

Q266　専修学校等の就学生に対する免税条項の適用の是非

内国法人Ａ社は，日本語学校に在学している外国人就学生をアルバイトとして雇用することになりました。

多くの租税条約では，学生や事業修習者について所得税の免税条項があるようですが，Ａ社が雇用する外国人就学生も同様と考えてよいでしょうか。

A

日本語学校などの専修学校又は各種学校に在学する就学生については，学生，事業修習者又は事業習得者の免税条項の適用はありません。

解説

「学生」，「事業修習者」及び「事業習得者」の範囲については，国内法の規定により解釈することになりますが，一般的には次のようになります。

1　学生……学校教育法１条に規定する学校の児童，生徒又は学生

2　事業修習者……企業内の見習研修者や日本の職業訓練所等において訓練，研修を受ける者

3　事業習得者……企業の使用人として又は契約に基づき，当該企業以外の者から高度な職業上の経験等を習得する者

したがって，日本語学校などの各種学校の就学生は，そのことのみをもって免税条項の適用があるものではなく，これらの者に対するアルバイト給与については，居住者か非居住者かの判定を行った上，それぞれの区分に応じた源泉徴収を行うこととなります。

関係法令等

実特省令8，各国との租税条約

Q267 学生のアルバイト代

当社では，中国やインドから来日した大学生をアルバイトとして雇っていますが，この大学生については租税条約による所得税の免税措置を受けられますか。

A

中国から来日した大学生については，日本での生活費や学費に充てる程度のアルバイト代であれば，免税とされます。

インドから来日した大学生については，国外から支払われるものではありませんので，免税とされません。

解説

1　中国から来日した大学生

専ら教育を受けるために日本に滞在する学生で，現に中国の居住者である者又はその滞在の直前に中国の居住者であった者が，その生計，教育のために受け取る給付又は所得は，免税とされます（日中租税協定21条）。

したがって，中国から来日した大学生の日本での生活費や学費に充てる程度のアルバイト代であれば，免税とされます。

(注)　源泉徴収の段階で免税措置を受けるためには，給与等の支払者を経由して「租税条約に関する届出書」を，その給与等の支払者の所轄税務署長に提出する必要があります（実特省令8条）。

2　インドから来日した大学生

専ら教育を受けるために日本に滞在する学生で，現にインドの居住者である者又はその滞在の直前にインドの居住者であった者が，その生計，教育のために受け取る給付は，免税とされます。ただし，日本の国外から支払われるものに限られます（日印租税条約20条）。

したがって，インドから来た大学生が受け取る日本でのアルバイトによる所得は，国外から支払われるものではありませんので，免税とされません。

この場合，その給与等については，その大学生が居住者か非居住者かの判定を行った上，それぞれの区分に応じた源泉徴収を行うこととなります。

㈱　我が国の締結した租税条約の学生条項は，免税とされる給付の範囲等が国によって様々であり，租税条約の適用に当たっては，各国との租税条約の内容を確認する必要があります。

関係法令等

実特省令８，日中租税協定21，日印租税条約20

Q268　特定技能者は事業修習者か

インドから特定技能の在留資格者を受け入れ，給与を支払うことになりましたが，事業修習者免税を受けられますか。

A

租税条約に定める事業修習者には，原則として該当しません。

解説

特定技能１号は「相当程度の知識又は経験を必要とする技能」，また，同２号は「熟練した技能」を要する業務に従事する活動と定められています。

これに対し，事業修習者とは，事業，職業若しくは技術の修習者とされており，特定技能者は，事業修習者条項の適用を受けることができません。

なお，他国との租税条約においては，事業修習者に係る免除とは別に，事業習得者について免除を受けることができる場合がありますので，注意してください。

また，わが国が締結した租税条約の事業修習者条項は，免除される給付の範囲等が国によって異なっており，租税条約の適用に当たっては，各国との租税条約の内容を確認する必要があります。

関係法令等

日印租税条約20

Q269 技能実習者は事業修習者か

中国から技能実習の在留資格者を受け入れ，給与を支払うことになりましたが，事業修習者免税を受けられますか。

A

租税条約に定める事業修習者に，原則として該当します。

解説

在留資格の「技能実習１号」は，最初の１年間，「講習による知識修得活動」及び「雇用契約に基づく技能等修得活動」を行い，さらに在留資格の「技能実習２号」として２年間，在留資格「技能実習１号」の活動内容に従事し技能等を修得した者がその技能等に習熟するため，実習を行うことになっています。

この点，OECDモデル租税条約第20条に規定されている「事業修習者」については，「企業内の見習研修者や日本の職業訓練所等において訓練，研修を受ける者」と定義されていることからすれば，在留資格「技能実習１号」及び「技能実習２号」の外国人労働者は，「事業修習者」に該当するものと考えられます。

したがって，質問の技能実習の在留資格者は，原則として，日中租税条約の事業修習者免税の適用を受けることができると考えられます。

なお，勤務実態が租税条約に規定されている事業修習者に該当しないとして，租税条約が適用されなかった事例がありますので，注意が必要です。

㈡　日本が締結している多くの租税条約においては，日本国外から支払われる一定の給付についてのみが免税の対象とされており，日本国内で支払われる給与は免税の対象とされていません。

関係法令等

日中租税協定21

7-10. 租税条約：届出書

Q270　租税条約の届出書に添付する居住者証明書を取得できない場合

租税条約による源泉所得税の免除を受けるためには「租税条約に関する届出書」に「居住者証明書」を添付して提出しなければならないのですが，新型コロナウイルス感染症の影響により，届出書の提出期限までに居住者証明書を取得することが困難な状況となっています。

このような場合，租税条約による源泉所得税の免除は受けられませんか。

A

新型コロナウイルス感染症の影響により，居住者証明書の発行が遅延している旨の申立てがあり，源泉徴収義務者が非居住者等の居住者証明書の写し（おおむね1年以内に発行されたもの）を保管しているなど，非居住者等が条約相手国の居住者であることが確認できる場合には，新型コロナウイルス感染症が沈静化するまでの当面の対応として，源泉徴収義務者がその写しのコピーを作成し，その届出書に添付して提出する（後日，税務署から直近の居住者証明書等の確認を求められた場合には，その証明書の提出等をする。）ことで差し支えないとされて

います。

解説

1　租税条約に関する届出書の提出

原則として，租税条約に関する届出書（居住者証明書等の添付書類を含みます。）を期限までに提出できない場合，源泉徴収義務者は，その所得に係る源泉所得税を法定納期限までに納付する必要があります。

なお，後日，租税条約に関する届出書とともに「租税条約に関する源泉徴収税額の還付請求書」を提出することで源泉徴収された所得税の還付を受けることができます。

2　居住者証明書を取得できない場合

新型コロナウイルス感染症の影響により，外国の税務当局による居住者証明書の発行が遅延していることから，租税条約に関する届出書にこれを添付することができない場合でも，次の方法により非居住者等が条約相手国の居住者であることが確認できる場合には，感染症が沈静化するまでの当面の対応としてこの方法が認められます。

①　源泉徴収義務者が非居住者等の居住者証明書の写し（おおむね1年以内に発行されたもの）を保管している場合

その写しのコピーを作成し，その届出書に添付して提出する（後日，税務署から直近の居住者証明書等の確認を求められた場合に，その証明書を提出する）方法

②　非居住者等が源泉徴収義務者の関連会社等（注1）であって，その源泉徴収義務者において，その非居住者等が条約相手国の居住者であることが明らかな場合

その源泉徴収義務者がその届出書の余白部分にその旨を記載して（注2）提出する（後日，居住者証明書の発行を受けた際には，その居住者証明書にその届出書の控え（税務署の収受印の押印があるもの等）の写しを添付して税務署に提出する）方法

㈱1　関連会社等とは，源泉徴収義務者と資本関係や人的関係等を有する者

をいいます。

2　届出書の余白部分には，例えば，「所得者は支払者の親会社であり，○○国の居住者であることが明らかである。居住者証明書の発行が遅延しているため，当該証明書は後日提出する。」と記載します。

※　この取扱いは，「外国居住者等所得相互免除法に関する届出書」の提出についても同様です。

関係法令等

所法212①，実特省令２

〈参考図表〉　年末調整のための人的所得控除等の要件と控除額の概要

人的所得控除（障害者を除く。）・所得金額調整控除の要件と控除額
（単位：万円）

続柄	生計要件	各人の合計所得金額要件	所得控除の名称等
所得者本人		2500万円超	基礎控除対象外
		2450万円超　2500万円以下	基礎控除
		2400万円超　2450万円以下	
		2400万円以下	
			所得金額調整控除（夫婦双方が適用可）
		500万円以下 給与所得だけの場合は，給与の収入金額が6,777,778円以下	ひとり親
			寡婦（ひとり親を除く。）
		75万円以下 同様に給与収入130万円以下	勤労学生
配偶者（注1） 婚姻の届出をしていること （内縁関係の人や他の所得者の扶養親族とされる人は配偶者に含まれません。）	所得者と生計を一にしていること	133万円超	配偶者の控除対象外
		48万円超　133万円以下 （うち95万円以下は源泉控除対象配偶者）	配偶者特別控除の対象となる配偶者
		48万円以下	同一生計配偶者（青色事業専従者として給与の支払を受ける人及び白色事業専従者を除く。）
親族（注1，2） 6親等内の血族及び3親等内の姻族	所得者と生計を一にしていること	48万円超	扶養親族以外の親族
		48万円以下 給与所得だけの場合は，給与の収入金額が103万円以下 公的年金等の雑所得だけの場合は，公的年金等の収入金額が158万円以下（年齢65歳未満の人は108万円以下）	扶養親族 （配偶者，青色事業専従者として給与の支払を受ける人及び白色事業専従者を除く。）

(注)1　非居住者である配偶者・親族（国外居住親族）につき配偶者控除等，扶養控除又は障害者控除の適用を受けるには，控除を受ける申告書に①親族関係書類，②送金関係書類の添付又は提示が必要です。

2　児童福祉法の規定により養育を委託されたいわゆる里子や老人福祉法の規定により養護を委託されたいわゆる養護老人をいいます。

3　所得者が，特別障害者に該当する場合又は年齢23歳未満の扶養親族，特別障害者である同一生計配偶者・扶養親族を有する場合です。

その他の要件等	(+:割増額)	控除額	障害者の控除額(単位:万円) 一般の障害者	特別障害者	うち同居(注6)
–		0			
–		16			
–		32			
–		48			
給与収入850万円超であること 子ども・特別障害者等を有する者等であること(注3)		「給与収入-850万円」の10%, 最大15	27	40	
現に婚姻していない人又は配偶者が生死不明の人で事実婚の人もいないこと, 生計を一にする所得48万円以下の子(注4)を有すること		35			
夫と死別・離別後婚姻していない人又は夫の生死不明の人で事実婚の人もいないこと, 離別の場合は扶養親族を有すること		27			
学校等の児童, 生徒, 学生又は訓練生であること 給与所得等(勤労所得)以外の所得が10万円以下であること		27			
–		0			
(所得者本人の合計所得金額1000万円超)		0			
配偶者特別控除 (所得者本人の合計所得金額1000万円以下, 夫婦の一方のみ控除可)		1〜38			
(所得者本人の合計所得金額1000万円超)		0			
老人控除対象配偶者　70歳以上	+10	16〜48	27	40	75
控除対象配偶者(所得者本人の合計所得金額1000万円以下)		13〜38			
–		0			
うち同居老親等(注5)	+20	58			
老人扶養親族　70歳以上	+10	48			
特定扶養親族　19歳以上23歳未満	+25	63	27	40	75
控除対象扶養親族		38			
年少扶養親族　16歳未満		0			

4　他の人の同一生計配偶者又は扶養親族とされている人以外で, その年分の総所得金額, 退職所得金額及び山林所得金額の合計額が48万円以下の子に限ります。

5　老人扶養親族のうち, 所得者又はその配偶者(「所得者等」といいます。)の直系尊属(父母や祖父母などをいいます。)で所得者等のいずれかとの同居を常況としている人をいいます。

6　同一生計配偶者又は扶養親族のうち特別障害者に該当する人で, 所得者, 所得者の配偶者又は所得者と生計を一にするその他の親族のいずれかとの同居を常況としている人をいいます。

〈参考図表〉 年末調整で各種控除を受けるための申告書と税額計算の流れ

～給与収入から各種控除**【網掛け部分】**が差し引かれて年税額が計算されます～

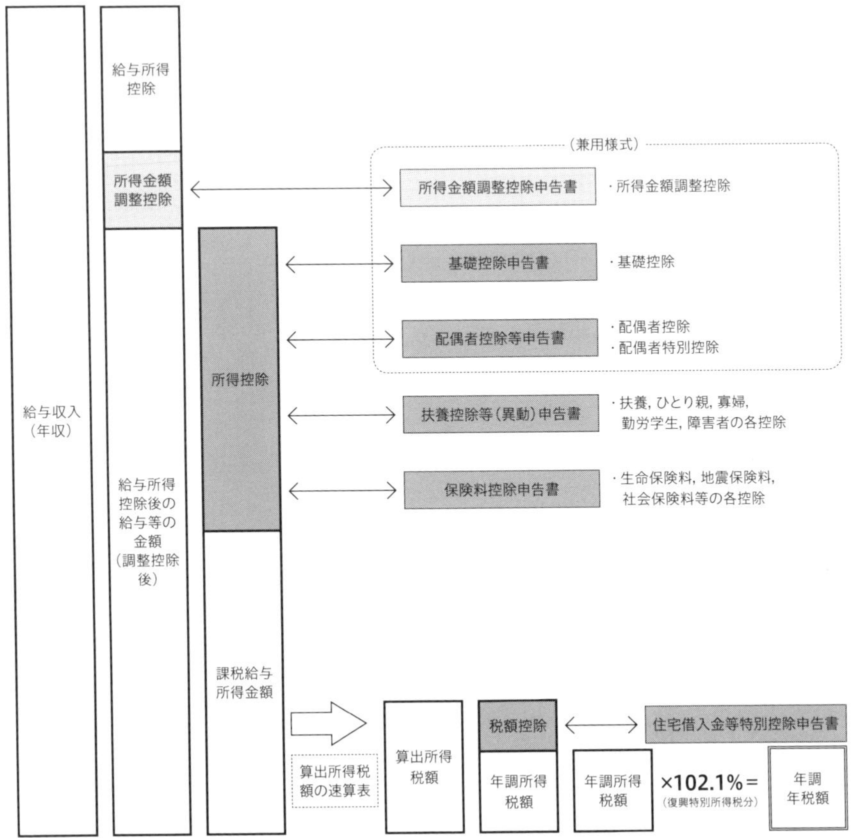

※　医療費，寄付金，雑損の各所得控除や，税額控除（２年目以降の住宅借入金等特別控除を除く。）などを受けるには確定申告が必要です。

〈著者略歴〉

阿瀬 薫（あせ かおる） 税理士

1978.4 大阪国税局採用
1988.7 大阪国税局法人税課源泉所得税係
1990.7 国税庁法人税課源泉所得税審理係
1992.7 国税庁法人税課源泉所得税監理係
1996.7 国税庁法人課税課源泉所得税監理係長
2000.7 国税庁法人課税課源泉所得税審理係長
2004.7 国税庁法人課税課課長補佐（源泉所得税担当）
2007.7 川崎北税務署副署長（法人担当）
2009.7 国税不服審判所国税副審判官
2011.7 国税不服審判所国税審判官
2012.7 税務大学校研究部教授
2014.7 東京国税局課税第一部国税訟務官室国税訟務官
2015.7 沖縄税務署長
2016.7 東京国税不服審判所第四部国税審判官（総括）
2017.7 東京国税不服審判所横浜支所長
2018.4 国税不服審判所沖縄事務所長
2019.3 熊本国税不服審判所長
2020.3 国税庁定年退職
2020.6 税理士登録・阿瀬薫税理士事務所開設

本書の内容に関するご質問は、FAX・メール等、
文書で編集部宛にお願い致します。

FAX：03-6777-3483　E-mail：books@zeiken.co.jp

なお、個別のご相談は受け付けておりません。

新たな雇用・勤務環境下の源泉徴収の要否
―Q&Aで理解する判断のポイント―

令和３年11月18日　初版第１刷印刷　（著者承認検印省略）
令和３年11月24日　初版第１刷発行

発 行 所　税務研究会出版局
週　刊「税務通信」「経営財務」発行所
代 表 者　山　根　毅
〒100-0005
東京都千代田区丸の内1-8-2 鉄鋼ビルディング
当社ホームページ　https://www.zeiken.co.jp

乱丁・落丁の場合は、お取替え致します。　印刷・製本　株式会社ダイヤモンド・グラフィック社
ブックデザイン　青木 汀（株式会社ダイヤモンド・グラフィック社）

ISBN978-4-7931-2653-6

書籍購入者特典

購入書籍の電子版が

税研Booksにて
無料でご利用できます

利用方法につきましては、綴じ込み内の記載をご確認ください

PC・スマホ・タブレット対応